中央党校专家深层次解读

中央党校专家解码
新质生产力

张占斌　赵振华　李江涛　杨英杰　等◎著

中共中央党校出版社

图书在版编目（CIP）数据

中央党校专家解码新质生产力 / 张占斌等著 . -- 北京：中共中央党校出版社，2024.5
ISBN 978-7-5035-7486-3

Ⅰ.①中… Ⅱ.①张… Ⅲ.①生产力—发展—研究—中国 Ⅳ.① F120.2

中国国家版本馆 CIP 数据核字（2024）第 060999 号

中央党校专家解码新质生产力

策划统筹	任丽娜
责任编辑	马琳婷　桑月月
责任印制	陈梦楠
责任校对	李素英
出版发行	中共中央党校出版社
地　　址	北京市海淀区长春桥路 6 号
电　　话	（010）68922815（总编室）　（010）68922233（发行部）
传　　真	（010）68922814
经　　销	全国新华书店
印　　刷	中煤（北京）印务有限公司
开　　本	710 毫米 ×1000 毫米　1/16
字　　数	262 千字
印　　张	23
版　　次	2024 年 5 月第 1 版　2024 年 5 月第 1 次印刷
定　　价	68.00 元

微 信 ID：中共中央党校出版社　　　邮　　箱：zydxcbs2018@163.com

版权所有·侵权必究

如有印装质量问题，请与本社发行部联系调换

前言

马克思主义认为，生产力是社会经济发展中具有决定性的力量，生产力的每一次革命都改变着生产关系，开辟人类社会发展的新道路。马克思指出："摆在面前的对象，首先是物质生产。在社会中进行生产的个人，——因而，这些个人的一定社会性质的生产，当然是出发点。"[①]物质生产，特别是生产力的水平，既是推动社会发展的根本动力，也是衡量社会进步的重要尺度。因此，对于生产力的研究正是马克思主义政治经济学的重要课题。

2023年7月以来，习近平总书记在四川、黑龙江、浙江、广西等地考察调研时提出，要整合科技创新资源，引领发展战略性新兴产业和未来产业，加快形成新质生产力。2023年9月7日下午，习近平总书记在新时代推动东北全面振兴座谈会上提出加快形成新质生产力，增强发展新动能。9月8日下午在听取黑龙江省委和省政府汇报时，习近平总书记又一次提出要加快形成新质生产力。新闻媒体对习近平总书记在东北考察调研和召开座谈会的活动做了重点报道，"新质生产力"这个概念第一次公开出现在全国人民面前。2023年12月，习近平总书记在中央经济工作会议上部署"发展新质生产力"。2024年1月31日，习近平总书记在中共中央政治局第十一次集体学习时提出，新质生产力是创新起主导作用，摆脱传统经济增长方式、生产力发展路径，具有高科

[①] 《马克思恩格斯选集》第2卷，人民出版社2012年版，第683页。

技、高效能、高质量特征，符合新发展理念的先进生产力质态。2024年3月5日，习近平总书记在参加十四届全国人大二次会议江苏代表团审议时再次强调，要牢牢把握高质量发展这个首要任务，因地制宜发展新质生产力。从2023年7月提出新质生产力，到2024年初中共中央政治局的集体学习，再到全国两会期间发表重要讲话，习近平总书记深刻阐释了什么是新质生产力、为什么要发展新质生产力、如何发展新质生产力等重大理论和实践问题。

习近平总书记关于新质生产力的重要论述，是对习近平新时代中国特色社会主义思想的创新发展，也是对习近平经济思想的创新发展，更是对马克思主义政治经济学特别是中国特色社会主义政治经济学的创新发展。新质生产力的提出，深刻地揭示了发展新质生产力在党和国家经济工作大局中的重要性，明确了推动高质量发展、建设现代化经济体系的根本抓手，对马克思主义政治经济学有关生产力和生产关系的理论作出了重大原创性贡献，为即将召开的党的二十届三中全会做了极为重要的理论和实践准备，构成了在新时代新征程推动高质量发展、进一步深化改革开放、全面推进中国式现代化建设的理论遵循和实践指引。

目 录
CONTENTS

第一部分

坚持把推进中国式现代化作为最大的政治 …………… 张占斌 / 003

以新质生产力发展推进中国式现代化 ………………… 张占斌 / 015

新质生产力的实践内涵和发展方向 …………………… 张占斌 / 023

从"两局""两新"看塑造中国式现代化的新动能 …… 张占斌 / 029

发展新质生产力的逻辑与推动东北全面振兴的路径 …… 张占斌 / 035

深刻领悟高质量发展这个新时代硬道理 ………… 张占斌　汪　彬 / 055

因地制宜发展新质生产力推进国际经济中心建设 …… 张占斌 / 061

发挥超大特大城市在新质生产力中的作用 ……… 张占斌　王学凯 / 069

新质生产力对马克思主义政治经济学的创新发展 …… 张占斌　毕照卿 / 085

深刻把握发展新质生产力的逻辑内涵 …………… 张占斌　付　霞 / 090

以新质生产力推进现代化产业体系建设 ………… 张占斌　李许卡 / 109

加快发展新质生产力扎实推动"三个倍增" ……… 张占斌　王　瑞 / 132

激活人才"第一资源"发展新质生产力 ………… 张占斌　杨若曦 / 149

第二部分

新质生产力的形成逻辑与影响 ……………………………… 赵振华 / 155

以改革创新构建新质生产力发展"四梁八柱" ……………… 韩保江 / 161

发展新质生产力推动清洁能源高质量发展 ………………… 董小君 / 167

发展新质生产力建设现代化产业体系 ……………………… 王小广 / 172

发展新质生产力的辩证法 …………………………………… 曹　立 / 182

在高水平对外开放中发展新质生产力 ……………………… 吴志成 / 186

加快发展新质生产力　进一步全面深化改革 ……………… 郭　强 / 199

"四个新"的理论逻辑、历史逻辑、现实逻辑 ……………… 胡　敏 / 204

深刻认识和加快发展新质生产力 …………………………… 李江涛 / 211

为什么说新质生产力是重要理论创新 ……………………… 杨英杰 / 220

依靠创新培育壮大发展新动能 ……………………………… 樊继达 / 222

发展新质生产力是创新命题也是改革命题 ………………… 李军鹏 / 228

从数字技术看新质生产力内核 ……………………………… 徐浩然 / 238

新质生产力的三重逻辑 ……………………………… 张　开　高鹤鹏 / 244

论新质生产力 ………………………………………………… 蔡之兵 / 264

正确认识和把握新质生产力 ………………………………… 周跃辉 / 267

增强发展新质生产力的新动能 ……………………………… 徐晓明 / 273

系统谋划新质生产力的产业布局 …………………………… 刘海军 / 277

发展新质生产力要坚持从实际出发 ………………………… 李　莹 / 280

新质生产力的政治经济学逻辑 ……………………………… 毕照卿 / 283

第三部分

形成新质生产力需要破除体制机制障碍 …………………………… 293

发展新质生产力要因地制宜，政府既要有为也别越界 …………… 302

新质生产力和新型生产关系同等重要 ……………………………… 311

加快发展新质生产力 ………………………………………………… 320

加快发展战略性新兴产业和未来产业 ……………………………… 336

高质量发展是什么样的发展？如何实现？ ………………………… 343

后　记 …………………………………………………………………… 357

第一部分

中央党校专家解码

新质生产力

坚持把推进中国式现代化作为最大的政治

张占斌

马克思主义认为，政治是经济的集中表现，它产生于一定的经济基础，有什么样的经济基础就有什么样的上层建筑（政治）。政治为经济基础服务，同时极大地影响经济的发展。2023年中央经济工作会议强调，"必须把推进中国式现代化作为最大的政治"。这个论断气势磅礴、振奋人心。

什么是"最大的政治"？这是强调中国式现代化是党和国家统揽全局、压倒一切的头等大事，是不可偏离、不能动摇的中心任务，是民心所向、万众一心推动的最重要的工作。如何理解这个"最大的政治"？这是以习近平同志为核心的党中央在牢牢把握"两个大局"、全面综合分析国内国际大的形势发展新变化新趋势基础上，在深刻洞察中国式现代化建设基本规律和中国社会主要矛盾变化的前提下作出的新的重大论断，进一步明确了全面推进中国式现代化是今后各方面工作的重中之重，更加强调了中国式现代化是强国建设、民族复兴的唯一正确道路，深刻揭示了中国共产党作为马克思主义政党的鲜明特色和中国特色社会主义在新时代的前进方向，标志着我们党对共产党执政规律、社会主义建设规律、人类社会发展规律的认识取得重大理论创新成果，中国式现代化正迈向更高水平的发展进程。这些重要论述彰显了中国共产党推进中国式现代化的历史使命、政治责任、理论创新和实践担当，体现了强大的政治定力、坚定意志、战略自信和治国智慧。

一、中国共产党百年接续奋斗创造了中国式现代化新道路

从大历史的视野来看，中国式现代化是中国共产党人百年接续奋斗的初心使命，展现了中国共产党人代代相传、一任接着一任干的壮阔画卷。中国共产党带领人民创造了中国式现代化的新道路，创造了人类文明新形态。以习近平同志为核心的党中央提出"必须把推进中国式现代化作为最大的政治"这样一个重大判断，体现了中国共产党对长期实践经验和理论概括的深刻总结。实践证明，中国式现代化走得通、行得稳。

近代中国没有找到真正解决中国问题的出路。中华民族文明历史悠久，古代社会曾创造了辉煌的农业文明，曾经在世界上勇立潮头。但到了近代历史的重要关口，我们与科技革命和产业革命失之交臂，学术界探讨的"李约瑟之谜"，反映了对这个问题的反思和认识。鸦片战争爆发以后，民族危机不断加深，中国逐步沦为半殖民地半封建社会。在强大外部压力下，国内出现变革的主张和奋起的浪潮。在外力和内力的相互作用下，中国开始了从工业化起步的现代化的探索。鸦片战争以后向西方学习大概体现为三个层面。一是技术层面，从器物上"师夷长技以制夷"，代表人物如魏源、李鸿章等，标志性的事件是洋务运动。二是制度层面，具体表现为康有为、梁启超领导的维新变法以及孙中山领导辛亥革命、建立中华民国。三是文化层面，激进者甚至提出"全盘西化"的思想，如胡适、陈序经等。纵观近代中国的历史，这三个层面的学习是相互交错而不是截然分开的，但都没有真正找到解决中国问题的社会动力，没有真正找到解决中国问题的出路。

近代中国的现代化是在被动中展开的，在很大程度上具有依附性，体现了一种"拿来主义"的片面性。北洋水师的覆灭标志着洋务运动的破产，"戊戌六君子"血溅菜市口预示着维新变法的失败，辛亥革命后袁世凯称帝的闹剧说明共和也是假的。而其他如太平天国农民起义等，也以失败告终。面对这血迹斑斑的现实，中国现代化的出路在哪里呢？谁能回答这样的历史问题呢？

中国共产党的成立促使现代化由过去的被动开始转为主动。20世纪初第一次世界大战、俄国十月革命和巴黎和会三件大事对中国产生巨大影响，马克思主义在中国传播，中国共产党应运而生。1921年中国共产党成立，标志着中国人民的革命从被动开始转为主动，中国人民谋求现代化有了主心骨，中国的现代化体现的是一种主动的、自立的、积极的、稳步的推进状态。可以说，中国共产党的成立标志着"中国式现代化"的出场。中国共产党对现代化的探索，使中国革命的面貌焕然一新，极大扭转了中国现代化运动的前进方向。在新民主主义革命时期，中国共产党还不是一个全国性的执政党，所以即使有很多好的思想，也不能得到完全展开。但是也要注意到，中国共产党领导人的一些早期文献和著作中已经有了一些关于现代化、工业化的探索和论述，在毛泽东的一些著作中就有关于现代化、工业化的认真思考和深邃阐释，在党的七大和七届二中全会报告中也有对现代化的憧憬展望，表达了我们党把"落后的农业国变为先进的工业国"的雄心和壮志。这些思考为我们夺取政权后真正开启中国式现代化道路作了很好的实践探索和理论铺垫。

新中国成立后推进中国式现代化是中国共产党工作的大局和主线。新民主主义革命的胜利为中国式现代化真正打开了前进通道。新中国成立后，把一个"落后的农业国变为先进的工业国"从理论形态转变成现实的实践探索。中国共产党创造性地走过了由新民主主义向社会主义过渡的道路。毛泽东提出准备在几个"五年计划"之内，将中国这样一个经济文化落后的国家建设成为一个工业化的、具有高度现代文化程度的伟大国家的构想。周恩来在政府工作报告中提出并多次重申"四个现代化"的重要目标。党的十一届三中全会后，党中央决定把党和国家工作重心转移到社会主义现代化建设上来。在改革开放伊始，邓小平强调"社会主义现代化建设是我们当前最大的政治"[①]，并提出"小康社会"，对社会主义建设新时期现代化任务进一步加以明确，"春天的故事"唱响华夏大地。党的十八大以来，我们党在已有基础上继续前进，不断实现理论和实践上的创新突破，全面建成小康社会，成功推进和拓展了中国式现代化，开辟了新时代"强起来"的中国式现代化道路。从新中国成立70多年的历史实践来看，中国式现代化的探索虽然有过曲折，但总体来看仍然是大局和主线，推进中国式现代化是党带领人民接续奋斗、一张蓝图绘到底的伟大事业。

中国共产党探索中国式现代化取得历史性成就、发生历史性变革。实现现代化是近代以来中国人民矢志奋斗的梦想，中国式现代化是我们党领导全国各族人民在长期探索和实践中历经千辛万苦、付出巨大代价取得的重大成果。我们开创了中国式现代化新道路，创造了人类文明新形态。中国共产党带领人民，浴血奋战、百折不挠，推翻了"三座大山"，彻底结束了旧中国一盘散沙的局面，彻底废除了列强强加给中国的不平等条约和帝国主义在中国的一切特权，中国人民从此站起来了。社会主义革命和建设时期，中国共产党带领人民，自力更生、发愤图强，我国基本上实现生产资料公有制和按劳分配，建立起社会主义经济制度。经过几个"五年计划"的实施，我国建立起独立的比

---

① 《邓小平文选》第2卷，人民出版社1994年版，第163页。

较完整的工业体系和国民经济体系，农业生产条件显著改善，教育、科学、文化、卫生、体育事业有很大发展。党在这一时期取得的独创性理论成果和巨大成就，为在新的历史时期开创中国特色社会主义提供了宝贵经验、理论准备、物质基础。改革开放和社会主义现代化建设新时期，中国共产党带领人民，解放思想、锐意进取，实现了从生产力相对落后的状况到经济总量跃居世界第二的历史性突破，实现了人民生活从温饱不足到总体小康、全面小康的历史性跨越，推进了中华民族从站起来到富起来的伟大飞跃，为中国式现代化提供了充满新的活力的体制保证和快速发展的物质基础。党的十八大以来，中国特色社会主义进入新时代，中国共产党带领人民，自信自强、守正创新，我国经济发展的平衡性、协调性、可持续性明显增强，全面建成小康社会，历史性地解决了绝对贫困问题。国家经济实力、科技实力、综合国力跃上新台阶，推动中国式现代化事业取得历史性成就、发生历史性变革，为强国建设、民族复兴提供了更为完善的制度保证、更为坚实的物质基础、更为主动的精神力量。

二、全面推进中国式现代化是新时代最大的政治

习近平总书记在党的二十大报告中指出，"从现在起，中国共产党的中心任务就是团结带领全国各族人民全面建成社会主义现代化强国、实现第二个百年奋斗目标，以中国式现代化全面推进中华民族伟大复兴"[①]。实际上，中心任务的号令就提出了最大政治的问题。

新时代中国共产党领导人民成功推进和拓展了中国式现代化。在新中国成立特别是改革开放以来长期探索和实践的基础上，经过党的

---

① 习近平：《高举中国特色社会主义伟大旗帜　为全面建设社会主义现代化国家而团结奋斗——在中国共产党第二十次全国代表大会上的报告》，《人民日报》2022年10月26日。

十八大以来在理论和实践上的创新突破，我们党成功推进和拓展了中国式现代化。习近平总书记在党的二十大报告中概括了中国式现代化的中国特色、本质要求和重大原则，初步构建了中国式现代化的理论体系，使中国式现代化更加清晰、更加科学、更加可感可行。特别强调要深刻把握中国式现代化的中国特色，加深对人口规模巨大的现代化、全体人民共同富裕的现代化、物质文明和精神文明相协调的现代化、人与自然和谐共生的现代化、走和平发展道路的现代化的总体把握，对于我们理解党的中心工作具有深刻的引领意义。党的十八大以来中国式现代化的成功推进和拓展，使我们更加深刻地意识到中国共产党自成立伊始就把实现国家的现代化作为自己的历史使命，其马克思主义政党的政治属性必然要求其推进中国式现代化，也只有中国共产党才能真正担负起这一重大责任、担负起全面推进中华民族伟大复兴的领航重任。把推进中国式现代化作为中国共产党最大的政治、最重要的工作，才能体现中国共产党的初心使命，才能保障中国式现代化的价值旨归，才能凝聚起建设中国式现代化的磅礴力量。

中国式现代化是强国建设、民族复兴的唯一正确道路。党的二十大报告强调，以中国式现代化全面推进中华民族伟大复兴，对全面建成社会主义现代化强国"两步走"作了战略安排。2023年中央经济工作会议强调"以中国式现代化全面推进强国建设、民族复兴伟业"，这对中国共产党的中心工作提出了更高的鲜明要求。我们从中国式现代化的重大历史意义和时代价值层面能够更好地理解中国式现代化是强国建设、民族复兴的唯一正确道路。它破解了近代中国走向现代化的茫然失措、曲折反复的难题，中国式现代化与中国特色社会主义有机结合，推动着近代以来久经磨难的中华民族迎来从站起来、富起来到强起来的伟大飞跃；为历经磨难的社会主义制度注入生机活力，党领导人民创建了社会主义市场经济体制，解决了马克思、列宁当年没有想到的问题、没有遇到的问题。中国式现代化为社会主义制度增加了韧性和弹性，开辟了社会主义现代化道路的新选择，捍卫了科学社会主义的尊严，使科学社会主义在中国重新焕发蓬勃生机。中国式现代化展现了不同于西方现代化模式的新途径，打破了现代化等于西方化模式的迷思，拓展了发展中国家走向现代化的路径选择，为人类探索更好社会制度提供了中国方案。中国式现代化代表了人类文明进步的发展方向，创造了人类文明新形态，丰富了人类文明的百花园，也彰显了人类文明发展的多样性和丰富性，是建设中华民族现代文明的根本动力。

中国式现代化聚焦经济建设中心任务和高质量发展首要任务。党在带领人民探索中国式现代化的艰辛历程中，取得了非常宝贵的历史经验。党的十一届三中全会以后，党和国家的工作重点转移到社会主义现代化建设上来。从历史的经验看，坚持抓住经济建设这个中心，党领导的中国式现代化事业就会乘风破浪前进，偏离这个中心就会使中国式现代化遭遇挫折。同样，高质量发展这个首要任务的提出也是经历了一个历史的发展过程。从"发展是硬道理"，到2023年中央经济工作会议提出"必须把坚持高质量发展作为新时代的硬道理"，定位更精准、内涵更丰富，深化了我们对新时代做好经济工作的规律性认识。高质量发展是体现新发展理念的发展，是破解社会主要矛盾、满足人民日益增长的美好生活需要的发展，是推动中国式现代化建设行稳致远、中华民族强起来的发展。这个硬道理压倒一切，也是最大的道理。高质量发展是全面建设社会主义现代化国家的首要任务，是中国式现代化的本质要求，而做好经济工作是这个首要任务的基础和前提。

中国式现代化要求破解难题，全面推进经济高质量发展。中国式现代化前进的道路上还有不少困难和挑战，需要我们增强战略博弈能力和水平。从经济工作本身来看，中央经济工作会议提出推动经济回升向好需要克服的一些困难和挑战，主要是有效需求不足、部分行业产能过剩、社会预期偏弱、风险隐患仍然较多，国内大循环存在堵点，外部环境的复杂性、严峻性、不确定性上升。要增强忧患意识，有效应对和解决这些问题。这些分析没有回避我们遇到的突出困难和矛盾，正视这些问题是解决问题的前提条件。综合来看，我国发展面临的有利条件强于不利因素，经济回升向好、长期向好的基本趋势没有改变，要增强信心和底气。当前，我们必须聚焦经济建设这一中心工作和高质量发展这一首要任务，进一步解放和发展生产力。经济增长不是越高越好，也不是越低越好，而是要保持适当的增长速度。在经历三年疫情之后，我们更多面临的是保持经济的适度增长问题。按照2023年中央经济工作会议确定的总体要求、主要目标和重点任务，坚持"稳中求进、以进促稳、先立后破"，抓住一切有利时机，利用一切有利条件，看准了就抓紧干，能多干就多干一些。要在转方式、调结构、提质量、增效益上积极进取，推动经济实现质的有效提升和量的合理增长。

锚定中国式现代化的强国目标，全面深化改革开放。从历史的经验启示来看，改革开放是中国共产党人的伟大觉醒。不改革开放就没有出路，没有改革开放的深化，中国式现代化也难以真正迈开脚步。全面推进中国式现代化，不断发挥中国特色社会主义制度优势，仍需依靠改革开放增强发展的内生动力。一是完善社会主义市场经济体制，不断完善落实"两个毫不动摇"的体制机制，充分激发各类经营主体的内生动力和创新活力，国有企业要提高效率和效益，民营企业要增强活力上新台阶。二是构建现代化产业体系，必须把发展经济的着力点放在实体经济上，加快发展新质生产力，以科技创新引领现代化产业体系建设。三是建立高水平开放新体制。不断深化对外开放，推动由以商品和要素自由流动为主的流动型开放向规则导向的制度型开放转变，建设更高水平开放型经济新体制。四是科技自立自强创新。科技创新是实现经济高质量发展的核心动力，要加快战略性新兴产业和未来产业布局，争抢科技和产业互动的国际制高点。五是统筹区域协调发展。统筹好区域重大战略、区域协调发展战略、主体功能区战略和新型城镇化的融合发展，优化重大生产力布局，加强国家战略腹地建设。六是推动绿色低碳转型，深入推进生态文明建设和绿色低碳发展。七是实现供需动态平衡，坚持深化供给侧结构性改革和着力扩大有效需求协同发力，发挥超大规模市场和强大生产能力的优势。

三、牢牢把握中国式现代化的本质要求和重大原则关系

坚持中国共产党领导是中国式现代化的本质要求，也是中国式现代化最鲜明的特征和最突出的优势，是推进中国式现代化必须坚持的最高原则。只有加强党的全面领导，牢牢把握中国式现代化的本质要求和重大原则关系，才能有力保障中国式现代化行稳致远。

中国式现代化的本质要求决定了它是最大的政治。党的二十大报告特别强调中国式现代化的本质要求是：坚持中国共产党领导，坚持中国特色社会主义，实现高质量发展，发展全过程人民民主，丰富人民精神世界，实现全体人民共同富裕，促进人与自然和谐共生，推动构建人类命运共同体，创造人类文明新形态。[①]这为中国式现代化描绘

---

① 习近平：《高举中国特色社会主义伟大旗帜　为全面建设社会主义现代化国家而团结奋斗——在中国共产党第二十次全国代表大会上的报告》，《人民日报》2022年10月26日。

了一个未来长远的发展蓝图，这个蓝图是行进中的路线图，也可以说是一种施工图，我们要认真领悟和把握。中国式现代化的本质要求坚持党的基本理论、基本路线、基本方略。中国式现代化不是单单某一个方面的现代化，而是包含经济、政治、文化、社会、生态等多方面的内容，是各方面都要好、都要强的现代化。只有这样，才能在创造人类文明新形态的基础上，更好地创造中华民族现代文明。

中国式现代化的重大原则体现了它是最大的政治。党的二十大报告提出了中国式现代化必须牢牢把握的重大原则。一是坚持和加强党的全面领导。强调的是坚决维护党中央权威和集中统一领导，把党的领导落实到党和国家事业各领域各方面各环节，确保中国式现代化的正确方向。二是坚持中国特色社会主义道路。强调的是坚持以经济建设为中心，坚持改革开放不动摇，既不走封闭僵化的老路，也不走改旗易帜的邪路。三是坚持以人民为中心的发展思想。强调推进中国式现代化是为了人民、依靠人民，成果由人民共享，也就是更加强调了江山就是人民、人民就是江山的深刻道理。四是坚持深化改革开放。强调要靠坚定不移的改革创新来破除深层次体制机制障碍，以彰显中国特色社会主义的制度优势，不断激发中国式现代化的动力和活力。五是坚持发扬斗争精神。强调在中国式现代化进程中，我们要有志气骨气底气，要靠努力奋斗来打开事业发展的天地。这五个坚持表达了我们党的坚强意志和实践遵循。这五个坚持内在统一，融入中国式现代化的伟大历史进程中。

中国式现代化的重大关系揭示了它是最大的政治。习近平总书记在中共中央党校（国家行政学院）学习贯彻党的二十大精神研讨班开班式上强调，推进中国式现代化是一个系统工程，需要统筹兼顾、系统谋划、整体推进，正确处理好顶层设计与实践探索、战略与策略、守正与创新、效率与公平、活力与秩序、自立自强与对外开放等一系列重大关系。①这六个方面的重大关系深刻地揭示了中国式现代化伟大进程中需要把握好的方方面面。习近平总书记强调，"只有站在政治高度看，对党中央的大政方针和决策部署才能领会更透彻，工作起来才能更有预见性和主动性"②。这些重要论断深刻揭示了经济与政治辩证统一的关系。在全面建设社会主义现代化国家新征程上，必须从讲政治的高度思考和推进经济工作，全面贯彻执行党的基本路线，坚持以经济建设为中心，坚持社会主义市场经济改革方向，充分发挥市场在资源配置中的决定性作用，更好发挥政府作用，让一切劳动、知识、技术、管理和资本的活力竞相迸发。

以高质量发展的实际行动和成效来答好最大政治考卷。一分部署，九分落实。中国式现代化作为新时代最大的政治，关键在干、关键在落实，关键是要把自己的事情办好。正确的政治路线确定之后，干部就是决定因素。能不能落实好这个最大的政治，在很大程度上要看各级党组织和党员干部能不能以高质量发展的实际行动和成效来答好最大政治的考卷。这里首先强调的是实事求是、实干兴邦。空谈误国，光喊不干，半点马克思主义都没有。各级党组织、党员干部要做到政治过硬、对党忠诚，就必须切实扛起政治责任，破除各种各样的形式主义、官僚主义和各种形式的"躺平""内卷"，摒弃空喊口号、低级红、高级黑，不折不扣抓落实、雷厉风行抓落实、求真务实抓落实、敢作善为抓落实。各级党组织和党员干部要善于开展创造性的工作，切实把贯彻党中央决策部署体现到经济工作各方面，体现到谋划重大战略、制定重大政策、部署重大任务的工作实践中去，努力在构建新

---

① 《习近平在学习贯彻党的二十大精神研讨班开班式上发表重要讲话强调　正确理解和大力推进中国式现代化》，《人民日报》2023年2月8日。
② 《习近平谈治国理政》第4卷，外文出版社2022年版，第41页。

发展格局、推动高质量发展、全面深化改革开放、改善民生福祉等方面取得更大进展,巩固和增强经济回升向好态势,切实推动实现经济质的有效提升和量的合理增长。

张占斌,中共中央党校(国家行政学院)中国式现代化研究中心主任、马克思主义学院教授

以新质生产力发展推进中国式现代化

张占斌

2023年7月以来，习近平总书记在四川、黑龙江、浙江、广西等地考察调研时，提出要整合科技创新资源，引领发展战略性新兴产业和未来产业，加快形成新质生产力。12月中旬，在中央经济工作会议上，又提出要以科技创新推动产业创新，特别是以颠覆性技术和前沿技术催生新产业、新模式、新动能，发展新质生产力。接着在中共中央政治局第十一次集体学习提出，发展需要新的生产力理论来指导，而新的生产力已经在实践中形成，并展示出对高质量发展的强劲推动力、支撑力，需要我们从理论上进行总结、概括，用以指导新的发展实践。在2024年两会期间，习近平总书记在江苏代表团审议时又强调，要牢牢把握高质量发展这个首要任务，因地制宜发展新质生产力。新质生产力在两会上成了一个热词，以新质生产力发展推进中国式现代化，引起了热烈的讨论，并引发了全社会的关注。

一、从大历史视野看技术变迁对世界现代化进程的影响和启示

在以中国式现代化全面推进中华民族伟大复兴的特殊重要时刻，习近平总书记提出加快发展新质生产力，是从大历史的视野对我国近代以来现代化落后时代而遭受屈辱教训的深刻反思，也是对近代以来世界大国现代化崛起之路经验启示的一个系统总结。这里特别是对技术变迁的重要性给予的深刻揭示，值得我们高度重视和长久思考。

中国古代创造了辉煌灿烂的农业文明，但是近代却落伍了。近代以来，中国在技术创新方面没有跟上世界科技发展的潮流，导致中国在工业革命等关键时期落后于西方大国。英国学者李约瑟在《中国科技史》中提出了为什么科学革命和产业变革没有发生在中国，而是发生在西方。学术界称之为"李约瑟之谜"。同样，德国学者韦伯也提出为何在前现代社会中国科技遥遥领先于其他文明？为何在现代中国不再领先？这就是"韦伯疑问"。学术界有一种解释，中国古代对科学技术的发现靠的是人们对自然现象的长期观察和劳动经验日积月累的总结，并以师傅带徒弟的方式来传承着科学技术。由于中国大一统的时间比较长，加之人口众多，因此科学技术发现也就比小国林立的欧洲多。但是到了近代，西方出现了科学院，并设立了实验室，通过科学实验的方式发现科学技术，这样欧洲技术变迁的速度就大大加快了，而这个时候的中国还是按照过去的方式，因此就被抛在后面了。那为什么近代中国会出现这种情况呢？因为中国没有培育出推动科技变迁的强大的人力资本，或者说缺乏人力资本积累。我们古代的科举制度并不考科学技术知识，这方面的人才储备不足，没有足够的力量来完成这个科学技术爆炸性的变迁，因此科技革命和产业变革没有在中国发生，这是非常遗憾的事情。从中国近代现代化的历史经验和教训看，必须要有足够的人力资本积累，要通过实验室等多方面的科学实验来提升人们认识自然和改造社会的能力，加快生产力的发展。

近代以来，西方大国无一不是通过技术创新实现了经济的快速增长和国力的提升，在很大程度上推动了它们的崛起和持续繁荣，技术创新是推动国家崛起的核心动力。比如说，对科学研究的重视与投入，使得这些国家在基础科学和应用科学领域取得了重大突破。注重工业革命的引领，鼓励并通过技术创新推动产业升级和转型。如英国、德国、美国和日本在工业革命中通过蒸汽机、电力和内燃机等创新和发明，推动了工业生产的快速发展。注重技术创新的商业化应用，加快实现了技术创新的经济价值。注重知识产权保护，确保技术创新者能够从其创新中获得合理的回报，进一步促进了技术创新的积极性。注重国际合作与交流，通过参与国际科研项目、建立跨国合作网络等方式，共享创新资源。注重教育体系与人才培养，特别是注重培养创新型人才。西方大国现代化的历史经验主要包括政府引导和支持、企业主体地位、全球创新资源利用、人才培养和引进等方面。这些经验对于我国当前的科技创新、发展新质生产力具有重要的借鉴意义。

二、加快发展新质生产力对推进中国式现代化的战略意义

生产力是人类社会发展的根本动力，也是一切社会变迁和政治变革的终极原因。习近平总书记强调：新质生产力就是指创新起主导作用，摆脱传统经济增长方式、生产力发展路径，具有高科技、高效能、高质量特征，符合新发展理念的先进生产力质态。[①]它是由技术革命性突破、生产要素创新性配置、产业深度转型升级而催生，以劳动者、劳动资料、劳动对象及其优化组合的跃升为基本内涵，以全要素生产率大幅提升为核心标志，特点是创新，关键是质优，本质是先进生产力。加快发展新质生产力，对推进中国式现代化具有重大的战略意义。

第一，加快发展新质生产力，是推动我国经济社会高质量发展的强劲动力。中国经济发展进入新常态，迫切需要实现要素配置、增长

---

① 参见《新质生产力厚植中国式现代化物质技术基础》，光明网，2024年3月25日。

动力、产业结构和发展方式的深刻转型。面对传统的以低生产要素成本为基础的比较优势在逐步丧失，如何解决增长速度换挡、结构调整阵痛和改革攻坚克难叠加问题，需要有经济的新的引擎，新的推动力量。靠什么呢？在很大程度上靠新质生产力。中国经济从高速增长转为高质量发展，需要贯彻新发展理念，积极构建现代化产业体系，这个新的力量、新的引擎在很大程度上，应该属于更加先进的新质生产力。

第二，加快发展新质生产力，是满足人民日益增长的美好生活需要的时代呼唤。新时代党对我国社会主要矛盾有新的判断，认为是人民日益增长的美好生活需要和不平衡不充分的发展之间的矛盾。要解决这样的矛盾，在很大程度上是要求我们必须进一步解放和发展生产力，加快发展新质生产力。当前新质生产力的发展表现出了信息化、网络化、智能化特征，这些重大突破，极大地提高了生产效率和服务品质，大大减少了对资源的浪费，降低了碳排放，为消费者提供了个性化、多元化、差异化甚至定制化的服务，改变了人们的生产、生活和交往方式，进而更加满足人民对美好生活的向往。

第三，加快发展新质生产力，是提升国际竞争和国际合作能力的重大举措。从世界大国的发展和崛起的经验来看，新技术的产生和产业化是非常重要的支撑。当前以数字化、网络化、智能化、绿色化为特点的科技革命，正在重构全球创新版图、重塑全球经济结构，许多重大的科技创新成果加快向现实生产力转化，引发了全球产业性变革。从这个意义上讲，国际竞争合作重点也是国际新技术的竞争合作。当前国际环境和地缘政治发生了很多变化，我们必须突破美国搞"小院高墙"对我们采取的技术"卡脖子"难题，把发展的安全和主动权牢牢掌握在自己手里，努力实现高水平的科技自立自强。

第四，加快发展新质生产力，是全面建成社会主义现代化强国的战略支撑。我们党确定了到2035年基本实现社会主义现代化，到本世纪中叶建成社会主义现代化强国的战略目标。没有坚实的物质技术基础，不可能建成社会主义现代化强国。这个社会主义现代化强国是方方面面的强，但首先要建成经济强国，要求必须有强大的生产力，必须发展先进的生产力，必须发展新质生产力。世界强国之所以能处在领先地位，在很大程度上是发展战略性产业和未来产业。我们只有在发展新质生产力上实现重大突破，才能支撑我国超大规模经济体的持续发展，支撑中国式现代化行稳致远。

第五，加快发展新质生产力，是构建人类命运共同体、推动世界和平发展的责任担当。当今世界处在百年未有之大变局的历史进程中，怎样站在历史正确一边推动人类全球化的发展，中国作为大国是有历史责任的。只有加快发展新质生产力，创造更好的经济社会发展效益，中国式现代化更加有制度上的优势，才能更好地捍卫科学社会主义的尊严，才能为更多的发展中国家探索发展道路提供中国智慧和中国经验，也才能更好地推进构建人类命运共同体的进程，为推动世界和平发展作出我们的贡献。

三、发展新质生产力要把握好的若干重大关系

加快发展新质生产力的提出，是对马克思主义政治经济学特别是对生产力理论的创新发展。我们要准确把握好新质生产力的科学内涵，在理论上和实践上把握好若干重大关系。

一是要把握好新质生产力与高质量发展的关系。当下推动高质量发展已经成为经济社会发展的主旋律。那么，靠什么来实现高质量发展呢？我们理解在很大程度上是靠新质生产力。习近平总书记指出：

发展新质生产力是推动高质量发展的内在要求和重要着力点。[①]有了新质生产力的发展,有了更多的颠覆性技术和前沿技术,就有可能更好地建设现代化产业体系,就能产生新的产业、新的动能、新的业态,就能够为高质量发展提供强劲的推动力和支撑力。我们要搞清楚新质生产力和高质量发展的内在关系,用新的生产力理论指导新的实践,推动高质量发展行稳致远。

二是处理好新质生产力与新型生产关系的关系。在马克思主义理论中,生产力和生产关系是一对核心的概念。习近平总书记讲话中提到了新质生产力,也提到了新型生产关系,这两个"新"都特别重要。生产关系必须与生产力发展相适应,发展新质生产力,也必须有新型的生产关系与之配套,这也就提出了要进一步全面深化改革的重大命题,要求我们在全面深化改革上有更大的创新和更大的作为,通过新型生产关系的构建来更好地服务新质生产力。这就涉及深化经济体制、科技体制、教育体制和人才体制改革等方面,打通束缚新质生产力的各种堵点、痛点和卡点,调动新质生产力的积极性,让新质生产力"心情愉快",为新质生产力的迅猛奔跑开辟广阔的道路和空间。

三是处理好政府的顶层设计和市场的实践探索的关系。各级政府要积极发展新质生产力,搞好战略规划,搞好顶层设计,把发展新质生产力的路线图、未来蓝图清晰勾画出来,凝聚人心、凝聚力量、凝聚资源。经济比较发达的大省,应该走在前做示范,成为发展新质生产力的重要阵地,对全国产生更大的辐射带动作用。各级政府要本着实事求是的原则,要根据地方的要素禀赋、产业基础、科研条件等方面情况有所为、有所不为,先立后破、因地制宜、量力而行、分类指导,不能图热闹,空喊口号,搞形式主义,做表面文章,不搞大窝蜂,

---

[①] 黄瑾、唐柳:《推动新质生产力加快发展》,人民网,2024年2月20日。

不搞一哄而上，不搞泡沫化，也不能搞成一种模式，要在取得真正的实效上下功夫。要更多地尊重市场经济原则，尊重市场主体的积极性，创造市场化法治化国际化的营商环境，让市场配置资源发挥决定性作用，让市场主体发挥积极作用。

四是要处理好传统产业和新兴战略性产业、未来产业的关系。发展新质生产力，肯定是要把重点放在战略性产业和未来新兴产业上，因为这些产业代表着技术发展的前进方向，是潮头，是战略制高点，要积极为之。但也不能因此忽视甚至放弃了传统产业。从我国处在发展中国家的实际情况看，这方面要给予特别关注，不能把一些钢铁、石化、有色、建材等传统产业等同于夕阳产业、落后产业，忽视甚至放弃传统产业。还是要想办法通过发展新质生产力来改造传统的产业，使传统的产业不断地转型升级。在育新枝栽新苗的同时，也离不开老树发新芽。一方面新兴产业要培育壮大在新赛道上奋力奔跑，另一方面传统产业也需要聚焦高端化、智能化、绿色化进行提升。

五是处理好科技创新与体制创新的关系。发展新质生产力最显著的特点就是要创新，科技创新能够催生新产业、新模式、新动能，是发展新的生产力的核心要素。这就要求加强科技创新，特别是原创性、颠覆性科技创新，加快实现高水平的科技自立自强。实施科教兴国战略、人才强国战略、创新驱动战略，充分发挥新型举国体制，也是希望打好关键核心技术攻坚战，使原创性、颠覆性科学技术成果竞相涌现。同时，我们要特别注意到，推动科技创新是离不开体制机制创新的，比如说科技体制、教育体制、人才体制等方面的配合，只有畅通教育、科技、人才的体制机制并形成良性循环，才能够增强新质生产力的动能，才能把人才的积极性调动起来，把真正的人才红利发挥好。新质生产力里边，人的作用、人才的作用相当重要。

六是要处理好自立自强与对外开放的关系。要实现高水平的自立自强，自己要有真功夫，要在发展新质生产力方面走在世界前列，真正突破"卡脖子"技术。现在全球化速度和全球技术变革加快，给我们提供了一个技术赶超的重要历史机遇，自立自强不是关起门来搞建设，不是闭门造车、当井底之蛙，而是要胸怀天下、海纳百川、有容乃大，要实施更加开放包容互惠共享的国际科技合作战略。我们要通过开放"强身健体"，在"奥林匹克运动场"上争先创优，取得最好的成绩。新型举国体制一个很重要的内容，就是要开放，国内国外都要开放，发挥市场在配置资源中的决定性作用，不能搞小圈子，窝里斗。这方面，我们还有很大的改进和提升空间。

新质生产力的实践内涵和发展方向

张占斌

新质生产力是创新起主导作用,摆脱传统经济增长方式、生产力发展路径,具有高科技、高效能、高质量特征,符合新发展理念的先进生产力质态。发展新质生产力是进一步适应时代的要求,是推动高质量发展的时代呼唤、建设现代化强国的关键所在、提升国际竞争力的重要支撑,也是更好满足人民群众对美好生活的迫切需要。

习近平总书记关于新质生产力的重要论述,是对马克思主义政治经济学的创新发展和重要贡献。新质生产力的提出,拓展了马克思主义政治经济学的研究对象,丰富和深化了生产力与生产关系的理论。新质生产力就是先进生产力的科学论断,为我们进一步解放和发展生产力指明了方向;用新质生产力作为推动中国式现代化的强大引擎,为我们应对时代之变、世界之变擘画了中国方案。

一、新质生产力的实践内涵

新质生产力代表生产力演化过程中的一种能级跃升,是科技创新发挥主导作用的生产力,是以高效能、高质量为基本要求,以高新技术应用为主要特征,以新产业新业态为主要支撑,正在创造新的社会生产时代的生产力。培育和塑造新质生产力是构建现代化产业体系的必然要求，也是遵循可持续发展基本规则，强化产业源头技术创新和产业系统创新能力，不断提升国家综合实力与国际竞争力并实现高质量发展的必然选择。新质生产力是由技术革命性突破、生产要素创新性配置、产业深度转型升级而催生的，它的核心标准是全要素生产力的大幅提升。

（一）新质生产力的实践动力是新技术

新质生产力的实践动力是新的技术，各种技术的应用推动国家的成长和进步。我国古代农业社会创造了辉煌的文明，但是到了近代，中国的技术变迁落后了、慢了，慢于西方和以往。中国在技术创新方面没有跟上世界科技发展的潮流，导致中国在工业革命等关键时期落后于西方大国。改革开放特别是进入新时代以来，我国经济社会的快速发展，有了巨大的量的积累，正在发生从高速度到高质量的转型升级，这种转型升级包括量变和质变，因此涌现出新质生产力。历史教训值得我们认真汲取，中国要实现高水平的自立自强，首先要靠科技，高科技要自立自强，才能过更加美好的生活。发展新质生产力最显著的特点也是要创新，科技创新能够催生新产业、新模式、新动能，是发展新的生产力的核心要素。这就要求要加强科技创新，特别是原创性、颠覆性科技创新，加快实现高水平的科技自立自强。

（二）新质生产力的实践基础是新要素

新质生产力的实践核心是新要素的组合，其要素有土地、劳动力、资本、技术、人才、数据等。在新质生产力的时代，劳动者、劳动资料、劳动对象都发生了变化，要实现三者的优化组合。劳动者必须是以很好的专业、知识武装起来的新型劳动者，他们面对很多新的、和过去大不一样的劳动资料，如大的平台、智能化的工具。同时，出现了新的劳动对象，如大数据、新材料、新能源等。新质生产力是创新起主导作用，摆脱传统经济增长方式、生产力发展路径，具有高科技、高效能、高质量特征，符合新发展理念的先进生产力质态。新质生产力的特点是创新，关键在质优，本质是先进生产力。"新"指的是由新技术、新能源、新业态等产生的新产业、新方式、新模式，还包括培养一批新的技术人才，掌握新的技术，即拥有新技术的新劳动者，出现新的劳动资料、新的劳动工具，逐渐催生新的产业、战略性产业或未来产业，推动生产力上更高层次。"质"指的是物质、质量、本质、品质，凸显了高质量发展的重要性。新质生产力是由技术革命性突破、生产要素创新性配置、产业深度转型升级而催生的。因此，在新质生产力的时代，劳动者、劳动资料、劳动对象必须优化组合，实现跃升。

（三）新质生产力的实践载体是新产业

实践需要我们创新体制机制，面向世界科技前沿、面向经济主战场、面向国家重大需求、面向人民生命健康来加强基础性研究和应用研究。发展新质生产力，要把重点放在战略性产业和未来新兴产业上，因为这些产业代表着技术发展的前进方向，是潮头，是战略制高点，要积极为之。要积极打造战略性新兴产业和未来产业，战略性新兴产业包括新一代信息技术、生物产业、高端装备制造产业，航空航天新材料节能环保产业、新能源产业、数字创意产业等，未来产业包括未来制造产业、未来信息产业、未来材料产业、未来能源产业、未来空间产业、未来健康产业等。但是，在育新枝栽新苗的同时，也离不开老树发新芽，不能因为发展新兴产业而忽视甚至放弃传统产业。传统产业升级的过程中，可引入自动化设备，实现数字化转型，应用机器人、传感器等，带动其他产业的设备、软件、硬件提升。如生产流程应用物联网、大数据、人工智能技术；交易渠道实现线上销售平台、数据助力销售；制造流程引入自动化设备、机器人及智能工厂；供应链运用数字技术和云计算等。在实现技术创新的同时，也会应用产生新技术新设备，让新质生产力的产品落地应用。

二、新质生产力的发展方向

新质生产力的实践动力是新技术，实践载体是新产业。必须进一步创新体制机制，完善高水平人才培养体系；完善关键核心技术攻关的新型举国体制；建设现代化产业体系，培育新兴产业和未来产业；加快构建完整内需体系，形成国内超大规模市场优势；坚持扩大开放和合作共赢，打造全球性的开放创新生态。要瞄准新质生产力的发力方向和空间布局，以"科创中心＋产业布局"模式发展新质生产力；要加大对新质生产力的支持力度，以争夺人才和发挥人力资本优势推进新质生产力的发展；要突出地区新质生产力的优势特色，以创新生态为新质生产力提供环境支持；要搭建产学研金大合作平台，以开放合作增强新质生产力的发展活力。

（一）创新体制机制，完善高水平人才培养体系

创新与人才紧密联系，没有高水平的人才，就无法实现创新。创新驱动战略要坚持四个面向，即面向世界科技前沿、面向经济主战场、面向国家重大需求、面向人民生命健康；要在基础研究和应用研究两个领域实现突破；要围绕一个体系——政产学研金。要坚持科教兴国战略。教育是国之大计、党之大计。培养什么人、怎样培养人、为谁培养人是教育的根本问题。要坚持人才强国战略，坚持党管人才原则，坚持尊重劳动、尊重知识、尊重人才、尊重创造，实施更加积极、更加开放、更加有效的人才政策。

（二）完善关键核心技术攻关的新型举国体制

一是与市场机制充分结合。政府要实现角色转换，聚焦国家重大

战略需求，做好顶层设计，加强各种力量的统筹协调。市场的作用更加重要，企业成为科技创新的主体，市场机制成为社会资源配置和经济活动的主导动力。二是与开放的世界紧密联系。新型举国体制不是闭门造车，而是要实现自主创新、协同创新、开放创新的辩证统一，积极主动整合和用好全球创新资源，有选择、有重点地参与和主导国际大科学计划和大科学工程，推动建立广泛的创新共同体。三是统筹考虑经济性和应用性。既注重实现目标也考虑经济效益，既注重项目的技术前景也注重其实际应用价值，同时兼顾各方利益分配和利益实现，在技术、研发、市场、产业之间保持动态平衡。要加强党对科技工作特别是科技创新工作的领导；要搞好顶层设计，有所为有所不为；要发挥政府集中力量办大事的优势；要发扬和尊重社会主义市场经济原则配备各种创新资源，向全球开放；要让市场主体发挥积极性，政府创造好的条件，让市场主体去试错去发展，不能包办代替。充分发挥新型举国体制，打好关键核心技术攻坚战，使原创性、颠覆性科学技术成果竞相涌现。

（三）建设现代化产业体系，培育新兴产业和未来产业

改造提升传统产业。继续把发展经济的着力点放在实体经济上，扎实推进新型工业化，加快建设制造强国、质量强国、网络强国、数字中国，打造具有国际竞争力的数字产业集群。培育壮大新兴产业。着力打造新一代信息技术、新材料、新能源、生物医药、高端装备制造等战略性新兴产业集群，培育若干世界级先进制造业集群。充分发挥集群龙头企业的系统集成与带动作用，支持龙头企业开拓新兴产业市场，带动产业链上下游企业发展。布局建设未来产业。开辟量子、生命科学等未来产业新赛道，瞄准人工智能、人形机器人、元宇宙、6G、量子信息、深海空天开发等领域，着力突破关键技术、培育重点

产品、拓展场景应用。建设现代化产业体系。新型产业和未来产业紧密相连，现代化产业体系是一个大平台、大载体，在这样的平台和载体上活跃着千千万万的新质生产力，这是我们前进和发展的方向。

（四）加快构建完整内需体系，形成国内超大规模市场优势

一要夯实国内循环体系的体制基础，制度建设和改革措施必须先行；要加快构建完整的内需体系，形成国内超大规模市场优势，这是国家战略选择，已经写入"十四五"规划和党的二十大报告，是长期战略；积极发挥中国超大规模市场优势，使中国成为全球最大市场。二要构建一个完整的内需体系，畅通国内循环体系的血脉，着力打通生产、分配、流通、消费环节的各种堵点和痛点，把发展主动权和安全掌控在自己手里，给新质生产力提供巨大的平台，形成良好互动；生产环节要通过科技创新，重点解决技术"卡脖子"的问题；分配环节要优化收入分配结构和分配制度；流通环节要建设现代化流通体系；消费环节要创造更多的名牌产品和特色服务。

（五）坚持扩大开放和合作共赢，打造全球性的开放创新生态

要坚持扩大开放，合作共赢，充分借鉴全球开放创新型世界经济大国和强国的成长规律。部分世界大国和强国在成长过程中，确实存在刀与火的殖民扩张，但这些大国从大到强，始终注重科学创新、科技创新、技术创新，并通过开放全球平台来加大科学资源的整合利用。因此，中国必须走和平发展道路，要开放，要坚决开放、坚强开放。通过开放才能明白自己的长处和短处在哪里，才能有的放矢去提高。

从"两局""两新"看塑造中国式现代化的新动能

张占斌

中国特色社会主义进入新时代，以习近平同志为核心的党中央在推进中国式现代化的历史进程中，敏锐地把握住了"两局"和"两新"，作出了世界百年未有之大变局和中华民族伟大复兴的战略全局的重大论断，并强调以发展新质生产力和形成新型生产关系为推动力，为我们探索中国式现代化的新动能指明了前进方向。

一、新时代面对"两局"的中国式现代化呼唤新动能

面对世界百年未有之大变局和中华民族伟大复兴的战略全局，中国共产党领导中国人民不断推进和拓展了中国式现代化。如今，中国式现代化破浪前行，进入一个十分关键的阶段，如何理解中国式现代化对新动能的时代呼唤？

第一，这是加快构建新发展格局、推动高质量发展的时代呼唤。党的十八大以来，习近平总书记高度关注中国经济发展的时代特征和趋势性变化，提出了中国经济从高速增长转为高质量发展的重大时代课题，提出了以"创新、协调、绿色、开放、共享"为主要内容的新发展理念，把实施扩大内需战略同深化供给侧结构性改革紧密结合起

来，建设现代化产业体系，并提出要构建以国内大循环为主体、国内国际双循环相互促进的新发展格局，把发展的主动权和安全掌握在自己手里，实现高水平自立自强。所有这些，都是对中国式现代化新动能的呼唤。

第二，这是建成社会主义现代化强国、推进人类文明新形态的时代呼唤。党的十八大以来，以习近平同志为核心的党中央带领全国人民不断推进中国式现代化的伟大事业，在全面建成小康社会之后决定分两步走，到2035年基本实现现代化，到本世纪中叶把我国建设成为富强民主文明和谐美丽的社会主义现代化强国。同时，提出了制造强国、质量强国、航天强国、交通强国、网络强国、农业强国、海洋强国、教育强国、科技强国、人才强国、文化强国、体育强国、金融强国以及数字中国、健康中国、美丽中国、法治中国、平安中国等发展战略。实现这些强国目标，就需要有新的动能，需要有新的推动力。

第三，这是努力破解社会主要矛盾，满足人民美好生活需要的时代呼唤。党的十八大以来，以习近平同志为核心的党中央带领全国人民在探索中国式现代化的进程中，对我国社会主要矛盾进行了再认识，提出我国社会主要矛盾是人民日益增长的美好生活需要和不平衡不充分的发展之间的矛盾。那么，不断满足人民对美好生活的向往、不断追求更高品质的生活，就必须破解新时代社会主要矛盾，必须更加关注发展问题，特别是经济和社会的发展问题。把握好了这个问题，也就把握好了以人民为中心的发展思想，也就体现了中国共产党的初心和使命。

第四，这是推进世界和平发展、构建人类命运共同体的时代呼唤。中国式现代化是走和平发展道路的现代化，我们与世界上更多的国家和人民进行友好合作，在合作中实现共赢、共同成长、共同进步，推动构建人类命运共同体。我们也意识到打铁必须自身硬，只有本身有真功夫，才能更好地推动"一带一路"高质量发展，才能在全球经贸合作中构建更加公正合理的国际秩序，推动经济全球化向前发展、构建开放型世界经济。

二、塑造中国式现代化新动能的"两新"协同发力逻辑

建设社会主义现代化国家，实现中华民族伟大复兴，是近代以来中国人民最伟大的梦想，是中华民族的最高利益和根本利益。在党的领导下推进中国式现代化，需要加快发展新质生产力，形成与之相适应的新型生产关系，进而让这"两新"协同发力、相伴前行，形成巨大的经济社会发展推动力。我们要把握好塑造中国式现代化新动能的理论逻辑、历史逻辑和现实逻辑。

其一，塑造中国式现代化新动能需要"两新"协同发力的理论逻辑。在马克思的重要著作中，生产力和生产关系是一对重要的概念，甚至可以说是核心概念。马克思主义认为，生产力是人类改造自然的能力，生产力是决定社会发展的动力，也是社会变革的重要力量，有什么样的生产力就有什么样的生产关系。但是生产关系对生产力有反作用，因此生产力的发展需要生产关系的不断改进。从历史的大视野来看，不同的历史时期和历史阶段生产力是不一样的，由低级到高级是一个不断发展进步的过程。生产力和生产关系相适应，就能推动经济社会更快发展，反之，就会阻碍生产力的发展。因此，怎样不断解放和发展生产力，怎样不断改善生产关系，是马克思高度关注的重大理论和实践问题。习近平总书记提出新质生产力和新型生产关系，既基于马克思主义基本原理，又基于新时代中国实践的理论贡献，是对马克思主义政治经济学的重要发展，也是对马克思主义生产力理论的

重大创新。

其二，塑造中国式现代化新动能需要"两新"协同发力的历史逻辑。新中国成立以来，社会主义制度的建立为中国式现代化真正打开了前进通道。以毛泽东同志为主要代表的中国共产党人，在不断探索发展生产力的同时，也在不断改善生产关系。改革开放以后，以邓小平同志为主要代表的中国共产党人，更是强调科学技术是第一生产力，社会主义的本质就是解放和发展生产力。经过多年改革探索实践，我国确立了社会主义市场经济体制，为发展生产力打开了更宽阔的通道。习近平总书记高度重视发挥市场在配置资源中的决定性作用和更好发挥政府作用，强调推动有效市场和有为政府更好结合。因此，新质生产力和新型生产关系的提出，应当说与中国共产党人的思想一脉相承，并在传承的同时又有了新的发展和进步。

其三，塑造中国式现代化的新动能需要"两新"协同发力的现实逻辑。党的十八大以来，我国的经济社会发展取得了历史性成就和历史性变革，但仍存在着一些发展不平衡不充分的问题没有解决，比如，在推动高质量发展的过程中，还存在许多"卡点""瓶颈"，自主创新能力不够强，在粮食、能源、产业链供应链安全和系统性风险防范等方面存在一些薄弱环节，重要领域改革还有不少硬骨头要啃，城乡区域发展和收入分配差距依然较大，群众的就业、教育、社保、医疗、托幼、养老、住房等方面仍面临不少难题，生态环境保护任务依然艰巨，等等。2023年中央经济工作会议明确指出了我国当前推动经济回升向好需要克服的一些困难和挑战，包括有效需求不足，部分行业产能过剩，社会预期偏弱，风险隐患仍然较多，国内大循环存在堵点，外部环境的复杂性、严峻性、不确定性上升，这就要求我们增强忧患意识，有效应对和解决这些问题。这些问题对塑造中国式现代化新动能提出了现实的要求。

三、塑造中国式现代化新动能需要解决的几个重大问题

塑造中国式现代化新动能，必须深化新时代做好经济工作的规律性认识，必须把坚持高质量发展作为新时代的硬道理，必须把推进中国式现代化作为最大的政治，聚焦经济建设这一中心工作和高质量发展这一首要任务，加快发展新质生产力，形成新型生产关系，把中国式现代化的宏伟蓝图一步步变成美好现实。

其一，认识要到位。中国式现代化呼唤新动能，呼唤新质生产力和新型生产关系，应当说这是把重大的历史危机感和重大的现实责任感紧密联系起来了。这不仅是对中国近代以来因科技落后而被动挨打的沉痛教训的深刻总结，也是对当今全球科技竞争的新态势、新动向、新趋势的清醒认识。因此，我们要秉持忧患意识、底线思维，在解放思想的基础上，提高历史自觉和时代自觉，更加清醒地意识到这个时代提出"两新"的特殊意义。

其二，创新是特点。新质生产力的显著特点是创新，既包括技术和业态模式层面的创新，也包括管理和制度层面的创新。我们必须继续做好创新这篇大文章，推动新质生产力加快发展。首先，要大力推进科技的创新。科技创新能够催生新产业、新模式、新动能，是发展新质生产力的核心要素，要求我们在科技创新特别是原创性、颠覆性科技创新，以及加快实现高水平科技自立自强方面有更大的努力和高度的自觉。要在坚持"四个面向"的基础上，强化国家战略科技力量，充分发挥新型举国体制优势，打好关键核心技术攻坚战，使原创性、颠覆性科技创新成果竞先涌现。其次，必须把科技成果转化为现实生产力。以科技创新推动产业创新，推动传统产业转型升级，发展壮大

战略性新兴产业，布局建设未来产业，加快构建现代化产业体系。最后，要着力推动发展方式的创新。绿色发展是高质量发展的底色，新质生产力本身就是绿色生产力，我们要把"绿水青山就是金山"的理念落到实处，加快绿色发展，建设美丽中国。

其三，改革要深化。发展新质生产力是每一个科学家从事科学研究、科技发明和创新需要面对的问题，也需要很多配套条件，以保障科技成果向现实生产力转化。习近平总书记提出，发展新质生产力，必须进一步全面深化改革，形成与之相适应的新型生产关系。这就要求我们在深化经济体制改革、科技体制改革、教育体制改革、人才体制改革等方面，敢于打破束缚新质生产力发展的堵点、痛点和难点，创新生产要素配置方式，让各类先进优质生产要素向发展新质生产力顺畅流动。此外，还要注意到，建立新型的生产关系是一个非常复杂的系统工程，因此要进一步扩大高水平对外开放，在全球配置先进优质生产要素，为发展新质生产力营造良好的国际环境。

发展新质生产力的逻辑与推动东北全面振兴的路径

张占斌

2023年9月，习近平总书记赴黑龙江考察并主持召开新时代推动东北全面振兴座谈会时提出，整合科技创新资源，积极培育新能源、新材料、先进制造、电子信息等战略性新兴产业，积极培育未来产业，加快形成新质生产力，增强发展新动能。[①]2023年12月，中央经济工作会议再次强调要发展新质生产力。当前，新时代经济发展对生产力进步提出了新要求，为了适应高质量发展阶段的新要求，习近平总书记创造性地提出了"新质生产力"的概念，是基于东北地区的经济转型发展、创新驱动发展和区域协调发展等多重考量，为东北地区全面振兴乃至全国创新发展进一步明晰了行动方向，为我国实现高质量发展、推动中国式现代化建设提供了重要指引。从"加快形成新质生产力"到"发展新质生产力"，体现出党中央对于新质生产力的高度重视和长远谋划，我们要用系统思维全面理解把握这一新概念蕴含的深邃逻辑，在不同层面对应采取针对性举措，合力助推新质生产力发展壮大。

---

① 《习近平主持召开新时代推动东北全面振兴座谈会强调 牢牢把握东北的重要使命 奋力谱写东北全面振兴新篇章》，《人民日报》2023年9月10日。

一、新质生产力的内涵和主要特征

历史唯物主义认为,生产力是人类对自然的改造和征服能力,构成了人类社会和历史发展的根基,是推进文明进步的根本动力,为人类社会不断发展提供了动力源泉。传统的经济增长依赖于大规模的资源和能源消耗,即通过各类经济要素的投入推动发展。与此相对,新质生产力之"新"指向通过新技术、新模式、新产业、新领域、新动能等引领的生产力变革;新质生产力之"质"指向物质、质量、本质、品质,凸显了发展的质量的重要地位。新质生产力不仅涵盖了新技术和新方法的应用,还强调了高效率和高品质的重要性。这种生产力的变革标志着生产力发展中的一个质的飞跃,主要由科技创新推动,以高新技术的应用、新兴产业的发展为特征,代表着进入了一个新的社会生产时代。

新质生产力是生产力要素全新质态的生产力。马克思指出:"生产力,即生产能力及其要素的发展。"[1]生产力主要包括劳动者、劳动对象和劳动资料三个基本要素。与传统质态生产力相比较,新质生产力的新性质关键在于三个方面。一是新劳动者,劳动者是生产力的能动要素,也是最重要的要素,新劳动者需要有知识化和专业化创新能力,只有掌握必要的高新科技知识和劳动技能,才能驱动高新科技化的劳动对象和劳动资料。[2]在信息化、数字化推动下,新劳动者接受了远超历史上任何时代的教育和训练,高技能人才、大学生、研究生成为新劳动者的主体。二是新劳动对象,劳动对象是人类活动对象化发展的产物,伴随着科技创新的推进,人工智能、生物技术、新能源技

---

[1] 《马克思恩格斯文集》第7卷,人民出版社2009年版,第1000页。
[2] 谢加书、王宇星:《准确把握新质生产力的科学内涵和基本特征》,中工网,2023年10月9日。

术等领域的发展，人类劳动对象发生了极大变化，体现为传统劳动对象的数智化，同时又出现了新材料、新能源、信息数据等新的劳动对象。三是新劳动资料（劳动工具），新世纪以来，人工智能等数字技术加快发展，传统劳动资料与数智化劳动资料融合升级，工业化和信息化融合发展，传统机械为主的生产工具发生颠覆性变化，实现数智化升级，大工业时代的劳动过程向平台化、生态化、共享化、远程化生产协作转变，促进了生产的线上线下有机结合、数字经济与实体经济有机融合，产供销、服务和消费一体化发展，极大提高了生产效能和效益。在生产力三大要素都发生了质变的背景下，生产力本身自然会跃升到新质阶段。这类内在新性质决定了新质生产力具有高创新性、高虚拟性、高流动性、强渗透性、高协同性、高价值性的外在特征。[1]

2023年12月，中央财办有关负责人在解读中央经济工作会议时，认为新质生产力是由技术革命性突破、生产要素创新性配置、产业深度转型升级而催生的当代先进生产力，它以劳动者、劳动资料、劳动对象及其优化组合的质变为基本内涵，以全要素生产率提升为核心标志。[2] 新质生产力是以高新科技创新驱动内涵式发展的，是面向世界科技前沿、面向经济主战场、面向国家发展需求、面向人民美好生活的社会生产力新形态。习近平总书记对"新质生产力"这一概念的提出和阐释，是马克思主义生产力理论的重要创新，[3] 为我们整合科技创新资源，引领发展战略性新兴产业和未来产业，增强发展新动能、构筑经济发展新引擎、塑造高质量发展新优势提供了重要指引。

---

[1] 张占斌：《加快形成新质生产力与推动东北全面振兴》，《团结报》2023年10月19日。
[2] 《什么是新质生产力？中央财办最新解读》，光明网，2023年12月18日。
[3] 徐政、郑霖豪、程梦瑶：《新质生产力赋能高质量发展的内在逻辑与实践构想》，《当代经济研究》2023年第11期。

二、新质生产力的提出逻辑

（一）生产力发展到新阶段的历史必然性

自工业革命以来，生产力经历了前所未有的快速增长和规模扩张，为新质生产力的形成与发展进行了量的积累。在当今世界百年未有之大变局的背景下，经济领域新质生产力的出现，符合大趋势和大逻辑的自然演进。改革开放特别是进入新时代以来，我国经济社会的快速发展，有了巨大的量的积累，正在发生从高速度到高质量的转型升级，这种转型升级包括量变和质变，因此涌现出新质和新质生产力。1979—2022年，中国国内生产总值年均增长9.1%，创造了人类经济史上长期保持高速增长的奇迹。2022年，中国经济总量突破120万亿元，稳居世界第二位。经济高速增长使我国实现了由温饱不足、总体小康再到全面小康的历史性跨越，为中国式现代化提供了强大的经济支撑，奠定了中国式现代化的经济基础。[①] 同时，新征程上我国需要持续解放和发展生产力，这是由两个"十五年"战略目标内在规定的，我国解放和发展生产力不是使此前生产力的规模增大，而是需要在很大程度上体现出对"新质生产力"的积极回应。[②] 新质生产力将科技创新视为一种相对独立的生产力形态，更加强调科技创新对生产要素融合的统领性作用，科学技术通过应用于生产过程、渗透在生产力诸要素中而转化为实际生产能力，促进并引起了生产力的深刻变革和巨大发展。

（二）新时代发展理念的一脉相承性

发展理念是对发展的本质性认识，对发展实践起着根本性的指导

[①] 《致敬改革开放45周年：在新征程上谱写改革开放新篇章》，南方网，2023年12月18日。
[②] 高帆：《"新质生产力"的提出逻辑、多维内涵及时代意义》，《政治经济学评论》2023年第6期。

作用。党的十八大以来，我们党在坚持和继承党的发展观的基础上，于2014年提出了经济发展新常态的重大判断，在党的十八届五中全会上提出了"创新、协调、绿色、开放、共享"的新发展理念，党的十九大报告作出了"我国经济已由高速增长阶段转入高质量发展阶段"的科学论断，党的二十大报告进一步指出"高质量发展是全面建设社会主义现代化国家的首要任务""必须坚持科技是第一生产力、人才是第一资源、创新是第一动力"。习近平总书记在新时代推动东北全面振兴座谈会上指出，"积极培育新能源、新材料、先进制造、电子信息等战略性新兴产业，积极培育未来产业，加快形成新质生产力，增强发展新动能"[①]。从"经济新常态"和"新发展理念"到"高质量发展""新质生产力"，这一系列理论与实践发展紧密相连，体现了我国经济发展科学进步的连贯性。"经济新常态"奠定了我国经济发展的时代背景与基本逻辑，"高质量发展"阐述了塑造我国未来走向的核心逻辑，"新质生产力"则激发了推动高质量发展的新源泉。新质生产力紧紧依靠科技进步，特别是那些颠覆性的技术创新以及它们的广泛应用，不仅催生了许多新产品、新服务、新商业模式和新兴产业，还深刻改变了经济活动方式、产业组织结构以及社会生活方式，成为推动经济高质量发展的强大动力。新质生产力的提出，意味着党中央将以更大决心推动以科技创新引领产业全面振兴，以产业升级构筑新竞争优势、赢得发展主动权。

（三）东北全面振兴的现实紧迫性

习近平总书记反复强调，东北地区是我国重要的工农业基地，维护国家国防安全、粮食安全、生态安全、能源安全、产业安全的战略

[①]《习近平主持召开新时代推动东北全面振兴座谈会强调　牢牢把握东北的重要使命　奋力谱写东北全面振兴新篇章》，《人民日报》2023年9月10日。

地位十分重要。党的十八大以来，习近平总书记先后十次踏上东北大地考察调研，一遍遍分析研判，找准症结、对症下药，为推动东北振兴作出一系列重要指示。东北振兴战略实施20多年来，东北从转型发展的阵痛中逐渐走出，一步步迈入全面振兴蓄势待发的新阶段，然而，东北在体制机制、经济结构、对外开放、思想观念方面存在着短板和弱项，尤其科技创新不够、要素融合不足、生产力重塑不强，亟待新质生产力来有效破解发展瓶颈。

首先，经济转型和增长的核心动力迫切需要转向新质生产力。新质生产力涵盖创新生产技术、前沿科学技术及新兴产业布局，这些正是东北地区实现经济转型和升级所追求的关键要素。这种转换不仅要求东北地区紧跟科技发展的步伐，而且需要积极探索和应用新的产业形态，以此来促进区域经济的全面振兴和可持续发展。其次，创新驱动发展至关重要，与新质生产力的培育本质关联。新质生产力的核心在于创新，以此构筑高质量发展的新动力，正对应东北地区亟待增强的核心竞争力。通过这种方式，东北地区能够在全国乃至全球经济中确立其创新引领的地位，为地区经济注入持续的竞争优势。再次，促进区域协调发展迫切需要集中力量发展新质生产力。新质生产力通过促进区域之间的协同创新、资源共享以及优势互补，不仅是其发展的内在逻辑，也是推动区域经济均衡发展的必要动力。这要求东北地区与周边地区建立更紧密的合作关系，共同构建开放、互利的区域经济体系。通过这样的集聚和协作，新质生产力能够在更广范围内渗透和扩散，从而为区域内外的经济发展提供更加坚实的支撑，确保区域间发展的协调性和整体性。习近平总书记在东北考察时提出"新质生产力"，既是因为新时代以来他一直把科技创新作为引领东北全面振兴的关键一招和动力来源，也是因为科技创新不仅仅只适用于东北，对整个中国经济实施创新驱动发展战略、实现高质量发展都具有重要的指导意义。最后，加快形成新质生产力等为东北成为中国式现代化战略支撑创造重要的保障条件。[1] 习近平总书记在主持召开的新时代推动东北全面振兴座谈会上强调，推进中国式现代化，需要强化东北的战略支撑作用。以"五大安全"保障东北地区全面振兴、全方位振兴需要立基于安全能力的提升，围绕"以新安全格局保障新发展格局"总要求，针对"五大安全"的重点领域和重大风险，坚持科技赋能，坚定不移实施创新驱动发展战略，加快提升创新能力和科技实力，加快形成新质生产力，全面增强科技维护和塑造国家安全的能力[2]，为维护粮食安全夯实根基，为维护产业安全巩固基础，为维护能源安全强化保障，为维护生态安全筑牢屏障，为维护国防安全提升能力。

三、加快形成新质生产力的战略意义

（一）塑造国际竞争新优势

我们中国人应该始终铭记历史教训，落后就要挨打，我们要实现以中国式现代化全面推进中华民族伟大复兴就必须实现新型工业化这个关键任务，必须充分发挥科技进步和创新的作用，必须发展新质生产力。近年来，我国经济发展面临复杂的内外部环境。科技创新发展速度之快、辐射范围之广、影响程度之深前所未有，成为国际战略博弈的主要战场，正在重构全球经济和创新版图。我国面临以美国为首的一些西方国家"科技战""脱钩断链"的外部风险挑战明显增多，大国竞争和博弈日益加剧，全球产业链供应链深度调整，一些关键核心

---

[1] 田鹏颖：《东北全面振兴是推进中国式现代化的战略支撑》，《社会科学辑刊》2023年第6期。
[2] 王志刚：《加强自主创新 强化科技安全 为维护和塑造国家安全提供强大科技支撑》，《人民日报》2020年4月15日。

技术仍然受制于人，产业链供应链风险隐患增多。[①]因此我们必须增强忧患意识，着力补短板、强弱项、扬优势，发挥科技创新增量器作用，加大源头性技术储备，加快形成新质生产力，积极培育未来产业发展战略性新兴产业，是统筹发展和安全的重要保障，是新时代我国在激烈的全球竞争中取得优势的关键，是我国实现高水平科技自立自强，提升在全球产业分工中的地位和影响力、抢占未来发展制高点、构筑大国竞争新优势的突破口和支撑点。

（二）增强高质量发展新动能

党的二十大报告强调，"高质量发展是全面建设社会主义现代化国家的首要任务"。我国正处在全面建设社会主义现代化国家开局起步的关键时期。当前，我国传统数量型"人口红利"逐渐减少，资本投资效率偏低收益递减，资源环境压力约束不断增多，传统生产力条件下的经济增长模式越来越难以为继，经济进一步发展只能依靠以科技创新推动的全要素生产率的提升。新质生产力的发展过程不仅仅是一个简单的技术升级或是产业革新，更是一个深层次、全方位的转型过程，涉及科技创新资源的充分整合与利用，以及现有产业基础的深度融合。这一过程强调通过提升生产要素的质量和改善资源配置的效率，实现先进生产力对传统生产力的替代，目标是促进一个更高质量、更有效率、更可持续发展模式的加速形成。以人工智能、大数据、云计算、生物技术等为代表的科技创新驱动生产方式、发展模式和企业形态发生根本性变革，创造新的生产工具、催生新的劳动对象，推动经济增长转向知识、技术、数据等新质生产力要素驱动，可以极大提高全要素生产效率。新质生产力借助数字技术创新的力量，广泛渗透

[①] 中共工业和信息化部党组：《坚决扛牢实现新型工业化这个关键任务》，《求是》2024年第1期。

到经济发展各个环节，提升社会化大生产的网络协同水平，优化资源配置方式、催生新型生产组织形态，赋能和扩展现代化产业体系的增长空间。①新质生产力突破传统经济增长模式，是新形态的生产力类型，能够大力推动经济发展质量变革、效率变革、动力变革，能够有效释放高质量发展的新动力。

（三）夯实现代化产业体系根基

现代化产业体系是在产业集群的基础上逐渐形成的以实体经济为载体，以科技创新、现代金融、人力资源为内核，以创新引领和协同发展为特征的产业发展结果。习近平总书记在主持召开的二十届中央财经委员会第一次会议上强调，加快建设以实体经济为支撑的现代化产业体系，把握人工智能等新科技革命浪潮，高效集聚全球创新要素，推进产业智能化、绿色化、融合化，建设具有完整性、先进性、安全性的现代化产业体系。②现代化产业体系意味着新质生产力在当代经济发展中处于核心地位。这种生产力体系以领域的新颖性、技术的高含量为特征，强调科技创新在推动社会生产力进步中的决定性作用。新质生产力的核心在于它通过科技的力量不断开拓未知的领域，提高生产效率和产品质量，从而引领经济向更高层次发展。在这个过程中，新质生产力不仅仅体现为一种技术或产品的更新换代，更是一种全方位的社会经济结构的优化和升级。构建现代化产业体系，是生产力系统实现改旧纳新、推陈出新的演化进程，是新质生产力规模不断扩大、带动作用不断增强的过程。培育和塑造新质生产力是构建现代化产业体系的必然要求，也是遵循可持续发展基本规则，强化产业源头技术创新和产业系统创新能力，不断提升国家综合实力与国际竞争力并实

---

① 吴刚：《发展新质生产力　增强发展新动能》，《西安日报》2024年1月2日。
② 《习近平主持召开二十届中央财经委员会第一次会议》，中华人民共和国中央人民政府网，2023年5月5日。

现高质量发展的必然选择。围绕2024年推动高质量发展，中央经济工作会议提出九项重点任务，"以科技创新引领现代化产业体系建设"排在首位，强调以科技创新推动产业创新，特别是以颠覆性技术和前沿技术催生新产业、新模式、新动能，发展新质生产力。①

四、东北发展新质生产力的优劣势条件分析

习近平总书记在新时代推动东北全面振兴座谈会上指出，东北资源条件较好，产业基础比较雄厚，区位优势独特，发展潜力巨大。2018年9月在沈阳召开深入推进东北振兴座谈会以来，东北三省及内蒙古在推动东北振兴方面取得新进展新成效。②相关数据显示，2023年上半年，东北三省实现地区生产总值2.7万亿元，同比增长5.8%，高于全国平均增速③，为进一步发展新质生产力奠定了较好基础。

（一）东北地区长期拥有科教优势和较好的人才优势

高端人才和先进科技是发展新质生产力最为重要的支撑条件。东北高校、科研院所特别是国家级科研院所的数量排在全国前列，科技创新资源比较丰富、研发力量较强，高校工科特色优势和制造业创新能力特色优势相得益彰，技术价值创造能力和经济价值创造潜力较强。近5年来，通过实施创新驱动战略，黑龙江研发经费投入年均增长5%，技术合同成交额年均增长28.5%，国家认定的高新技术企业由2017年929家增长到3605家，黑龙江2022年出台人才政策60条，一年来引进海内外高端人才数量为前6年总和的5.8倍；吉林省综合科技创新水平位列全国第19位，综合科技创新水平指数十年来增长了15.09个

---

① 《中央经济工作会议在北京举行》，光明网，2023年12月13日。
② 《习近平主持召开新时代推动东北全面振兴座谈会强调　牢牢把握东北的重要使命　奋力谱写东北全面振兴新篇章》，《人民日报》2023年9月10日。
③ 《潮头观澜丨"数"说东北振兴5年间》，新华网，2023年9月9日。

百分点，科技促进经济社会发展指数由全国第15位提升至第11位，研究与试验发展人员全时当量位居全国第9位，科研物质条件指数由全国第8位提升至第5位，吉林高级职称人才从净流出转向净流入，高端人才连续两年实现进大于出；近5年来辽宁省实施"揭榜挂帅"科技项目253项，攻克关键核心技术29项，拥有全国重点实验室数量达到11个，国家级科技创新平台40个，"带土移植"高水平人才团队238个。截至2021年底，东北三省开发区数量达到252个，国家级63个，省级189个，在七大区域中位居中游，国家级、省级开发区数量占全国总数量的比重分别为9.4%和9.5%，2021年东北开发区以0.74%的土地、16.7%的人口贡献了38.8%的地区生产总值。[①] 众所周知，开发区是我国建设现代化经济体系的重要载体和依托平台，是创新驱动发展示范区和高质量发展先行区，东三省培育发展的众多开发区和更多正在孕育的创新主体及创新平台，具备发展新质生产力的重要基础条件。

（二）东北地区老工业基地的禀赋优势奠定发展新质生产力的根基和底蕴

现代工业特别是制造业是承接科技创新赋能，形成新质生产力的重要载体。新中国成立后，东北以其独特的地理优势成为我国重要的工业和制造业基地，东北工业基地是我国大中型国有企业最集中的地区，重化工业基础十分雄厚，具有重要的战略地位。目前，东北地区仍是我国重要的石油化工、钢铁、机床、汽车、电站成套设备、船舶、飞机制造基地，工业体系比较齐全、配套链条相对完善，具有现代化大工业训练的产业大军，拥有庞大的科研队伍、技术队伍和掌握现代管理知识的企业经营管理队伍，拥有一批打造"国之重器"的行业龙头企业，以及在国家重大科研攻关中锤炼出的创新产业体系、创

---

① 梁胜平、张召堂主编：《中国开发区建设与发展》，人民出版社2022年版，第82页。

新团队体系等，具备形成新质生产力的坚实基础。时至今日，东北地区依然有着广泛而良好的工业基础，以黑龙江为例，2022年规模以上工业企业比上年增长10.6%，达4322个；规上工业企业营收比上年增长8.4%；利润总额同此增长15%。从重点工业产品来看，工业机器人增长16.7倍，金属切削机床增长1.2倍，金属轧制设备增长42.6%，铁路货车增长34.1%，电站用汽轮机增长30.9%，电工仪器仪表增长20.9%，汽车增长8.6%。东北地区科研力量曾深度参与多项国家重大创新成果研发、设计、制造，在航空航天、人工智能、现代绿色农业、新能源汽车、轨道客车等领域有着较强的创新实力，在机器人、医疗CT、高档数控机床、燃气轮机等产品上具备一定的国际竞争力，在现代农业、生物医药、冰雪产业等领域有着独特的应用场景。

但东北地区发展新质生产力还面临不少问题和挑战，如创新支撑引领不够，科技创新潜力尚未完全释放，科教资源没有充分转化，人才流出趋势还未得到根本性扭转，产业结构调整步伐不快，新动能接续不够，市场主体质量不高、活力不足，现代化基础设施建设进程不足，营商环境特别是法治环境、信用环境建设还有较大提升潜力，对内对外开放水平依然不高等。

五、发展新质生产力推动东北全面振兴的措施路径

习近平总书记2023年9月在黑龙江调研并召开新时代推动东北全面振兴座谈会上提出要加快形成新质生产力，增强发展新动能。一个多月后，习近平总书记主持中央政治局会议，审议《关于进一步推动新时代东北全面振兴取得新突破若干政策措施的意见》。习近平总书记的重要讲话及党中央的决策部署，是基于东北地区的经济转型发展、创新驱动发展和区域协调发展等多重考量，发展新质生产力不仅为东北全面振兴提供了解决方案，而且释放了驱动高质量发展的新动能。

（一）着力培育、集聚科技创新资源，健全协同高效的创新体系

新质生产力的核心以科技创新为首要引擎。要保持一个国家或区域的经济活力，一个很重要的因素就是这些地区科技资源聚集度高，科技资源规模效应明显。[①] 东北地区科教优势明显，东北振兴要牢牢扭住自主创新这个"牛鼻子"，坚持创新在全局中的核心地位，全面整合区内大校、大院、大所、大企资源，优化国家科研机构、高水平研究型大学、科技领军企业定位和布局，加强与区外大校、大院、大所、大企等的协同合作，加强企业为主体、市场为导向、产学研深度融合的技术创新体系建设。在此过程中，可以争取国家支持，谋划成立省级层面的科技创新工作委员会，成为东北地区科技创新资源整合的主体，做好东北地区科技创新资源整合的顶层设计，争取国家战略科技力量布局，建设国家创新驱动发展试验区、国家双链融合发展试验区、国家未来产业孵化试验区，加快汇聚创新资源，持续优化创新生态，夯实联合创新发展基础，形成创新发展一盘棋，系统布局重点领域关键核心技术一体化攻关、迭代应用、生态培育，推进重大战略性技术和产品攻关突破，着力提升科技成果产出率和本地化转化率，最大程度培育新质生产力。此外，东北地区要充分理解并高度重视开发区的功能定位和重要作用，多措并举推动开发区特别是国家级和省级开发区"又高又新"高质量发展，不断深化开发区空间发展格局改革、科技创新综合体改革以及科技成果转化全链条促进机制改革，对标新进开发区，推动创新引领越能级，奋力当好新时代东北振兴"跳高队"主力队员。

[①] 《科技创新需要激发"集群效应"》，《人民日报》2023年9月1日。

（二）持续促进人力资本跃升，以人口高质量发展支撑东北全面振兴

新型人才是新质生产力的创造者和使用者，是生产力生成中最活跃、最具决定意义的能动主体，没有人力资本跃升就没有新质生产力。随着科技的飞速发展和产业的持续升级，生产方式正经历一场深刻的变革，即向信息化、数字化、智能化、绿色化方向转型。这一转型不仅仅是技术层面的升级，更是对生产力和生产关系的全面革新。在这个过程中，新质劳动者的角色变得至关重要。他们不仅需要具备高水平的科技文化素质，还要有能力熟练掌握并应用新质生产工具，这是构建以数智化为支撑的新质生产体系的基础条件。面对完成产业转型升级的重要任务与人口不断下降和人才外流的趋势，东北地区加快形成和发展新质生产力就必须通过深入实施科教兴区、人才强区战略，持续促进人力资本跃升，以人口高质量发展支撑东北全面振兴。从长远发展来看，考虑到东三省生育率较低的现状，一要大力发展普惠托育服务，通过减轻生育养育负担激发生育意愿，保持适度生育率和人口规模。二要大力发展基础教育、职业教育、高等教育、继续教育，加快建设高质量教育体系，提升全民特别是年轻人受教育水平，提高人口素质。同时，针对东北人才流出的严峻现实，要继续创新实施更加积极、更加开放、更加有效的人才政策，加强人力资源开发利用，打造更多创业创新平台引才聚才育才，加大东北人才振兴的政策支持力度。当前，全国各地都在千方百计吸引集聚人才，"抢人大战"趋于白热化。纵观全球和我国人才竞争力和创新活力领先的地区，其吸引集聚人才主要是因为科教资源密集、产业发展驱动、资源要素集聚和制度环境优化，特别是人力资源服务行业发达。因此，东北地区应该下更大力气发展人力资源服务产业，其中重要载体就是高标准谋划建设高水平的人力资源产业园或人才产业园，优化人力资源产业园发展规划布局，汇聚国内外知名人力资源服务企业，提升人力资源服务专业化、标准化、规范化、数字化、国际化水平，实现人力资源配置集约化、专业化和一体化发展，促进人才链、产业链、创新链、供应链深度融合。

（三）积极布局和发展战略性新兴产业和未来产业，构建具有东北特色优势的现代化产业体系

产业发展是经济增长的根基，同时也是生产力变革与发展的直接体现。新质生产力的兴起和壮大，深刻依赖于科技创新资源的有机整合，以及对发展战略性新兴产业和布局未来产业的引领作用。这种生产力的形态，通过科技进步和创新实践，不断推动产业结构的优化升级和经济模式的转型。战略性新兴产业和未来产业的发展，不仅为新质生产力提供了广阔的施展平台，也成为新质生产力生成和发展的主要战场。这些产业的特点是技术含量高、增长潜力大、辐射带动效应强，能够有效促进经济结构的调整和产业升级，加速社会生产力的整体进步。习近平总书记强调，要以科技创新推动产业创新，加快构建具有东北特色优势的现代化产业体系。第一，要发展壮大战略性新兴产业，战略性新兴产业代表新一轮科技革命和产业变革的方向，是形成新质生产力、打造国际竞争新优势的关键领域。[1]要积极培育新能源、新材料、先进制造、电子信息、航空航天、生物医药等战略性新兴产业，增强生产要素保障能力，培育壮大产业发展新动能。同时，前瞻性布局培育那些尚处于孕育孵化阶段且具有高成长性、先导性、颠覆性的未来产业，以颠覆性技术和前沿技术催生新产业、新模式，加快形成新质生产力，增强发展新动能。考虑到未来产业技术路径的不确定性和投资的较大风险性，应充分发挥东北国有企业的战略使命和社会责任，利用长线考核机制和容错机制引导其积极投资布局未来产

---

[1] 张乐：《以新质生产力发展推进中国式现代化建设》，《人民论坛》2023年第21期。

业。第二，东北地区在传统制造业、原材料加工、能源经济及农业等关键领域所占比重显著。鉴于此，东北地区需要发挥其固有的比较及禀赋优势，通过引入和应用现代化技术，对这四大主要产业进行深度改革和提升。这一转型的核心在于提升这些产业的市场竞争力，通过实施数字化、网络化、智能化以及绿色化改造，加速传统制造业的现代化进程，促进产业链的整合和产业集群的形成，从而提高整个区域经济的协同性和创新能力。此外，东北地区还需对那些关乎国家生命线、产业及国防安全的关键行业——如航空装备、军事装备和大型船舶制造等——投入更多关注，包括开展基础元器件、零配件、原材料、工艺等产业基础再造工程、重大技术装备攻关工程、专精特新企业发展工程等项目，以此提升产业链的技术水平和整体安全性，确保东北地区在国家经济发展和安全体系中的核心地位得以巩固和强化。第三，东北地区应充分利用其在农业、自然资源及生态环境方面的显著优势，着力构建综合性的现代化农业产业体系，涵盖粮食、经济作物、饲料的全面协调发展，以及农业、林业、畜牧业和渔业的多元化经营。通过这种方式，不仅推动农业和农村的现代化进程，还可以提升粮食的自给水平和品种多样性。在能源领域，东北亟须加速风能、太阳能、核能等清洁能源的开发，建立一个集风能、太阳能、火力发电和核能发电于一体的综合能源基地，同时完善能源的生产、供应、储存和销售体系，确保传统能源向新能源平滑过渡，促进能源产业的绿色低碳转型。此外，东北地区应坚守"绿水青山就是金山银山，冰天雪地也是金山银山"的绿色发展理念，不遗余力地加强环境污染的防治工作，重视森林、河流和海洋等生态环境的保护，积极推动生态经济、冰雪经济和海洋经济的发展。第四，为了不断提升市场主体的地位与创新能力，东北地区需加深改革的力度。通过实施专门针对国有企业的振兴行动计划进一步深化改革，包括将国有资本优先配置到经济的关键和战略领域，以加强在推动地区经济发展中的战略支撑作用。东北地区还应积极支持民营经济的健康成长，通过实施面向中小企业的普惠性政策，为其提供更广阔的发展空间。更进一步来说，东北地区应促进大中小企业之间的融合与发展，积极推动"携手行动"计划，鼓励大型企业与中小企业在技术、市场、资源等方面的共享与合作，为中小企业打开创新的大门，促进企业之间的深入合作与资源共享，从而实现大中小企业的共同成长与发展。

（四）系统布局建设现代基础设施体系，承托东北发展新质生产力和推进新型工业化的"硬件"需求

我们通常所关注的新型基础设施主要包括5G基础设施、大数据中心、人工智能、工业互联网、特高压、新能源汽车充电桩以及城际高速铁路和城际轨道交通等，实际上现代基础设施体系包括推进新型工业化所要求的信息化、数字化、网络化、智能化等特点的所有工业设施。因此，对于东北来说，一要统筹区域和行业布局，做好现代基础设施的顶层设计，按照"一视同仁"原则适当放宽现代基础设施的投资领域市场准入。二要创新现代基础设施的投融资模式、现代基础设施投资规模大、周期长，要首先发挥政府在先期投资方面的引领带动作用，通过税收减免和贷款贴息等方式提高投资回报的透明性和确定性，给予市场主体充分信心，构建高效的政府引导、企业为主、市场运作的新模式。三要坚持需求引导，根据发展需要和产业潜力聚焦重点领域，积极推进新型基础设施建设，拓展新型基础设施应用场景。增强现代基础设施以及传统基建的互补性和融合性，在布局5G、智能计算中心、新能源、工业互联网等新基建时，同步提升电力、交通、物流等传统基础设施的数字化、智能化改造，增强整体基础设施综合保障能力。四要把参与现代基础设施建设的"新主体"放在更加突出位置，提高新基建项目相关领域的开放水平和竞争性，充分发挥东北地区央企、国企数量多、实力强的禀赋优势，引入长期的绩效考核机制和包容容错的体制机制，积极引导央企、国企加大信息基础设施、创新基础设施和融合基础设施的投资力度，发挥重点企业的标杆和示范带动效应，做好现代基础设施产业链的投资者、研发者和建设者。①

（五）提升东北对内对外开放水平，打造产业和技术合作的开放创新生态

新质生产力和现代化产业体系的形成不能闭门造车，需要整合利用国内外各种创新资源，需要引进来与走出去并重，培育参与国际合作和竞争新优势。东北是我国向北开放的重要门户，在地理区位上与6个国家关联。从开放大局看，东北正在成为新的开放前沿。当前，全球产业集群和贸易产业链正在发生重大变化，以中日韩为核心的东北亚贸易圈快速发展，将会打破北美、欧盟、东北亚三大贸易圈三分天下的局面，逐步形成新的雁阵型贸易和投资格局。东北亚是当前全球经济最具发展潜力的板块，是具有能源资源优势和产业不断集聚优势的板块，是大国博弈、地缘政治错综复杂的地区。从东北亚大范围看，东北地区位于东北亚的核心地带，随着俄乌冲突的爆发和持续，俄罗斯等国向东发展的愿望和需要更为强烈，②形成了我国深化向北开放的重要契机，东北地区应该利用独特的地理区位优势"东西联横欧亚，南北合纵美俄"，加强东北地区互联互通基础设施建设，深化国际产能、投资贸易以及技术研发合作，为东北构建现代化产业体系注入新动力。东北地区要增强前沿意识、开放意识，深化与共建"一带一路"国家

---

① 张占斌：《推动"新基建"高质量发展的五点建议》，《中国经济时报》2022年3月4日。
② 康成文、周树娜：《俄乌冲突背景下中俄双边贸易变化及应对研究》，《科学决策》2022年第6期。

产业优势互补合作，加强与东部沿海和京津冀的联系，通过引入市场机制，探索设立"辽沪特别合作区""吉浙特别合作区""黑苏特别合作区"等，建立科技、产业、金融多元主体有效结合的科技创新共同体，推进新工业革命伙伴关系网络建设，在畅通国内大循环、联通国内国际双循环的新发展格局中发挥更大作用。

（六）打造良好发展环境，为东北形成更多新质生产力保驾护航

按照马克思政治经济学的分析框架，作为社会运动中具有能动性的力量，生产力决定生产关系，生产关系反过来促进或抑制生产力的发展，生产力和生产关系的互动规律是经济社会变迁的根本逻辑。新质生产力在生产要素、要素组合、产业形态等方面的变化都受到经济制度的影响，[①]因此加快形成新质生产力需要在更高起点、更高层次、更高目标上推进经济体制改革及其他各方面体制改革，在制度改革创新中形成发展活力。对于东北来说，加快形成更多新质生产力，需要破除体制机制障碍，构建更加系统完备、更加成熟定型的高水平社会主义市场经济体制，特别是要加快要素市场化改革，一方面要在国有和集体相关产权方面做出更加合理清晰的制度安排，明晰支配权、转让权、收益获取权等权利义务，制定完备的收益获取、转让交易等方面的规则，发挥法治激励保障产权的根本作用。围绕建设统一开放、竞争有序的市场体系目标，着力推进统一大市场建设，实现公平自主有序流动基础上要素价格的市场决定，提升要素市场化配置效率，为不同类型所有制经济提供更加公平的营商环境，推动有效市场和有为政府更好结合。[②]2023年12月的中央经济工作会议在提到发展新质生产力时，特别提到了以颠覆性技术和前沿技术催生新产业、新模式、新

---

① 黄群慧：《加快形成新质生产力，建设现代化产业体系》，人大CMF，2023年12月22日。
② 《专访张占斌：形成新质生产力需要破除体制机制障碍，更大地解放思想》，澎湃网，2023年12月28日。

动能，这也需要市场化、法治化、国际化的营商环境，鼓励创新型人才脱颖而出，才能创造新技术。和传统意义上的生产力相比较，人才在新质生产力中起决定性作用，只有政治生态风清气正，营商环境良好，人才第一资源的作用才能更好发挥，不适应新质生产力发展的体制机制障碍才能清除，新质生产力的竞争力才能得以放大。另一方面，推动东北地区营商环境建设，需要建立政府、企业家和广大群众的"金三角"支撑结构。必须把政府打造成服务型政府，坚定地捍卫市场经济规则，增强市场意识、服务意识，保护知识产权、建立各种标准等，让市场在资源配置中发挥决定性作用，做到放管结合、优化服务，重点解决政府职能错位、越位、缺位和不到位等问题。[①]东北各级干部要树立正确的政绩观，激发干事创业热情，解放思想、转变观念，将习近平总书记为东北全面振兴擘画的宏伟蓝图转化为"施工图"，牢牢把握时代使命，坚持守正创新、真抓实干，加快通过大力发展新质生产力来提升高质量发展新动能。

---

① 郭丁源：《以深化改革推动东北高质量发展——专访国家发展改革委振兴司原司长周建平》，中华人民共和国国家发展和改革委员会，2018年12月4日。

深刻领悟高质量发展这个新时代硬道理

张占斌　汪　彬

中央经济工作会议提出,"必须把坚持高质量发展作为新时代的硬道理""聚焦经济建设这一中心工作和高质量发展这一首要任务,把中国式现代化宏伟蓝图一步步变成美好现实"[1]。必须把坚持高质量发展作为新时代的硬道理,是对新时代我国发展实践经验的深刻总结,具有深刻的历史逻辑、理论逻辑、实践逻辑,事关中国式现代化的推进和拓展,事关全面建成社会主义现代化强国。我们要深刻领悟高质量发展这个硬道理,尊重经济规律、把握发展大势,有效防范化解各种重大风险挑战,以中国式现代化全面推进中华民族伟大复兴。

一、把握当前经济社会发展主题

高质量发展是当前我国经济社会发展的主题,是解决我国社会主要矛盾的关键举措,是扎实推动共同富裕的必然选择,是中国式现代化的本质要求。

当前,我国社会主要矛盾已经转化为人民日益增长的美好生活需要和不平衡不充分的发展之间的矛盾。经过改革开放几十年持续发展,人们吃饱穿暖的物质"标配"基本满足,更加追求高品质生活。"不平

---

[1]《中央经济工作会议在北京举行》,《人民日报》2023年12月13日。

衡不充分的发展"是发展质量不高的突出表现。破解这个难题，就必须推动经济发展从量的扩张转向质的提升，从主要解决"有没有"转向解决"好不好"乃至"优不优"。高品质生活与高质量发展紧密联系，离不开高质量发展的支撑。在新发展阶段，只有以"硬道理"的清醒认识自觉推动高质量发展，解决好质的问题，在质的大幅提升中实现量的持续增长，形成优质高效多样化的供给体系，提供更多优质产品和服务，才能不断满足人民日益增长的美好生活需要。

经济发展是一个螺旋式上升、阶梯式递进的过程，量积累到一定阶段必须转向质的提升，这是经济发展的一般规律。经过长期努力，我国经济总量已经稳居世界第二位，但经济发展的结构、效益还亟须优化提升。进入新发展阶段，我国经济发展的要素条件、组合方式、配置效率发生改变，劳动力成本逐步上升，资源环境承载能力达到了瓶颈，旧的生产函数组合方式已经难以持续。如果再按照过去那种粗放型增长方式来做，发展就难以持续，就有可能陷入"中等收入陷阱"。只有把坚持高质量发展作为新时代的硬道理，全面深化改革，优化经济结构、转变发展方式，加快发展新质生产力，优化生产要素配置和组合，促进全要素生产率提高，推动质量变革、效率变革、动力变革，才是解决问题的根本之道。

实现中国式现代化，必须具有扎实的物质技术基础。高质量发展并不意味着发展速度不重要了，保持经济合理增速十分必要。没有坚实的物质技术基础，就不可能全面建成社会主义现代化强国。党的二十大报告提出到2035年基本实现社会主义现代化总体目标，包括人均国内生产总值迈上新的大台阶，达到中等发达国家水平等。很显然，没有一定的经济增长速度，是不可能实现这个目标的。全面建设社会主义现代化国家，我们必须把高质量发展作为新时代的硬道理，注重推动经济实现质的有效提升和量的合理增长，长期保持经济稳定较快增长，并不断提高发展质量以增强经济增长后劲，使14亿多人口大国的发展水平和人均生活水平逐步赶上中等发达国家，确保如期基本实现现代化，进而全面建成社会主义现代化强国。

二、理解高质量发展的深刻内涵

作为全面建设社会主义现代化国家的首要任务，高质量发展是对经济社会发展方方面面的总要求，内涵十分丰富。

高质量发展是体现新发展理念的发展。把坚持高质量发展作为新时代的硬道理，必须坚持创新、协调、绿色、开放、共享发展相统一。创新是经济实现高质量发展的原动力，要坚持创新在我国现代化建设全局中的核心地位，完善科技创新体系，强化企业科技创新主体地位，通过创新推动我国经济从外延式扩张转向内涵式发展。协调是经济实现良好发展的基本要求。我国幅员辽阔、人口众多，发展不平衡不协调是客观现实。高质量发展既是新型工业化、信息化、城镇化、农业现代化的同步发展，更是城乡和区域之间不断缩小差距的协调发展。绿色发展是实现可持续发展的必然要求，高质量发展既要解决环境污染的问题，又要满足人民对美好生活的需要，走人与自然和谐共生的发展道路。高水平的开放是高质量发展的重要支撑。开放带来进步，封闭必然落后。要推进高水平对外开放，提升贸易投资合作质量和水平，深度参与全球产业分工和合作，努力构建全国统一大市场和形成新发展格局。共享是高质量发展的应有之义，强调发展为了人民、发展成果由人民共享，统筹兼顾效率和公平，使人民群众获得感、幸福感、安全感更加充实、更有保障、更可持续，推动全体人民共同富裕取得更为明显的实质性进展。

高质量发展是以经济发展为基础、经济社会各领域的发展。把坚持高质量发展作为新时代的硬道理，必须牢牢把握经济建设这个中心，把高质量发展要求贯穿经济建设的全过程各领域，推动经济健康平稳发展。高质量发展不只是一个经济要求，而是对经济社会发展方方面面的总要求；不是只对经济发达地区的要求，而是所有地区发展都必须贯彻的要求；不是一时一事的要求，而是必须长期坚持的要求。高质量发展涉及方方面面，贯穿经济、政治、文化、社会、生态等各领域。新征程上，我们不仅要始终坚持以经济建设为中心，不断解放和发展社会生产力，不断做大做强中国经济，还要聚焦经济社会各领域，把高质量发展贯彻到各个方面、各个领域、各个环节，长期不懈抓下去。

三、落实高质量发展的实践要求

把坚持高质量发展作为新时代的硬道理，对党和国家未来工作提出了更高要求。我们必须保持战略定力、坚定战略自信、保持历史耐心，坚持系统观念，统筹处理好四对关系，扎实推进。

正确处理发展新质生产力和构建新型生产关系的关系。新质生产力是创新起主导作用，摆脱传统经济增长方式、生产力发展路径，具有高科技、高效能、高质量特征，符合新发展理念的先进生产力质态。当前国际产业竞争愈加激烈，我国要抢占世界科技和产业发展制高点，就要整合科技创新资源，发展战略性新兴产业和未来产业，加快形成新质生产力。发展新质生产力，必须进一步全面深化改革，形成与之相适应的新型生产关系。要发挥好两个"新"的协调配合作用，就要深化经济体制改革、科技体制改革、教育体制改革、人才体制改革等，着力打通束缚新质生产力发展的堵点卡点，创新生产要素配置方式，让各类先进优质生产要素向发展新质生产力顺畅流动。

正确处理自立自强和开放合作的关系。既要坚持把国家和民族发展放在自己力量的基点上，又要不断扩大高水平对外开放。加快实现高水平科技自立自强，是推动高质量发展的必由之路。当前，我国关键核心技术受制于人的局面尚未根本改变，必须把创新摆在国家发展全局的突出位置，加快实现高水平科技自立自强，发挥新型举国体制优势，加快"卡脖子"关键核心技术攻关，把创新主动权、发展主动权牢牢掌握在自己手中。同时，还要深度参与全球产业分工和合作，用好国内国际两种资源，拓展中国式现代化的发展空间。

正确处理实体经济和虚拟经济的关系。重点是加快建设以实体经济为支撑的现代化产业体系。实体经济是一国经济的立身之本，是财富创造的根本源泉，是国家强盛的重要支柱，是现代化经济体系的坚实基础。推动高质量发展，要在推动产业优化升级上继续下功夫，构建以制造业高质量发展为重点的现代化产业体系。要加快建设金融强国，更好发挥资本市场枢纽功能，强化金融和资本市场对科技与产业的支持，提升产业链供应链的韧性和安全水平。要以实体经济为基石，以科技创新为引领，以资金、人才等关键要素为保障，打造自主可控、安全可靠、竞争力强的现代化产业体系，实现全要素生产率和经济效益持续提升。

正确处理供给和需求的关系。供给和需求是经济发展的一体两面，缺一不可。高质量发展是质的有效提升和量的合理增长辩证统一的发展，必须把实施扩大内需战略同深化供给侧结构性改革有机结合起来，形成需求牵引供给、供给创造需求的更高水平动态平衡。以推进供给侧结构性改革为主线，扩大有效和中高端供给、减少无效和低端供给，最重要的还是要发展新质生产力构筑经济增长的新动能，创造出能够满足实际需要的供给。加强需求侧管理应注重优化收入分配结构，处理好消费、储蓄与投资的关系，推动城乡居民收入普遍增长，引导居民适当扩大消费，降低储蓄率，发挥好投资对优化结构的重要作用，利用好数字平台，实现对需求的精准满足，有效释放潜在消费需求，形成强大国内市场。

汪彬，中共中央党校（国家行政学院）经济学教研部副教授

因地制宜发展新质生产力推进
国际经济中心建设

张占斌

城市是经济社会发展的主要空间载体，城市现代化和现代化城市是一个国家追求现代化的重要目标。

一、中国式现代化城市的目标和上海国际经济中心建设的优势

2023年12月，习近平总书记在上海考察时指出：上海要完整、准确、全面贯彻新发展理念，围绕推动高质量发展、构建新发展格局，聚焦建设国际经济中心、金融中心、贸易中心、航运中心、科技创新中心的重要使命，以科技创新为引领，以改革开放为动力，以国家重大战略为牵引，以城市治理现代化为保障，勇于开拓、积极作为，加快建成具有世界影响力的社会主义现代化国际大都市，在推进中国式现代化中充分发挥龙头带动和示范引领作用。[①]上海作为我国首屈一指的超大城市，是人口、产业、科技、金融、贸易、航运等集聚区，习近平总书记的重要指示，明确了深化"五个中心"建设的战略重点，指出了推动高质量发展的主攻方向，体现了对上海未来发展的精准设

---

① 《习近平在上海考察时强调　聚焦建设"五个中心"重要使命　加快建成社会主义现代化国际大都市》，《人民日报》2023年12月4日。

计和战略部署，饱含着对上海的高度评价和未来期许。上海如何在新时代加快发展新质生产力，积极推进国际经济中心建设，在中国式现代化伟大进程中当龙头、树先锋、走在前、当表率、做示范，是重大而光荣的时代任务。

总体来看，中国式现代化城市实践的最终目标是实现人的现代化，具体目标包括六个，一是实现创新驱动发展；二是实现区域协调发展；三是实现绿色可持续发展；四是实现社会和谐稳定发展；五是实现高水平开放发展；六是实现现代文明发展。作为我国最大的超大城市，上海是城市现在和未来发展的领头羊、火车头，应该发挥自己的特色和比较优势，在中国式现代化城市实践中起牵引和带动作用，在建设国际经济中心的伟大征程中捷报频传、建功立业。上海继续建设国际经济中心的特色和比较优势包括以下五点。一是得天独厚的地理位置和交通优势。上海位于中国东部沿海中心位置，是长江入海口，长江三角洲地区的龙头城市、核心城市，是连接中国内地和世界的重要桥梁、枢纽，浦东国际机场、虹桥机场、洋山深水港等大型交通设施具有强大的连接能力，使其成为全球物流中心之一，便于开展国际贸易和吸引外资。二是雄厚的经济实力和产业基础。上海是中国最重要的经济中心，其GDP连续多年保持在全国城市首位。上海拥有众多世界知名企业，金融机构和科研机构，拥有强大的制造业、金融业、服务业等产业基础，为建设国际经济中心提供了强大支撑。三是科技创新引领教育事业蓬勃发展。上海是中国乃至全球科技创新的重要基地，培养了一批具有国际竞争力的新兴产业和企业。高等教育、职业教育和终身教育体系完善，在开放合作方面也展现了其科技和教育事业的发达。四是文化开放包容和人才资源丰富。上海拥有开放包容的城市文化和政策环境，出台了一系列政策吸引国内外资本和人才，使之成为全国乃至国际众多科研人才聚集的地区。同时上海积极推进国际化战略，加大和国际组织、跨国公司的合作。五是金融机构聚集和资本市场活跃。上海是中国金融市场的重要枢纽，拥有上海证券交易所、上海期货交易所、中国金融期货交易所等多个重要的金融机构和市场，历史经验丰富，有助于提升上海在全球金融市场的地位。

二、国际超大特大城市经验借鉴和上海建设国际经济中心战略价值

国际超大特大城市如美国纽约、英国伦敦、日本东京等成为世界经济中心的经验丰富且多元，这些经验对于上海建设国际经济中心城市来说具有一定的借鉴意义。可借鉴的经验主要有以下五点。一是科技创新能力强大。这些城市通常拥有强大的创新能力和创新生态系统，因而吸引了大量的创新领军人才、科学机构和高校，从而形成了强大的创新网络。二是产业发展多元化。这些城市通常拥有多元化的经济结构，包括服务业、金融业、科技产业、制造业等多个领域，使得城市在面对经济波动时更有弹性和韧性，同时也能够吸引更多的全球企业和投资者。三是全球化水平程度高。这些城市拥有完善的国际交通网络、国际金融机构、国际组织、国际会议和展览中心等，是全球经济、文化和思想的交汇点，为全球企业和投资者提供了便利的条件。四是吸引高端人才能力超强。这些城市注重吸引全球各地的高素质人才，特别是科技创新人才。提供优质的科研条件、经费投入、教育和医疗资源，吸引全球各地的人才前来工作和生活。这些人才为城市的经济发展和加快创新提供了强大的智力支持。五是政府大力支持服务。这些城市的政府通过制定有利于经济发展的政策、提供优惠的税收和土地政策、加强基础设施建设、优化营商环境等方式，为城市经济发

展提供强有力支持。

上海加快建设国际经济中心需要借鉴国际超大特大城市的有益经验，但也需要结合自身的实际情况进行有针对性的发展。与此同时，我们也应看到，上海加快建设国际经济中心的重大战略价值。一是能够进一步提升中国在全球经济中的地位和影响力。通过吸引更多的国际资本、技术和人才，促进国际贸易和投资的便利化，把上海建设成为全球经济发展的重要引擎之一，为中国经济的持续增长提供强大动力，提升中国在全球经济中的竞争力和影响力，从而更好地参与国际经济合作与竞争。二是进一步推动经济和产业结构转型升级和创新发展。国际经济中心的建设将促进上海经济结构的优化升级和创新发展。通过加快发展新质生产力，加快战略型产业和未来产业布局，推动传统产业转型升级、加强科技创新和人才培养等重大举措，从传统制造业向现代服务业和高新技术产业转型，建成更具有国际竞争力的现代产业体系。三是进一步增强自身的国际吸引力、竞争力和影响力。建设国际经济中心将有助于提升上海的国际竞争力和吸引力。城市国际化是衡量一个城市综合实力和影响力的重要标志。上海作为中国对外开放的重要窗口和国际化大都市，通过完善市场体系、优化营商环境、提高城市国际化水平等措施，将吸引更多的全球优质资源要素汇聚，成为全球资本、技术和人才的聚集地。四是进一步引领区域经济一体化和长江经济带协同发展。上海作为长江三角洲地区的龙头城市、核心城市，打造成为具有国际影响力的都市圈和城市群，能够为长江三角洲地区的整体发展注入新的动力，共同构建现代化、网络化、开放型、创新型的区域经济布局，推动长江三角洲地区实现更高水平的一体化发展。

建设上海国际经济中心来引领国际金融中心、国际贸易中心、国际航运中心以及科技创新中心的发展，需要充分发挥实体经济的基础作用、金融服务的创新与融合、贸易结构的优化与升级、航运资源的整合与提升以及科技创新的引领与驱动等方面的优势和作用，推动上海整体经济结构的优化升级和竞争力的提升，为其他中心的发展提供有力支撑和引领。上海在建设国际经济中心的过程中，通过一系列策略和措施，能够有效带动发展。首先，国际经济中心的建设为上海提供了强大的经济基础和产业支撑。其次，国际经济中心的建设推动了金融市场的开放和国际化。同时，国际经济中心的建设也促进了国际贸易的繁荣。再次，国际经济中心的建设还带动了国际航运中心的发展。最后，科技创新中心的建设为上海国际经济中心的发展提供了源源不断的动力。上海建设国际经济中心，将有效带动其他四个中心的发展，这种联动发展模式不仅提升了上海在全球城市体系中的地位和影响力，也为我国经济的持续健康发展注入了新的活力。

三、以加快发展新质生产力推动上海建设国际经济中心

新质生产力以创新为主导，具有高科技、高效能、高质量的特征，是符合新发展理念的先进生产力质态。发展新质生产力是推动建设上海国际中心的关键所在。上海有良好的基础，要发挥区位优势，不断锻造长板，善于从企业需求和产业发展出发，正确看待和巩固发展区位优势；要保持战略定力，始终锲而不舍，以钉钉子精神把看准了的特色产业做深做细，持续向高端迈进；要积极主动作为，提高办事效率，不断深化改革创新，兢兢业业帮助企业解决发展中的根本问题，切实提升选择项目、沟通对接、落地项目的专业能力和本领。上海要落实"四个强化"，即强化全球资源配置功能，强化科技创新策源功能，强化高端产业引领功能，强化开放枢纽门户功能，在发展新生产力方

面起更大的带头作用，有更大的作为，取得更大的成就。

一是以科技创新和国家重大战略为引领，加快培育世界级高端产业集群。要强化高端产业引领功能，积极培育壮大战略性新兴产业，布局建设未来产业，改造提升传统产业。在技术迭代中保持战略敏锐性，紧跟科技发展前沿，在多种技术路线和多种模式选择中找正找准赛道，做到前瞻布局，重点覆盖，动态调整。加强基础研究，强化关键核心技术攻关和科技成果转移转化。发挥高质量发展的示范作用，聚焦三大先导产业和未来产业，打造世界级产业集群，以六大重点产业为主，推动智能化、绿色化、融合化发展。强化科技创新和研发投入，加强产学研合作，加快将科技成果转化为实际生产力。加强与国际先进水平的对接，通过引进和培育高科技企业和创新团队，把全球创新成果转化为新质生产力，发挥生产性服务业对产业升级的赋能作用，培育具有标杆示范意义的世界一流企业，打造具有国际竞争力的产业集群。制定和完善相关政策，提供财政补贴、税收优惠等措施，鼓励企业加大研发投入、推广新技术和新产品，推动新质生产力的快速发展。同时，加强知识产权保护，激发企业创新活力。

二是以制度创新和市场开放为牵引，加快吸引国内外优质资源和要素集聚。新质生产力的发展呼唤制度型开放，呼唤市场的开放，呼唤构建具有全球竞争力的开放创新体系。上海要始终在开放中加强国际对标，拓展国际视野与思维，更好对接国际高标准经贸规则，扩大境外主体参与，吸引高技术高质量外资，加强境内外市场联通，加快提升自身国际化能力水平。要从要素、商品的流动性开放向规则、规制、管理、标准等多个层面扩大国际开放，需要全方位大力度推进首创性改革和引领性开放。加强改革系统集成，扎实推进浦东新区综合改革试点，在临港新片区率先开展压力测试，深入推进跨境服务贸易和投资高水平开放，提升制造业开放水平。要强化开放枢纽门户功能，提升高质量发展的辐射能力，深化贸易投资自由化便利化，提升走出去发展的竞争力，打造世界级航运枢纽。进一步提升虹桥国际开放枢纽能级，继续办好世博会等双向开放大平台，加快形成具有国际竞争力的政策和制度体系。要更加注重深化市场化改革，营造良好的市场环境，激发市场主体的活力和创造力。同时，积极融入全球创新网络，加强与国内外城市在科技创新、产业协作、文化等领域的合作与交流，积极参与全球经济合作与竞争。要抓好功能性平台载体，聚焦重点行业产业和细分赛道优化，完善空间功能，切实增强集聚效应，推动商务楼宇和产业园区规模化集约化发展。要发挥辐射带动作用，为长三角企业走出去共建"一带一路"提供综合性的专业服务，更好助力全国统一大市场建设，促进要素跨区域合理流动和优化配置。

三是以城市治理和文化建设为保障，加快推动绿色可持续发展方式创新。绿色发展是高质量发展的底色，新质生产力本身就是绿色生产力，新质生产力的发展必须建立在可持续发展的基础上。上海有很好的治理基础和文化传承，必须坚持绿色发展理念，推动经济发展与环境保护相协调，加强环境治理和资源利用，实现经济效益、社会效益和环境效益的统一。推进绿色转型助力碳达峰碳中和，牢固树立和践行绿水青山就是金山银山的理念，坚定不移走生态优先绿色发展之路，加快绿色科技创新和先进绿色技术推广应用，做强绿色制造业，发展绿色服务业，壮大绿色能源产业，发展绿色低碳产业和供应链，构建绿色低碳循环经济体系。发挥绿色金融的牵引作用，打造高效生态绿色产业集群。以绿色低碳供应链体系为牵引，加快先进绿色技术应用，加强以成本为核心的技术路线比选，发挥新型能源体系的战略支撑作用，探索绿色低碳的效益核算、认证评价、信息披露等基础性制度。同时，加强城市治理和文化建设，在全社会大力倡导绿色健康生活方式。

四是以深化改革开放为动力，加快构建适应新质生产力的新型生产关系。马克思主义认为，生产关系必须与生产力发展相适应。发展新质生产力必须进一步全面深化改革，形成与此相适应的新型生产关系。上海在这方面要增强改革自觉，强化改革担当，形成改革合力，放大改革效应，从而实现更大作为。要通过经济体制改革、科技体制改革、教育体制改革、人才体制改革等，打通束缚新质生产力发展的堵点卡点和痛点，让各类先进优质生产要素向发展新质生产力顺畅流动。比如在人才方面，要打造人才高地，优化高等学校学科设置和人才培养模式，要着力培养造就战略科学家、一流科技领军人才和创新团队，着力培育造就卓越工程师、大国工匠，加强劳动者技能培训，不断提高各类人员人才素质，同时要健全各种要素参与收入分配的机制，激发劳动、知识、技术、管理、资本和数据等生产要素活力，更好体现知识、技术、人才的市场价值，营造鼓励创新、宽容失败的良好氛围。要坚持"两个毫不动摇"，激发各类经营主体活力，增强对国内外高端资源的吸引力。要正确处理好市场和政府的关系，加强顶层设计和资源统筹，协调各方力量，不断解决体制机制难题。要注重环境生态营造，更好释放创新活力，保持对企业和人才的黏性。要建设面向中小企业的转型服务平台，更好地服务产业链发展。

发挥超大特大城市在新质生产力中的作用

张占斌　王学凯

2023年12月1日，习近平总书记在上海考察时指出："要全面践行人民城市理念，充分发挥党的领导和社会主义制度的显著优势，充分调动人民群众积极性主动性创造性，在城市规划和执行上坚持一张蓝图绘到底，加快城市数字化转型，积极推动经济社会发展全面绿色转型，全面推进韧性安全城市建设。"[①]城市是经济社会发展的主要空间载体，城市现代化和现代化城市是一个国家追求现代化的重要目标。超大特大城市[②]作为人口、产业等集聚区，应在加快发展新质生产力中发挥重要作用。

一、城市发展新质生产力的基础

结合发达国家现代城市发展和中国城市发展，从生产、空间、时间、治理、文明五个维度，构建城市发展新质生产力的"五力模型"基础。

一是城市具有要素聚集力。从生产维度看，与农业时代最大的不

[①] 《习近平在上海考察时强调　聚焦建设"五个中心"重要使命　加快建成社会主义现代化国际大都市》，《人民日报》2023年12月4日。

[②] 根据国务院《关于调整城市规模划分标准的通知》(国发〔2014〕51号)，城区常住人口500万以上1000万以下的城市为特大城市，城区常住人口1000万以上的城市为超大城市。

同在于，工业时代各类生产要素集聚、集中，以机器大生产替代了手工生产，中国式现代化城市首先是生产要素集聚的城市。土地要素方面，城市拥有大量工业用地，有城乡统一的土地市场，有用地市场化配置机制；劳动力要素方面，城市聚集大量非农业人口，有畅通的劳动力和人才社会性流动渠道，有完善的劳动力和人才引进、评价机制；资本要素方面，城市汇集大量资本，有自由的资本流动渠道，有安全的资本监管机制；技术要素方面，城市汇聚各类技术，有市场化的科技创新资源配置方式，有高效化的科技成果转化机制；数据要素方面，城市产生大量数据资源，有完善的数据共享机制，有严格的数据保护制度。中国式现代化城市要在土地、劳动力、资本、技术、数据等要素集聚上具有优势。

二是城市具有系统开放力。从空间维度看，在市场对资源配置起决定性作用的机制下，城市作为一个系统，需要对外开放以保持活力。城市的开放是双向的过程，既包括城市向外界的功能辐射，也包括城市对外界的功能吸引。城市发展需要外界源源不断地输入物质、能量、资金、技术和劳动力，也需要通过资金、技术、人才、商品、信息和管理的输出，增强自身的财富积累和发展后劲。中国式现代化市场的系统开放，从区域看，要有吸引周边地区生产要素的能力，要有向周边地区输出生产要素的能力，达到区域协调发展；从全国看，要站在国家重大区域发展战略高度，厘清本区域禀赋和定位，与不同区域有所区分、良性竞争；从全球看，要建成国际化大都市，在国际上拥有竞争力、产生影响力、具有和平力。中国式现代化城市要在区域协调、国际竞争上有所作为。

三是城市具有发展持续力。从时间维度看，城市发展不是一朝一夕、一时一刻之事，必须具有可持续性。联合国设立了可持续发展目标，呼吁所有国家（不论该国是贫穷、富裕还是中等收入）行动起来，在促进经济繁荣的同时保护地球。具体包括17个目标：（1）无贫穷；（2）零饥饿；（3）良好健康与福祉；（4）优质教育；（5）性别平等；（6）清洁饮水和卫生设施；（7）经济适用的清洁能源；（8）体面工作和经济增长；（9）产业、创新和基础设施；（10）减少不平等；（11）可持续城市和社区；（12）负责任消费和生产；（13）气候行动；（14）水下生物；（15）陆地生物；（16）和平、正义与强大机构；（17）促进目标实现的伙伴关系。综合来看，主要包括人的可持续性和生态环境的可持续性这两大类，中国式现代化城市要从坚持人的现代化和生态文明建设两方面发力。

四是城市具有功能运转力。从治理维度看，城市功能应更加综合，城市运转应更加高效。功能方面，作为资源高度集约的经济体系，城市具有生产、分配、运输、交换、消费等经济功能；作为人口高度密集的居住社区，城市具有工作、生活、休憩、健身、娱乐等社会功能；作为知识高度密集的信息实体，城市具有教育、科技、文化等智力活动功能；城市作为组织结构复杂的管理实体，其运行过程包括计划、组织、指挥、协调、控制等基本环节。运转方面，城市是人类建立在劳动分工基础上的交换体系，由于生产要素的高度集聚，城市经济运行具有高效性。中国式现代化城市要具备城市规划建设能力、社会治理能力。

五是城市具有文化包容力。从文明维度看，不同国家、不同民族都有着不同的文化基因，与乡村社会相比，城市人口的种族或民族构成、风俗习惯、语言文化，以及宗教信仰和政治意识等，都具有很强的异质性。在现代化城市，可以看到各种不同的饮食习惯，听到各种语言和方言，接触到不同的价值观念和风俗习惯。城市是多元文化共存、交融和相互影响的场所。由于多元文化并存，与乡村相比较，市民在社会交往中，表现出更多的理性、宽容、时尚、消费和个人主义倾向。中国式现代化城市不仅要传承本城市所积淀的中华优秀传统文化，更要为建设中华民族现代文明作出贡献。

二、超大特大城市在新质生产力中的典型案例

2023年江苏省南京市常住人口为954.7万人，即将从特大城市迈入超大城市，这是超大特大城市在新质生产力中发挥作用的典型案例。基于中国式现代化城市"五力模型"，立足习近平总书记对江苏在推进中国式现代化中走在前、做示范的指示，以及在科技创新上取得新突破、在强链补链延链上展现新作为、在建设中华民族现代文明上探索新经验、在推进社会治理现代化上实现新提升的希望，结合南京资源禀赋、发展水平、区位优势，南京的总体定位是努力在新质生产力城市实践中走在前列，具体有五个定位。

定位一是南京在实现高水平科技自立自强上走在前。科技创新是引领发展的第一动力，是实现新质生产力的关键所在。加快实现高水平科技自立自强，是推动高质量发展的必由之路。习近平总书记在考察江苏时，对江苏提出了在科技创新上率先取得新突破的殷切期望，强调要打造全国重要的产业科技创新高地，使高质量发展更多依靠创新驱动的内涵型增长。南京作为江苏省的省会和创新中心，积极响应习近平总书记的重要指示和期望，以新质生产力南京实践为背景，以加快发展新质生产力为目标，以实现高水平科技自立自强为使命，以发挥引领性国家创新型城市建设优势为抓手，以走求实扎实的创新路子为路径，以建设自主创新先导区为蓝图，努力成为全国乃至全球科技创新的"探索者"。作为全国重要的科研教育基地，南京拥有"双一流"高校和学科数、"两院"院士数、万人发明专利量等"四个全国前三""八个全省第一",有责任、有条件在服务国家科技自立自强中发挥更大作用。近年来,南京持续深化引领性国家创新型城市建设,连续4年位居全球科研城市第8位,获国家创新型城市创新能力评价第2位,区域创新能力不断增强。[①]南京应在实现高水平自立自强上发力,形成以创新为主要驱动力的增长方式。

定位二是南京在服务构建新发展格局上走在前。对照习近平总书记要求,江苏在服务构建新发展格局上要发挥"重要的枢纽作用、支撑作用和示范引领作用"。南京地处"一带一路"交汇点、长江经济带关键节点、长三角地理中心,不仅是国内大循环的重要节点,也是推动国内国际双循环的关键链接。近年来,南京大力推进"服务构建新发展格局先行示范区"建设,国内国际双循环联动效应持续增强。南京应在服务构建新发展格局上发力,推动创新链、产业链、人才链、资金链深度融合。

定位三是南京在创新推动超大城市治理上走在前。坚持人民城市人民建、人民城市为人民,提高城市规划、建设、治理水平,加快转变超大特大城市发展方式,这是党中央在全面建设社会主义现代化国家开局起步的关键时期作出的重大战略部署,也是城市加快发展生产力的必要保障。南京深入践行以人民为中心的发展思想,13次获评"全国最具幸福感城市"。南京作为服务管理人口众多的城市,必须加强和创新基层社会治理,完善网格化管理、精细化服务、信息化支撑的基层治理平台。南京应在创新推动超大城市治理上发力,构筑新时代宜业宜居的"人民之城"。

---

① 参见《"人才+科技"助力南京建设引领性国家创新型城市》,新华报业网,2023年9月15日。

定位四是南京在加快推进生态文明建设上走在前。绿色发展是高质量发展的底色，新质生产力本身就是绿色生产力。党的十八大以来，我们把生态文明建设作为关系中华民族永续发展的根本大计，开展了一系列开创性工作，决心之大、力度之大、成效之大前所未有，生态文明建设从理论到实践都发生了历史性、转折性、全局性变化，美丽中国建设迈出重大步伐。南京坚持"绿水青山就是金山银山"理念，正确处理新征程上推进生态文明建设"五个重大关系"，精心呵护"山水城林"一体的生态格局，扎实推进绿色低碳发展，持续修复长江生态，一幅美丽南京的壮美画卷正在徐徐展开。南京先后获得"国家园林城市""全国绿化模范城市""国家森林城市""国家生态园林城市"等称号，以及"国家生态建设突出贡献奖"等荣誉。南京应在加快推进生态文明建设上发力，奋力绘就美丽南京新画卷。

定位五是南京在助力构建中华民族现代文明上走在前。建设中华民族现代文明，是推进中国式现代化的必然要求，要在新的起点上继续推动文化繁荣、建设文化强国、建设中华民族现代文明。文化是新质生产力的重要保障，特别是要营造鼓励创新、宽容失败的良好氛围，为加快发展新质生产力助力。从新石器时代的北阴阳营文化、薛城文化，到青铜时代的湖熟文化，乃至战国时代的吴文化、越文化、楚文化，南京的文化基因都属于特色鲜明的长江文化。文化是南京这座城市的底色和灵魂，"南京文化"作为中华文化的重要组成部分，要为建设中华民族现代文明贡献南京力量。南京应在助力构建中华民族现代文明上发力，创造属于我们这个时代的新文化。

三、超大特大城市在新质生产力中的路径选择

超大特大城市要从中国式现代化城市内涵的"五力模型"出发，

成为引领新质生产力城市建设的标杆、典范，具体从要素聚集、系统开放、发展持续、功能运转、文化异质等五个方面发力。

（一）建立以新质生产力为导向的高水平科技自立自强体系

"新质生产力"是习近平总书记2023年9月在黑龙江考察期间提出的重要概念，具有高科技、高效能、高质量特征，由技术革命性突破、生产要素创新性配置、产业深度转型升级而催生，以劳动者、劳动资料、劳动对象及其优化组合的跃升为基本内涵，以全要素生产率大幅提升为核心标志，特点是创新，关键在质优，本质是先进生产力。[①]

一是大力推进技术革命性突破。发展新质生产力最显著的特点就是要创新，科技创新能够催生新产业、新模式、新动能，是发展新的生产力的核心要素。这就要求加强科技创新，特别是原创性、颠覆性科技创新，加快实现高水平的科技自立自强。要实施科教兴国战略、人才强国战略、创新驱动战略，充分发挥新型举国体制优势，打好关键核心技术攻坚战，使原创性、颠覆性科学技术成果竞相涌现。同时要特别注意，推动科技创新离不开体制机制创新，比如科技体制、教育体制、人才体制等方面的配合，只有畅通教育、科技、人才的体制机制并形成良性循环，才能够增强新质生产力的动能。[②]

二是大力优化生产要素创新性配置。生产要素有很多，但其中人是最活跃的生产要素，是新质生产力的创造者和使用者，是生产力生成中最活跃、最具决定意义的能动主体，没有人力资本跃升就没有新质生产力，新型人才是新质生产力生成的决定因素。当代科技的应用，推动生产形态向信息化、数智化、绿色化转变，只有拥有较高的科技文化素质和智能水平，才能熟练掌握各种新质生产工具，构建信息化、

[①]《习近平在中共中央政治局第十一次集体学习时强调　加快发展新质生产力　扎实推进高质量发展》，《人民日报》2024年2月2日。

[②] 张占斌：《以新质生产力发展推进中国式现代化》，《北京日报》2024年3月25日。

数智化条件下的新质生产体系。大力发展普惠托育服务，保持适度生育率和人口规模。大力发展基础教育，加快建设高质量教育体系，深化职普融通、产教融合、科教融汇，提升全民特别是年轻人受教育水平，提高人口素质。优化创新产业环境，加强人力资源开发利用，实施更加积极、更加开放、更加有效的人才政策，加大东北人才振兴的政策支持力度。打造更多创业创新平台引才聚才育才，积极申报国家引才引智示范基地，加快建设全国重要人才中心和创新高地，全方位培育引进留住用好各类优秀人才，厚植人才创业沃土，充分释放创新活力。[①]

　　三是大力推动产业深度转型升级。没有产业体系的现代化，就没有经济的现代化，也就不可能发展新质生产力。要全面把握新发展理念的内在要求，坚持创新驱动发展战略，加大科技研发投入，通过科技水平的提高推动传统产业的转型升级，培育新兴产业和战略性新兴产业，提高实体经济的创新能力和竞争力，加快建设制造强国、质量强国、航天强国、交通强国、网络强国、数字中国。现代化产业体系是由一系列相互联系和相互支撑的产业部门、主导力量、要素条件等构成的有机系统。加快构建现代化产业体系，要坚持协调发展，一体推进现代化的工业、农业、服务业和基础设施建设，调整优化部门之间、主体之间、要素之间的关系，更好促进其有序链接、高效畅通。同时，适应气候变化和保护生态环境的需要也对产业体系发展提出了更高要求。产业体系的绿色化，不仅是我国实现"双碳"目标、促进人与自然和谐共生的关键路径，而且是推动产业高质量发展、塑造国际竞争新优势的内在要求。要坚持绿色发展，建设绿色制造体系和服务体系，提高绿色低碳产业在经济总量中的比重，加快构建绿色低碳

---

① 张占斌：《加快形成新质生产力与推动东北全面振兴》，《团结报》2023年10月19日。

的现代化产业体系，以产业绿色化助推经济迈向高质量发展新航道。①

（二）建立以服务新发展格局为导向的协同发展体系

加快构建新发展格局，是推动高质量发展的战略基点，只有加快构建新发展格局，才能夯实我国经济发展的根基、增强发展的安全性稳定性，才能在各种可以预见和难以预见的狂风暴雨、惊涛骇浪中增强我国的生存力、竞争力、发展力、持续力。

一是着力构建畅通城乡经济循环的示范城市。通过加快新型城镇化进程，提高农村地区的基础设施建设，使农村和城市之间的交通、通信、能源、水利等基础设施衔接更加紧密，实现城乡产业融合、人员流动自由等方面的一体化发展，加快覆盖城乡的公路、电力、天然气、供水、信息、物流和生活垃圾、污水收集处理等基础设施建设，形成联通"中心城—副城—新城—新市镇—新社区"的基础设施网络。通过加强种植业、养殖业、畜牧业等传统农业产业的发展，提高农产品的品质和附加值，打造特色农业品牌，通过发展特色农业、乡村旅游、绿色产业等，提升农村经济水平。紧扣特色田园乡村建设要求，编制全域特色田园乡村规划，合理调配建设用地指标，将特色田园乡村建设与美丽乡村建设紧密结合起来。建立富民增收长效化机制，释放财产性收入增长红利，持续深化农村集体产权制度改革，巩固提升"村社分账"管理效能，探索宅基地"三权分置"实现形式，积极稳妥推进集体建设农地入市、宅基地有偿退出和盘活利用试点。

二是着力构建区域一体化建设中心城市。坚持产业强市战略不动摇，立足产业基础优势，以产业数字化、数字产业化为抓手推进企业技术改造和设备更新，深入实施智能制造工程，推动制造业"增品种、提品质、创品牌"。坚持产业集聚集约集群发展，围绕主导产业链，聚

---

① 张占斌：《以新发展理念引领现代化建设》，《经济日报》2023年9月19日。

焦细分优势领域，集中优质资源合力推进关键核心技术攻关，强化产业链上下游、大中小企业协同攻关，突出协调联动，增强区域辐射带动力，促进全产业链整体升级，强化区域产业链合作活动以及供应链上下游供需对接交流，深化产业集群联动发展。深度融入区域一体化发展，加强超大特大城市内部与周边城市的基础设施整合，构筑互通有无的交通网络、铁路交通、水运交通，同时与周边城市的互联互通还包括共享服务设施、医疗资源、教育资源等。

三是着力构建"一带一路"枢纽城市。深入贯彻落实产业强市行动，推进战略性新兴产业融合化、集群化、绿色化、差异化和生态化发展，打造出产业的现代化发展体系，努力打造一批具有地方标志、领跑全国乃至全球的产业标杆，着力打造一批知名品牌。通过"引进来"——搭建进博会专场推介、全球服贸会、金洽会等高能级招商平台等方式，强化外资重大项目推进服务，强化"走出去"国际经贸交流，引导鼓励优势企业通过绿地投资、跨境并购整合优质资源，高质量建设海外协同创新平台，在实验室共建、技术转移等方面深化与共建"一带一路"国家的合作。

（三）建立以人民城市为导向的城市治理体系

超大特大城市作为我国经济、政治和文化中心，加快转变超大特大城市发展方式，必须坚持和发展新时代"枫桥经验""浦江经验"，抓好城市这个"火车头"，不断提高城市的功能运转力。

一是持续推动高质量就业。努力扩大就业容量，落实落细吸纳就业补贴等各类惠企政策，建立援企稳岗常态化机制，持续推进规范化零工市场建设，促进多渠道灵活就业，加强各行业企业就业形势分析研判，常态化开展企业用工退工监测，密切关注当前经济形势下劳动用工风险隐患，确保就业大局稳定。着力提升就业质量，健全终身职业技能培训制度，支持开展各类政府补贴性培训，推进"职业培训+就业服务"深度融合，重点围绕数字技能领域开展培训，加快培育"专精特新"人力资源服务企业。加强重点群体就业帮扶，巩固扩大高校毕业生就业渠道，实施就业岗位开发计划，推动落实政府购买就业公共服务制度，实施见习岗位募集计划，健全就业困难人员援助长效机制，加强实名制动态摸底管理和分类帮扶，实施就业富民助力乡村振兴行动，多渠道促进农村劳动力就地就近转移就业。

二是完善健全社会保障体系。完善社会保险制度，推动法定人群社会保险全覆盖，将有生产经营活动的未参保缴费单位依法纳入参保范围，对符合条件的困难人员全额实施政府代缴，持续完善城乡居民基本养老保险待遇调整机制。大力发展多层次、多支柱的养老保险体系。不断拓展社会保障卡应用领域、范围，深化医保领域重点改革。强化基层医保公共服务供给，让参保群众在家门口就能买得到用得上更多质优价宜的好药。提升社会救助质量，健全分层分类救助体系，发展服务类救助，健全特殊困难群体主动发现救助机制，统筹整合驻社区单位、社区社会组织、社区志愿者等力量参与帮扶救助。更加注重提升"一老一幼"、未成年人、残疾人等重点群体的切身利益福祉，完善落实各项针对性政策措施，进一步提升服务保障水平。

三是建设国家安全发展示范城市。提升安全生产整体水平，注重规划设计和产业升级，强化风险分级管控和隐患排查治理，深入推进专项整治，对城镇燃气、农林渔业和特种设备等重点行业领域、重点区域、重点场所开展重难点问题集中攻坚，积极建立信用承诺、信用修复、守信联合奖励失信联合惩戒制度。切实维护社会公共安全，加快基层社会治安防控体系建设，不断完善协调调度、信息反馈、部门联动、督办落实等机制，常态化开展扫黑除恶斗争，深化城乡社区警务战略，积极培育、引导、管理群防群治力量。提升应急救援处置能力，优化应急体制，打造应急管理全新格局，提升应急救援指挥效能，加强应急救援队伍力量，建强综合性消防救援队伍，加强专业应急救援队伍，强化基层应急救援队伍，提高应急综合保障水平。筑牢防灾减灾救灾防线，强化自然灾害风险管理能力，提升自然灾害防御能力，加强灾后恢复重建能力。

四是不断提高智慧治理能力。加快推进"智慧城市"建设，将城乡社区治理数字化、智能化融入"智慧城市"建设大局，统筹推进智慧社区信息基础设施、系统平台和应用终端建设，健全智慧治理标准体系，推进"一网通办""一网统管"建设。加快平台载体建设，持续推进市、区、街道（镇）三级网格化信息化工作机构规范化建设，强化事件处置业务和力量的统筹，提供信息化手段进一步整合社会治理力量。推进城乡社区综合服务设施智慧化改造，在"一网统管"城市运行基础平台建设框架下，完善全市一体化政务云和大数据体系，推进数据赋能社会治理。创新智慧场景应用，围绕乡村数字治理、数字社区服务圈、智慧家庭等领域，开发居家养老托育、卫生健康、文体活动、家政服务、助残服务、休闲娱乐等智慧化社区服务应用。

（四）建立以生态文明为导向的绿色发展体系

尊重自然、顺应自然、保护自然，促进人与自然和谐共生，是中国式现代化的鲜明特点之一，超大特大城市有能力也有责任在推进生态文明建设中走在前、做示范。

一是降碳，推动超大特大城市经济社会绿色低碳转型。其一，深度调整产业结构，促进人工智能、新能源汽车、智能制造装备等新兴产业快速发展，加快推进工业领域低碳工艺革新和数字化转型。积极推进能耗"双控"，坚决遏制"两高"项目盲目发展，加快钢铁、石化、建筑等行业绿色化转型，全领域推进清洁能源替代。加快构建绿色制造体系，以推动全产业链和产品全生命周期绿色发展为导向，打造一批绿色产品、绿色工厂、绿色供应链示范工程。推动互联网、大数据、人工智能、5G等新兴技术与绿色低碳产业深度融合。其二，构建清洁低碳安全高效能源体系。优化调整能源结构，减少煤炭、石油等化石能源消耗产生的直接排放，有效提高外购电力、热力等能源利用效率，减少间接排放，加快太阳能、风能、水利、氢能等清洁能源替代进程。坚持节能优先的能源发展战略，严格控制能耗和二氧化碳排放强度，合理控制能源消费总量。持续深化工业、建筑、交通运输、公共机构等重点领域节能，提升数据中心、新型通信等信息化基础设施能效水平。其三，加强绿色低碳重大科技攻关。制定科技支撑碳达峰、碳中和行动方案，编制碳中和技术发展路线图。采用"揭榜挂帅"机制，开展低碳零碳负碳和储能新材料、新技术、新装备攻关。培育一批节能降碳和新能源技术产品研发国家重点实验室、国家技术创新中心、重大科技创新平台。实施绿色低碳技术创新成果转移转化示范项目，促进绿色低碳技术产业化应用。建设碳达峰、碳中和人才体系，鼓励高等学校增设碳达峰、碳中和相关学科专业。其四，健全工作体系和推进机制。充分发挥政府投资引导作用，严控煤电、钢铁、电解铝、水泥、石化等高碳项目投资，加大对节能环保、新能源等项目的支持力度。有序推进绿色低碳金融产品和服务开发，大力发展绿色信贷、绿色债券、绿色基金、绿色保险和绿色信托，支持符合条件的绿色低碳优势产业领域企业上市融资、发行债券。探索碳排放权市场化交易改革，积极参与全国碳排放权交易市场，推进重点领域碳排放配额和核证减排量交易。

二是减污，打好治污攻坚战。其一，深入打好蓝天保卫战。紧紧围绕上级下达目标，狠抓PM2.5和臭氧"双控双减"，推动重点行业深入减排，深入开展涉重点行业和关键环节排查整治，强化扬尘源、移动源污染系统防治，进一步完善污染天气预警应急响应机制，提升极端天气预报和臭氧污染预测能力，精准指导企业在重点时段安全减排、科学减排。其二，深入打好碧水保卫战。落细落实河长制，统筹好"水资源、水环境、水生态、水安全"，推动水环境质量改善，不断强化污染源头管控，强化农业面源污染治理，落实化肥农药减量增效要求，全面推行池塘标准化改造，开展畜禽粪污资源化利用，加强农村污水处理设施运维监管。其三，深入打好净土保卫战。要把土壤污染防治放在更加突出的位置，强化风险管控和系统治理，加强重点地块安全利用和地下水保护，严格再开发利用准入管理，严防关闭退出化工企业的土壤污染，加强农产品质量监测，推进化工园区地下水污染源头管控试点，加快推动"无废城市"建设。

三是扩绿，全面推进经济社会绿色化发展。首要问题是正确处理高质量发展和高水平保护的关系。超大特大城市的人均GDP、研发投入强度、人均期望寿命等指标，大多达到发达国家水平。要加强与世界知名研发机构合作，聚焦绿色发展创新前沿，推动重大绿色共性技术研发项目落户，让绿色发展成为国家产业竞争的制高点。

（五）建立以中华民族现代文明为导向的文化体系

建设中华民族现代文明，是推进中国式现代化的必然要求，是社会主义精神文明建设的重要内容。在新的起点上继续推动文化繁荣、建设文化强国、建设中华民族现代文明，是我们在新时代新的文化使命。

一是做中国"文化+"产业融合发展新形态的引领者。"文化+"是产业融合发展的一种新模式，是创造新需求，形成新消费，刺激经济高质量发展的重要产业发展模式，是文化产业生产力发展的主攻方向与核心抓手。建立"文化+金融"高速通道，迅速汇集一批全国知名投资机构和全球优质文化企业，共谋文化与金融深度融合，共促文化产业繁荣发展。建立"文化+旅游"高速通道，充分挖掘超大特大城市历史传统、城市文化，吸引全球游客等。

二是做涵养文化新质生产力的探索者。在中华民族现代文明建设中不断涵养文化新质生产力，厚植科技创新的文化土壤，广泛运用新一轮科技革命与产业变革最新成果，不断塑造文化新质生产力，探索文化消费新业态，文化传播新模式，着力打造具有全球影响力与竞争优势的文化产业发展新模式。文化是科技创新的土壤，科技是文化发展的杠杆。超大特大城市往往文化底蕴深厚，科技创新活跃，应更加注重文化与科技的融合、文化产业的科技创新能力，充分运用新一轮科技革命与产业变革最新成果，特别是数字技术对文化产业的重塑与再造，使文化产业与文化事业在融合中形成规模巨大的文化市场，创造出巨大的文化需求，提供引领时代前沿的文化产品，创新高质量文化产品供给模式，不断满足人民对高质量文化产品的需要。

三是做世界深度了解中华民族现代文明建设的大平台。首先是做践行人民至上理念的价值追求者。人民性是马克思主义最鲜明的理论品格，也是马克思主义政党最根本的价值追求，是习近平新时代中国特色社会主义思想的鲜明底色。其次是做铸牢中华民族共同体意识的实践者。超大特大城市要在各族群众中不断加强社会主义核心价值观教育，牢固树立正确的祖国观、民族观、文化观、历史观。在构筑各民族共有精神家园、铸牢中华民族共同体意识中，树立和突出各民族共享的中华文化符号和中华民族形象，增强各族群众对中华文化认同的同时，引领中华民族现代文明建设。最后是做构建人类命运共同体的引领者。超大特大城市海纳百川、博爱包容的文化传统使其成为我国对外开放的重要窗口，在广泛、深刻的对外交流中，深度参与国际市场大循环、文化大交流。

  王学凯，中共中央党校（国家行政学院）马克思主义学院副研究员

新质生产力对马克思主义政治经济学的创新发展

张占斌　毕照卿

"新质生产力"是习近平经济思想的新范畴，丰富和发展了中国特色社会主义政治经济学的研究内容、视域和方法，从理论和实践上丰富和发展了马克思主义生产力理论、生产关系理论、物质生产理论，拓宽了马克思主义政治经济学的研究对象和研究领域，在理论上提升了马克思主义政治经济学的研究基础，也为社会主义国家及全人类的经济社会发展提供了新的研究思路和实践方向。

一、拓展了马克思主义政治经济学的研究对象

政治经济学的研究对象是马克思主义政治经济学区别于其他政治经济学理论的标志，也是马克思主义政治经济学最基础的问题。马克思将"生产方式"视为政治经济学研究的核心问题。新质生产力理念将科技创新、数字经济等新兴领域纳入政治经济学的研究范畴，扩展了马克思主义政治经济学的研究领域。新时代，新发展阶段、新发展理念、新发展格局和高质量发展作为习近平经济思想的核心范畴，体现着新时代中国政治经济社会发展的新要求。新质生产力所代表的新时代生产方式，是习近平经济思想的研究对象，是中国特色社会主义

政治经济学的研究对象。新质生产力作为当前时代前沿的生产方式，扩展了马克思主义政治经济学的研究对象，开辟了马克思主义政治经济学理论新视域。这有助于更好地理解和分析当代社会经济发展的新特点和新趋势，为马克思主义政治经济学的创新发展提供了新的思路和方法。

二、丰富了马克思主义政治经济学生产力理论

"新质生产力"概念的提出，深化了马克思主义政治经济学理论中对生产力范畴的理解，体现在对生产力结构要素的新认识、进一步突出科学技术对于生产力的重要意义、明确界定新质生产力本身等于绿色生产力，以此拓展和深化了生产力概念的内涵和外延。马克思主义认为，生产力是社会发展的根本动力。新质生产力的提出进一步强调了生产力的多维度、系统性等特征，包括物质生产力与精神生产力、改造自然与社会进步的协调一致等重要方面。新质生产力是以数据等为核心的科技创新对生产力要素的发展。进入21世纪，数据作为新的生产力要素已被反复论证。"信息时代"和"智能时代"的时代背景下，数据的要素作用正在逐步扩大。互联网、云计算、大数据、人工智能等作为新的生产力要素推动各个行业领域的发展，改变人的生产和生活方式。数据要素不仅作为劳动资料和劳动对象成为新型生产力要素，而且作为影响因素对劳动者、劳动资料、劳动对象三要素进行质量提升和优化组合。新质生产力是国家战略人才（劳动者）、数智技术和绿色技术（劳动资料）、战略性新兴产业和未来产业（劳动对象）及其优化组合的跃升。新质生产力劳动者改造劳动对象使用的劳动资料，广泛采用数智技术和绿色技术。在数智化、绿色化、低碳化的影响下，新质生产力劳动对象的范围扩大至战略性新兴产业和未来产业。新质

生产力理论的形成，准确反映了人类社会发展的时代特征，把握了人类经济发展的未来前景，推动了人类社会的科技进步和产业升级，为新时代经济社会发展提供了新的动力。这种新的动力，不仅改变了传统的生产方式和经济模式，也为马克思主义政治经济学提供了新的理论支撑，使得我们对经济社会发展规律的理解更加深入。新质生产力的术语生成，推动了马克思主义政治经济学理论的创新，为马克思主义政治经济学的理论创新提供了新的研究基础。

三、深化了马克思主义政治经济学生产关系理论

马克思主义认为，生产力与生产关系的矛盾运动构成了社会基本矛盾的运动。强调与新质生产力相适应的新型生产关系，突出深化经济体制、科技体制等改革对于新的生产关系的本质关联，极大扩展了对生产关系的认识，并在实践中以教育、科技、人才的良性循环深刻把握一系列生产关系的本质关联。根据生产关系一定要适应生产力状况的规律，新质生产力要求以推进全面深化改革形成与之相适应的新型生产关系。在所有制结构上，形成与新质生产力相适应的新的所有制形式，要实行科技劳动者与生产资料特殊的结合方式和方法，创新生产要素配置方式，激发劳动、知识、技术、管理、资本和数据等各类生产要素活力，更好体现知识、技术、创新、人才和经营管理的市场价值，充分调动各类人力资源要素参与和发展新质生产力的积极性和创造力。在经济分配领域中，更加强调"共享"的发展理念，部分新型劳动者创造的部分价值为社会所有，鼓励创造社会财产，构建符合推动新质生产力生成的分配体系。同时，发展新质生产力必须深化经济体制、科技体制等改革，构建与新质生产力相适应的体制和机制，特别是要建立一套以发展新质生产力为核心的科技创新评价体系，推动科技成果的快速转化和市场应用。建立高标准市场体系，进一步优化发展新质生产力的宏观环境，让各类先进优质生产要素能够向新质生产力顺畅流动。要扩大高水平对外开放，主动参与世界先进生产力竞争与重构。加快完善促进新质生产力发展的金融体系。加快发展新质生产力，充分发挥金融服务实体经济功能，为前沿领域技术研发、科技成果落地转化、新质生产要素协调合理配置、新产业新动能新模式的培育等提供灵活且充足的金融供给，引导金融资金投向战略性新兴产业和未来产业，打造涵盖天使孵化、创业投资、融资担保、上市培育、并购重组等企业全生命周期的金融服务体系。新质生产力理念揭示了生产力与生产关系的内在联系，强调了生产力发展对生产关系变革的推动作用。在新质生产力的推动下，生产关系将发生新的变革，以适应生产力的发展要求，逐步推进中国特色社会主义向前发展。

四、发展了马克思主义政治经济学关于物质生产历史作用的认识

生产力的尺度是马克思主义政治经济学考察经济社会发展的基本依据，也是衡量现代化发展水平的根本尺度。新质生产力理念为解决当前世界面临的重大经济问题提供了新的思路，为马克思主义政治经济学的创新发展提供了新的方向。以高质量发展推进中国式现代化是新时代中国特色社会主义政治经济学的重大研究课题。新质生产力的加快形成服务于中国式现代化全局，是推进高质量发展的根本力量。新时代，针对我国重大科技创新的核心动能不足、宏观经济治理面临两难困境等问题，新质生产力理念提出了健全关键核心技术攻关的新型举国体制、建设数实融合的现代化产业体系、发挥社会主义基本经济制度的治理效能等政策措施，为加快推进高质量发展提供了政策指导。新质生产力作为习近平经济思想的最新范畴，区别于资本逻辑主导下的西方现代化，能更好地服务于中国式现代化。新质生产力拉动科技创新，助力于实现高水平科技自立自强。中国式现代化具有区别于西方现代化的特色，内在要求为自立自强。新质生产力推动中国科技高水平自立自强，形成以新科技、新产业、新动能为主要特征的经济新增量，为中国经济的持续性发展提供根本动力。当前世界格局动荡变革，智能科技革命正在酝酿，世界各国都在未来产业等相关领域同台竞争，相较落后的发展中国家脱颖而出、在垄断中成功"突围"，是发展新质生产力的重要目的，也是中国特色社会主义政治经济学的时代课题。新质生产力的形成有利于我国在人工智能、大数据、云计算等先进领域掌握核心技术，在新一轮科技革命中掌握主动权，全面推进中国式现代化的历史进程。总之，新质生产力为中国式现代化提供了最持久的力量，影响着中国社会的未来图景。新质生产力为一个发展中的社会主义国家实现现代化提供了重要方向，开辟了马克思主义政治经济学的理论新境界，有助于更好地理解和分析当代社会主义经济发展和世界资本主义的新特点和新趋势，为马克思主义政治经济学解剖"两制并存"视域下社会主义国家实现现代化提供了新的思路和方法。

毕照卿，中共中央党校（国家行政学院）习近平新时代中国特色社会主义思想研究中心研究员

深刻把握发展新质生产力的逻辑内涵

张占斌　付　霞

生产力是推动社会进步最活跃、最革命的因素，"人们所达到的生产力的总和决定着社会状况"[①]。进入新时代，面对新一轮科技革命和产业变革日新月异的发展势头，习近平总书记立足我国仍然处于社会主义初级阶段的基本国情，基于世界经济发展的现实和中国经济高质量发展的实际，遵循生产力发展的客观规律，审时度势提出"新质生产力"的概念，以新的生产力理论指导新时代的伟大实践，发展新质生产力成为当前我国经济工作的重要任务。作为一个全新的概念，新质生产力的理论创新实现了马克思主义经济学的"术语革命"[②]，是习近平经济思想的重要组成部分，不仅丰富发展了中国特色社会主义政治经济学理论体系，也成为新时代中国经济换道超车实现从大国到强国历史性飞跃的战略指导，体现着新时代中国经济发展内在的"大逻辑"。从现实逻辑看，形成和发展新质生产力是习近平总书记立足于新时代我国发展目标、发展基础、发展环境发生重大变化，审时度势、准确识变的理论探索。从价值逻辑看，形成和发展新质生产力对于实现高质量发展、破解新时代社会主要矛盾、维护我国经济安全、建成社会

---

①《马克思恩格斯文集》第1卷，人民出版社2009年版，第533页。
② 乔榛：《新质生产力：马克思主义经济学的术语革命》，《学习与探索》2024年第1期。

主义现代化强国以及应对国际竞争新形势、构建人类命运共同体等方面的重大意义。从实践逻辑看，需要进一步深化改革不适应生产力发展的生产关系，最大限度释放创新活力，为培育和形成新质生产力提供更为完善的制度支撑和机制保障。

一、准确识变：充分认识发展新质生产力的现实逻辑

理论是时代的回音。一个新命题的产生，不仅是客观经济规律发展的产物，也以客观环境的变化为主要依据。"新质生产力"的首次提出，离不开习近平总书记对客观经济规律的把握，更离不开对我国经济发展环境变化的判断。一方面，新一轮科技革命和产业变革作为影响世界百年未有之大变局中的重要变量，与我国加快转变经济发展方式形成历史性交汇。另一方面，党的二十大报告指出，进入新时代，我们历史性地解决了绝对贫困问题，经济实力实现历史性跃升，迈入创新性国家行列，新时代的使命与任务对社会生产力的发展提出了更高要求。质言之，在历史发展的新起点上，我国经济社会发展的目标、基础和环境已经发生了翻天覆地的变化，国与国的竞争更多地反映到科技实力的竞争上，变化着的客观实际需要有新的生产力理论的指导。

（一）发展目标的变化

党的二十大报告明确指出，"从现在起，中国共产党的中心任务就是团结带领全国各族人民全面建成社会主义现代化强国、实现第二个百年奋斗目标，以中国式现代化全面推进中华民族伟大复兴"[1]。换言之，我国的发展目标已经从实现全面小康的第一个百年奋斗目标递进为实现社会主义现代化强国的第二个百年奋斗目标。在第一个百年征

---

[1] 习近平：《高举中国特色社会主义伟大旗帜　为全面建设社会主义现代化国家而团结奋斗——在中国共产党第二十次全国代表大会上的报告》，《人民日报》2022年10月26日。

程中，中国共产党带领全国各族人民历经艰辛，在"落后就要挨打"的被动局面中，经历了"向苏联学习"、"向西方发达国家学习"、自信自强独立探索适合自己国情的发展道路这几个阶段，在两步走、三步走、新三步走的战略安排中逐渐实现了小康、总体小康、全面小康的发展目标。在第二个百年征程中，如何实现由发展的大国向发展的强国迈进？一方面，由大到强不仅仅意味着经济规模、人均产值等量的方面的持续提升，还意味着发展质量、绿色生态、人力资源等质的方面的提升，以往粗放的发展方式已经无法适应现代经济发展的需要，生产力发展水平不能仅仅突出"量"，更要强调"质"，要从总体跃升向整体改善转变，实现"质"的飞跃。另一方面，要深刻把握社会主义现代化强国的内涵。党的二十大报告详细列出了建设制造强国、航天强国、质量强国、海洋强国、交通强国、网络强国、农业强国、贸易强国、教育强国、科技强国、人才强国、文化强国、体育强国等的强国战略部署。现代化强国的目标是在科学回答时代课题所面临的形势基础上形成的，是在践行使命担当所面对的新的条件的基础上形成的。作为一个有着14亿多人口的发展中大国，要实现社会主义现代化强国建设的目标任务，就必须要有不同于传统生产力的新质生产力的支撑，实现传统生产力向新质生产力的过渡转化。

（二）发展基础的变化

从经济实力看，2023年我国国内生产总值超过126万亿元，人均国内生产总值89358元，①按年平均汇率计算已经远超1.22万美元的世界平均水平，距离1.32万美元的高收入经济体门槛仅一步之遥。换言之，经过多年艰苦卓绝的接力奋斗，我国在进入全面建成社会主义现

---

① 《2023年国民经济"成绩单"发布　主要预期目标圆满完成》，国际在线，2024年1月18日。

| 张占斌　付　霞 | 深刻把握发展新质生产力的逻辑内涵

代化强国的战略机遇期具备了更为坚实的物质基础。从科技实力看，2023年全社会研究与试验发展经费支出3.3万亿元，占国内生产总值的2.64%，我国公民具备科学素质的比例达到14.14%；[①]在基础研究和原始创新方面的实力也不断加强，一些关键核心技术实现突破，在超级计算机、量子信息、大飞机制造、新能源技术等方面取得许多重大成果，5G建设、人工智能、关键芯片、区块链等战略性新兴产业发展壮大，我国在全球科技创新版图中的角色，正在从原来的"跟跑"向现在的"并跑"甚至某些领域的"领跑"转变。从人民生活水平看，据国家统计局数据，居民全年人均可支配收入从2012年的24565元上涨到2023年的39218元，人民的富裕程度稳步提升。可以说，自党的十八大以来，人民生活得到了全方位的改善，在幼有所育、学有所教、劳有所得、病有所医、老有所养、住有所居、弱有所扶等方面不断取得新进展，人们的获得感、幸福感、安全感不断提高。但是"生产力的增长、社会关系的破坏、观念的形成都是不断运动的"[②]，生产力是一个具有动态性质的概念，要用辩证唯物主义的观点和态度去把握。一方面，生产力作为推动社会进步最活跃、最革命的要素，促进我国国家实力、科技实力、人民生活等发生翻天覆地的变化。另一方面，随着自然科学和某些社会科学的进步，构成生产力要素的质也发生了新的变化，当社会生产力的结构由于科学技术的革命性变化而引起其发生整体性的变革时，生产力发展就进入了一个新的历史阶段。从这个角度看，新质生产力的提出并非偶然，而是立足历史性交汇期的客观现实，基于对发展动能的把握，对切实有效处理科技革命、产业变革和发展方式升级三者之间的复杂联系及相关重大问题作出的一个凝练的解答。

---

① 《2023年全年国内生产总值超126万亿》，央视网，2024年2月29日。
② 《马克思恩格斯文集》第1卷，人民出版社2009年版，第603页。

（三）发展环境的变化

纵观人类社会发展进程，历史上每一次科技革命都引领了一轮产业变革，极大地改变了生产生活方式，提高了人民的生活水平，深刻地改变了国际力量格局。马克思就曾指出，"随着大工业的发展，现实财富的创造较少地取决于劳动时间和已耗费的劳动量，较多地取决于在劳动时间内所运用的作用物的力量，而这种作用物自身——它们的巨大效率——又和生产它们所花费的直接劳动时间不成比例，而是取决于科学的一般水平和技术进步，或者说取决于这种科学在生产上的应用"[①]。这意味着，科学技术及其装备在生产中应用得越多，生产效率和财富创造效率也就越高。资本主义生产力之所以在工业革命以来取得如此快速的发展，一个根本原因在于科学技术取得了一系列新的突破。[②] 当今世界正处于百年未有之大变局，科技在这一变局中依然扮演着"推动者"的角色。新一轮科技革命和产业变革的加速演进，正在重构全球创新版图、重塑全球经济结构，新产业、新材料、新能源等层出不穷，世界各国纷纷布局，展开了在科技创新领域的战略博弈。对我国来说，发展以科技创新为核心要素的新质生产力，是在世界百年未有之大变局下加快实现经济结构调整和发展方式转变必须依靠的一类社会生产力，很有可能成为打破日益固化的世界分工、产业和利益布局的绝佳契机。从我国国内情况来看，过去粗放式生产方式带来的问题已经成为中国经济社会发展的痛点[③]，资源环境约束、环境污染、城乡收入差距仍然较大等一系列长期积累和新出现的矛盾亟待解决，教育、医疗、就业、住房、养老等方面的民生难题仍然存在薄弱环

[①] 《马克思恩格斯文集》第8卷，人民出版社2009年版，第195—196页。

[②] 陈理：《深刻理解把握新发展理念的由来、内涵和要义》，《当代世界与社会主义》2021年第3期。

[③] 韩喜平、杜都：《"人民美好生活需要"的学理性解读》，《思想战线》2023年第4期。

节，要推进社会的全面进步和人的全面发展，必须通过生产力的发展破解这些问题。新质生产力是先进生产力质态，能够催生新产业、新模式、新动能，不仅是满足人们美好生活需要的前提，也是破解经济社会发展难点堵点问题的基本条件。只有坚持以绿色为底色、坚持生态保护和生产发展的有机统一，发展符合新发展理念的新质生产力，才能赋能社会主要矛盾的解决，为中国经济的持续健康发展提供强大动力。

二、科学应变：深刻领会发展新质生产力的价值逻辑

准确识"变"，是坚持用马克思主义的观点、立场和方法去分析中国经济社会发展的新常态，是形成和发展新质生产力的逻辑前提。关键是要科学应"变"，化"变"为"用"。坚持问题导向、目标导向、结果导向，以形成和发展新质生产力来实现高质量发展、破解社会主要矛盾、维护我国经济安全，是对"应变"的科学之举，本质上就是对"变"的驾驭过程，是以科学态度与方略发挥"应变"效应。

（一）发展新质生产力是实现高质量发展的必然选择

高质量发展是全面建设社会主义现代化国家的首要任务，习近平总书记强调，"发展新质生产力是推动高质量发展的内在要求和重要着力点"[1]。新质生产力的"新"表现为新的生产要素以及新的要素结合方式，其"质"体现为高质的产业基础以及发展动能，其表现是所引发的现代化生产方式的更新和经济社会发展效果的质变。[2] 从发展方式来看，新质生产力是创新起主导作用、具有高科技、高效能、高质量特

---

[1] 《习近平在中共中央政治局第十一次集体学习时强调 加快发展新质生产力 扎实推进高质量发展》，《人民日报》2024年2月2日。

[2] 张辉、唐琦：《新质生产力形成的条件、方向及着力点》，《学习与探索》2024年第1期。

征的先进生产力质态，内在地契合了高质量发展中，实现由要素投入和驱动的粗放型高速增长向以科技进步、管理水平改善和劳动者素质能力提高为主的集约型增长的转变。[①] 从发展内容来看，高质量发展蕴含着经济高效率、社会可持续、发展低碳环保等多个方面。新质生产力本身是绿色生产力，追求人类与自然进行物质变换能力质的跃迁，通过推广和使用新材料、新能源，依靠科技创新驱动产业变革、提高资源配置效率，进而能够走出一条绿色、协调、可持续的发展道路。概言之，生产力是推动人类社会不断向前发展的决定性力量，中国在推进社会主义现代化建设的进程中始终重视解放和发展生产力，取得了令人瞩目的成绩，在全面迈向社会主义现代化强国建设的新阶段，改变生产力的形态，提升生产力的现代化水平，加快形成和发展新质生产力是培育中国式现代化发展新动能和实现高质量发展的战略选择。

（二）发展新质生产力是破解社会主要矛盾的重要途径

新时代的一个重要特点，就是我国社会主要矛盾发生了重大变化，社会主要矛盾的变化，也是习近平总书记提出发展新质生产力的重要依据。大力发展生产力，是为了满足人的各种需要，或者说满足人民日益增长的美好生活需要，归根结底，是为了人的幸福、人的自由、人的全面发展。社会主要矛盾的变化意味着中国已经在总体上解决了"有没有"的问题，但是发展不平衡和不充分导致供给相对不足和供给结构性失衡的问题仍然突出，如何解决"好不好"的问题，增强均衡性和可及性，仍需生产力的持续发展和不断升级。质言之，只有解决好发展的不平衡不充分问题，才能满足人民对美好生活的需要。从表现上看，不平衡的发展指经济、政治、生态、文化等各领域的不

[①] 张占斌、毕照卿：《经济高质量发展》，《经济研究》2022年第4期。

平衡，东中西以及城乡区域的发展不平衡等；不充分的发展主要指社会生产的创新能力与发展效率有待进一步提升。从根源上看，这些问题都可以依靠生产发展、制度设计等技术化的手段予以解决[1]，关键就是把着力点放在发展更高水平的生产力上，推动社会生产力实现新的跃升。新质生产力的形成和发展，立足新的科学技术、新的生产方式、新的产业形态和新的要素供给[2]，旨在以创新促进我国产业结构实现由价值链低端向高端迈发的供给侧结构性改革。新质生产力是符合新发展理念的先进生产力质态，有利于完整、准确、全面贯彻创新、协调、绿色、开放、共享的新发展理念，增强发展的平衡性、包容性和可持续性，不断形成城乡、区域的平衡发展结构；通过降低人力、资源投入推动经济增长的比重和环境消耗，提升技术进步和内需推动经济增长的比重，提升发展的质量和效益，大力增强创新能力，破解不充分的问题。可以说，形成和发展新质生产力是实现经济社会可持续发展、创造更高质量和更多数量的物质和精神财富的关键动力，对于满足人民对美好生活的需要具有决定性作用，能够推动当前中国社会主要矛盾的解决。

（三）发展新质生产力是维护国家经济安全的战略需要

经济安全是国家安全的重要基础。在逆全球化和贸易保护主义肆虐的全球背景下，国际经济、科技、安全、政治等格局都在发生深刻调整。以美国为首的西方国家采用芯片技术封锁等手段，一方面暴露出我国外部发展环境的不稳定性和不确定性明显增加，另一方面也反映出我国在高端芯片、光刻机等核心技术领域存在"卡脖子"风险，国

---

[1] 刘同舫：《新时代社会主要矛盾背后的必然逻辑》，《华南师范大学学报（社会科学版）》2017年第6期。

[2] 余东华、马路萌：《新质生产力与新型工业化：理论阐释和互动路径》，《天津社会科学》2023年第6期。

家经济安全、国防安全面临重大威胁。习近平总书记指出，"核心技术是国之重器，最关键、最核心的技术要立足自主创新、自立自强。市场换不来核心技术，有钱也买不来核心技术"①，依靠别人、依附别人就会受制于人。我国已经进入全面建设社会主义现代化国家的关键时期，未来要充分依托和发挥经济超大规模性的优势，统筹处理好发展与安全的关系，在动荡复杂的世界经济环境中建立起安全稳固的经济基本盘，这是中国共产党以战略的确定性来应对未来的不确定性的必然选择。现阶段，我国发展仍然存在科技创新能力不强、供给体系质量不高、资源要素投入消耗大、产业基础能力和现代化程度与世界先进水平相比还有距离等短板，直接影响经济安全和抗风险能力。②只有培育和发展新质生产力，大力布局前沿和颠覆性技术，实现关键核心技术牢牢掌握在自己手里，推动网络强国、制造强国、质量强国建设，实现高水平科技自立自强，提高经济质量效益和核心竞争力，才能从根本上保障国家产业、经济安全。具体来说，就是要以国内强大的供给能力降低外部依赖，加快形成自主可控、安全可靠的产业竞争力，构建多极点支撑、多层次联动、网络化发展的经济格局，实现新质生产力和国家安全的良性互动。可以说，国内经济发展的安全性决定了中国发展的安全底线，发展新质生产力是在世界百年未有之大变局的背景下确保中国独立自主、赢得战略主动的现实需要，也是保障国家经济安全的物质前提。

（四）发展新质生产力是建设社会主义现代化强国的战略支撑

建设社会主义现代化强国是中国共产党人孜孜不倦的追求。早在20世纪五六十年代，毛泽东就围绕强国建设进行了深入思考和谋划，

---

① 《习近平关于网络强国论述摘编》，中央文献出版社2021年版，第110—111页。
② 刘瑞、郑霖豪、陈哲昂：《新质生产力保障国家经济安全的内在逻辑和战略构想》，《上海经济研究》2024年第1期。

| 张占斌　付　霞 | 深刻把握发展新质生产力的逻辑内涵

明确提出"把党的工作的着重点放到技术革命上去"[1]，深切认识到发展科学技术和发挥知识分子作用对于社会主义现代化建设的重要意义。[2] 改革开放后，邓小平在目睹了世界先进科学技术给欧美各国经济带来的飞速发展后，进一步明确"科学技术是第一生产力"[3]，设计了分三步走基本实现现代化的宏伟蓝图。进入新时代，习近平总书记以"智者见于未萌"的远见卓识，强调"没有坚实的物质技术基础，就不可能全面建成社会主义现代化强国"[4]，提出了"特点是创新，关键在质优，本质是先进生产力"[5]的新生产力观。概言之，在实现社会主义现代化的征程中，中国共产党的历代领导人都格外重视以科技进步推动和发展社会生产力。在70余年的发展进程中，社会生产力也随着我国科学技术水平和人才资源要素的变化，逐渐实现了从"量"到"质"的跃迁。在新时代新征程上，全面建成社会主义现代化强国是中国共产党的中心任务，这个社会主义现代化强国是方方面面的强，其中最显著的是要经济强、科技强。而且科技强是经济强的重要支撑。世界强国之所以能处在领先地位，在很大程度上是科技领域强，在战略性产业和未来产业发展方面占据上风。当前，我国在载人航天、量子信息、卫星导航、核电技术、生物医药等方面取得重大成果，但还面临高端芯片、光刻机等"卡脖子"问题，我们只有在发展关键核心技术上寻求重大突破，在战略性产业和未来新兴产业方面占据一席之地，牢牢掌握创新主动权，才能支撑我国超大规模经

---

[1]《毛泽东文集》第7卷，人民出版社1999年版，第351页。
[2] 黄显中、唐韵：《20世纪五六十年代毛泽东关于建设社会主义现代化强国的思考与谋划》，《党的文献》2023年第5期。
[3]《邓小平文选》第3卷，人民出版社1993年版，第274页。
[4] 习近平：《高举中国特色社会主义伟大旗帜　为全面建设社会主义现代化国家而团结奋斗——在中国共产党第二十次全国代表大会上的报告》，《人民日报》2022年10月26日。
[5]《习近平在中共中央政治局第十一次集体学习时强调　加快发展新质生产力　扎实推进高质量发展》，《人民日报》2024年2月2日。

济体的持续发展，才能以高质量科技供给为社会主义现代化强国建设注入强大动力。

（五）发展新质生产力是应对国际竞争新形势的重大举措

当前以数字化、网络化、智能化、绿色化为特点的新一轮科技革命，"正在重构全球创新版图、重塑全球经济结构"①，许多重大的科技创新成果加快向现实生产力转化，引发了全球产业性变革，"为我们实施创新驱动发展战略提供了难得的重大机遇"②。能否抓住这一机遇，对于未来中国能够拥有什么样的国际竞争力和国际地位影响重大。世界各国都希望能够顺势而为，抢占未来发展的制高点和主导权，或维持或提升各自在国际竞争中的地位。③以美国为例，其在新一轮科技革命中加速提升生产力，2023年仅人工智能风险投资一项，美国一国的投资（954亿美元）几乎是位列第二位的中国与第三位的欧盟在该领域投资之和的五倍。④中国历经70余年的发展，在中国共产党的领导下，从曾经科技革命的落伍者逐渐成为"追赶者"，甚至在5G等通信技术领域一跃成为"领跑者"，在某种意义上具备了与美国共同竞争第四次工业革命主导权的机会。⑤从国家战略维度看，世界各国特别是大国之间的竞争，归根到底是科学技术的竞争，或者说是在生产力发展方面的竞争，发展新质生产力是我国应对国际竞争、构筑发展新优势、赢得发展主动权的必然选择。换言之，科学技术的发展不仅是一国经济社会发展的重要驱动力，而且还能为国家带来更大的国际影响力，进而提

---

① 《习近平谈治国理政》第3卷，外文出版社2020年版，第245页。
② 《习近平关于科技创新论述摘编》，中央文献出版社2016年版，第24页。
③ 陈楠、蔡跃洲：《新科技革命下主要经济体制造业发展战略与国际竞争格局》，《学习与探索》2020年第12期。
④ 蔡翠红：《新科技革命与国际秩序转型变革》，《人民论坛》2024年第4期。
⑤ 高奇琦：《新科技革命背景下世界动荡变革期的核心特征与应对战略》，《马克思主义与现实》2023年第2期。

升其在国际舞台上的话语权。由此可知,把握历史机遇期,使中国赢得在国际竞争和国际秩序深度调整过程中的主动权和话语权,发展"由技术革命性突破、生产要素创新性配置、产业深度转型升级而催生"①的新质生产力具有不言自明的战略价值。

(六)发展新质生产力是构建人类命运共同体的责任担当

习近平总书记指出,"新一轮科技革命和产业革命正在孕育成长,各国相互联系、相互依存,全球命运与共、休戚相关"②。换言之,科技发展必须胸怀天下、具有全球视野,科技发展成果应该由全人类共享。"我们将全方位加强国际科技创新合作,积极参与全球创新网络,同世界各国人民携手应对人类面临的共同挑战,实现各国共同发展。"③可以说,中国是按照人类命运共同体的理念来推动科技创新的,同样也会以引领全球化为目标发展"以科技创新为核心驱动力"的新质生产力。因此,对于世界来说,中国发展新质生产力所带来的新产品、新技术、新业态,不仅拓宽了全球经济共享和共同发展空间,也能让更多的人享受到新质生产力带来的福利。一方面,中国在科技发展和产业变革中取得的重要创新成果,会推动世界科技进步,会在发展中推动全球增益;另一方面,也能为更多的发展中国家走向现代化贡献中国智慧和中国经验,以中国力量、中国发展推进构建人类命运共同体、推动世界和平。

三、主动求变:准确把握发展新质生产力的实践逻辑

发展新质生产力是关乎中国未来发展命脉的重要增量。以习近平

---

① 《习近平在中共中央政治局第十一次集体学习时强调 加快发展新质生产力 扎实推进高质量发展》,《人民日报》2024年2月2日。

② 《习近平谈治国理政》第2卷,外文出版社2017年版,第538页。

③ 《习近平书信选集》第1卷,中央文献出版社2022年版,第46页。

同志为核心的党中央从生产力发展的升级跃迁彰显出中华民族的实践自觉，在内生性探索中反映了生产力由低级向高级演化的规律性特征，体现为一种"历史的选择"。当前，新质生产力仍然在不断形成和发展过程之中，根据生产关系一定要适合生产力性质的马克思主义原理，"必须进一步全面深化改革，形成与之相适应的新型生产关系"[1]，最大限度释放创新活力，为经济社会发展形成新的增长动力源泉，全面塑造中国发展新优势。

（一）发展方式上：以创新驱动为主导摆脱两个传统路径

新质生产力的发展代表着一种生产力的跃迁，是科技创新在其中发挥主要作用的生产力，是摆脱了传统经济增长方式和生产力发展路径的生产力。[2] 就创新途径而言，一要加强基础研究。基础研究是关键核心技术创新的源头。当前我国在底层基础技术、基础工艺能力等方面短板依旧突出，在工业母机、基础软硬件、基本算法、基础元器件等方面瓶颈仍然显著，要实现科技自立自强就必须瞄准基础研究和应用研究，以国家实验室为抓手，强化基础研究多元化投入、厚植基础研究支撑体系、深挖硬啃一系列基础研究关键科学问题，使得基础研究地位与国家发展目标和国际地位相匹配。二要坚持中国特色自主创新。习近平总书记强调，"自主创新是我们攀登世界科技高峰的必由之路"[3]，过去的"两弹一星"就是靠这个法宝，新时期新形势，要敏锐把握世界科技创新发展趋势，在独创上下功夫，在原创性发展中出成果。我国目前的科技创新能力特别是原创能力与发达国家还存在一定差距，关键核心技术受制于人的局面没有得到根本性改变。在这种形势下，

---

[1] 《习近平在中共中央政治局第十一次集体学习时强调　加快发展新质生产力　扎实推进高质量发展》，《人民日报》2024年2月2日。

[2] 周文、叶蕾：《新质生产力与数字经济》，《浙江工商大学学报》2024年3月4日网络首发。

[3] 《习近平谈治国理政》，外文出版社2014年版，第122页。

只有不断增强自主创新能力，掌握更多拥有自主知识产权的核心科技，拿出更多硬核产品，才能牢牢把握创新核心环节主动权和关键技术所有权。三要加强高素质科技创新人才培养。人才在创新驱动发展战略中发挥着引领作用，要深入实施人才强国战略，着力打造"一支规模宏大、结构合理、素质优良的创新人才队伍"[1]。针对目前我国人才队伍建设中存在的世界级科技大师缺乏、领军人才不足以及工程技术人才培养同生产和创新实践脱节等结构性矛盾，要全力打造多种形式的高层次人才培养平台，不断探索培养路径，在科技创新活动中发现人才、培养人才、凝聚人才，走出一条从人才强、科技强到产业强、国家强的发展新路径。

（二）发展节奏上：以因地制宜的方法论做好统筹兼顾

从我国国情来看，不同地区不同区域的资源禀赋、产业条件和发展水平存在差异，发展新质生产力一定要秉持均衡发展的原则[2]，不能套用无差别的发展模式，也要"防止一哄而上、泡沫化"[3]，而应当立足自身优势，结合产业发展需求，科学合理布局科技创新，坚持因地制宜发展新质生产力的方法论。一是要从实际出发，尊重差异。据科技部2023年发布的《中国区域创新能力评价报告》显示，长三角、珠三角、北京地区的创新效率遥遥领先，中部尤其是西部地区的创新效率略显不足，区域创新不平衡问题依然突出。一方面，要继续支持有条件的省份发挥比较优势，集聚创新要素和科技资源，努力打造世界科学前沿领域和技术创新汇聚高地；另一方面，欠发达地区也要奋起直追，充分运用

---

[1] 《习近平著作选读》第1卷，人民出版社2023年版，第498页。
[2] 姚树洁、张小倩：《新质生产力的时代内涵、战略价值与实现路径》，《重庆大学学报（社会科学版）》2024年第1期。
[3] 《习近平在参加江苏代表团审议时强调　因地制宜发展新质生产力》，《人民日报》2024年3月6日。

科技创新的力量实现跨越式发展和"后发式赶超"。二是要从全局出发，缩小差距。以打造各具特色、充满活力的区域创新体系为目标，推动全国各区域间创新要素的自由流动，引导不同地区形成合理分工和良性互动，以东西部联动和对口支援机制建设等尽量减少地区间的发展差距，最大程度激发全国性、全域性、全要素性的发展潜能，统筹全国资源要素高效配置[①]，为形成和发展新质生产力注入系统性、协同性动力。

（三）发展载体上：以构建现代化产业体系为重要支撑

产业是生产力的载体，科技成果只有产业化才能成为社会生产力，培育新质生产力的落脚点和方向是发展新产业、构建现代产业体系。[②]一要积极推动传统产业转型升级。习近平总书记强调，"发展新质生产力不是忽视、放弃传统产业"[③]，传统产业为新兴产业和未来产业提供了良好的实践平台和市场应用场景。要以新一轮科技革命和产业变革为契机，促进大数据、物联网、云技术等新兴技术与传统产业实现深度融合，发挥数字化、智能化技术的赋能作用，改造升级传统产业，催生新产业、新业态、新模式，在产业升级中实现生产力的不断跃升。二要重点培育战略性新兴产业。聚焦目标、突出重点，深入推进国家战略性新兴产业集群发展工程，围绕新一代信息技术、量子通信、人工智能、生物工程、深地探测、新能源、新材料、高端通用芯片、集成电路装备、高档数控机床、航空发动机等关键核心技术，加快形成若干战略性技术和战略性产品，努力打造一批具有国际先进水准的战略性新兴产业。三要积极培育未来产业。面向未来制造、未来信息、

---

① 张辉、吴尚:《现代化视域下中国经济高质量发展的理论逻辑与实践方略》,《北京大学学报（哲学社会科学版）》2023年第5期。
② 洪银兴:《发展新质生产力　建设现代化产业体系》,《当代经济研究》2024年第2期。
③ 《习近平在参加江苏代表团审议时强调　因地制宜发展新质生产力》,《人民日报》2024年3月6日。

未来材料、未来能源、未来空间、未来健康等六大重点方向,"在类脑智能、量子信息、基因技术、未来网络、深海空开发、氢能与储能等前沿科技和产业变革领域,组织实施未来产业孵化与加速计划,谋划布局一批未来产业"[1]。要对接国家战略需要,掌握未来科技发展命脉,以"开疆辟土"的领跑性积极完善和布局未来产业的发展。要发挥社会主义制度优势,组织实施未来产业孵化与加速计划,鼓励科研人员投入前沿科技开发,引导企业投入未来产业培育工作,多点塑造竞争优势,赢取未来发展主动权。[2]

（四）发展机制上：以深化体制机制改革为根本保障

"发展新质生产力,必须进一步全面深化改革,形成与之相适应的新型生产关系。要深化经济体制、科技体制等改革,着力打通束缚新质生产力发展的堵点卡点,建立高标准市场体系,创新生产要素配置方式,让各类先进优质生产要素向发展新质生产力顺畅流动。"[3]一要加快经济体制改革。进一步完善社会主义市场经济体制,激发劳动、知识、技术、管理、资本和数据等生产要素活力,培育和发展技术要素市场,在形成新质生产力的过程中实现各种优质要素的高效协同匹配,让市场真正成为配置创新资源的决定性力量。二要整体推进教育、科技、人才体制机制改革。遵循教育是基础、科技是关键、人才是根本的基本逻辑,统筹考虑、一体推进。[4]以教育优先发展为原则推动教育体制机制改革,通过强化科学精神和创新性思维培养,加

---

[1] 《中华人民共和国国民经济和社会发展第十四个五年规划和2035年远景目标纲要》,人民出版社2021年版,第28页。

[2] 蒋永穆、乔张媛:《新质生产力:逻辑、内涵及路径》,《社会科学研究》2024年第1期。

[3] 《习近平在中共中央政治局第十一次集体学习时强调 加快发展新质生产力 扎实推进高质量发展》,《人民日报》2024年2月2日。

[4] 肖贵清、唐奎:《论中国式现代化进程中教育、科技、人才一体化建设》,《山东大学学报（哲学社会科学版）》2024年第1期。

快拔尖创新人才自主培养，不断完善创新人才培养模式，以高水平创新人才、卓越工程人才培育为发展新质生产力提供生力输送与能力支持。以创新型国家建设为导向推动科技体制机制改革，加快破除制约科技创新的思想障碍和制度藩篱，增强和突出企业、高校、科研院所在技术创新中的主体地位，以科学合理的评价激励机制，提升科技创新成果的市场化价值，打通科技和经济社会发展之间的通道。以激发人才创新活力为目标推动人才发展体制机制改革，坚持营造识才爱才敬才用才的环境，统筹各类人才队伍建设，聚天下英才于党和人民事业之中。支持优秀青年科技人才在国家重大科技任务、关键核心技术攻关和应急科技攻关中"挑大梁""当主角"，进一步激发创新创造活力。①三要进一步健全完善新型举国体制。"充分发挥国家作为重大科技创新组织者的作用，把政府、市场、社会等各方面力量拧成一股绳，形成未来的整体优势"②。通过国家意志和力量，围绕国家战略需要构建高效协同技术创新体系，明确主攻方向和核心技术突破口，科学制定发展规划，科学统筹、集中力量、优化机制、协同攻关，把党的领导优势不断转化形成新质生产力的发展动能。③

（五）发展空间上：以高水平对外开放营造良好国际环境

新质生产力得以提出和发展的前提基础是关键技术创新。④习近平总书记指出，"在全球化、信息化、网络化深入发展的条件下，创新要素更具有开放性、流动性，不能关起门来搞创新。要坚持'引进来'和'走出去'相结合，积极融入全球创新网络，全面提高我国科技创

---

① 韩喜平、马丽娟：《新质生产力的政治经济学逻辑》，《当代经济研究》2024年第2期。
② 《习近平著作选读》第2卷，人民出版社2023年版，第472页。
③ 赵峰、季雷：《新质生产力的科学内涵、构成要素和制度保障机制》，《学习与探索》2024年第1期。
④ 胡博成、朱千叶：《向未来要空间：论新质生产力的经济空间逻辑及实践旨向》，《重庆大学学报（社会科学版）》2024年3月19日网络首发。

新的国际合作水平"①。事实证明，任何国家都不是孤立地独自发展本国科技的，而是融入全球科技创新网络。一要强化全球科研合作。通过"一带一路"建设搭建多样化科技创新平台，既吸引海外高层次科技人才参与中国新技术研发与应用，也鼓励我国科学家发起和组织国际大科学计划和大科学工程，在增强自身发展韧性和全球竞争力的基础上，推动全人类技术创新与进步。二要最大限度用好全球创新资源，在深度参与全球科技治理的基础上，不断完善国内创新政策与国际竞争规则的协调性，逐步提升中国在全球科技治理中的位置和影响力。②三要以培育和发展新质生产力为契机，在努力实现高水平的科技自立自强的基础上，打破以美国为首的西方国家的科技霸权壁垒，为发展中国家提供更多参与新兴产业的机遇，为全球科技进步与合作营造良好氛围。

历史反复告诉我们，理念变革引领发展潮流、关系发展成败。新质生产力是新时代继续推进和拓展中国式现代化的一种新动能，也是我国实现从高速增长转向高质量发展的新起点，必将带领我国经济社会朝着社会主义现代化强国目标奋勇前进。发展新质生产力是以习近平同志为核心的党中央在我国发展目标、发展基础、发展环境发生变化的基础上，针对现在我国发展存在不平衡、不充分、不协调、不可持续问题的充分研判，还是着眼于未来发展、对我国生产力发展趋势的综合判断。我们要深刻认识到，新质生产力不是传统生产力的局部优化与简单迭代，而是由技术革命性突破、生产要素创新性配置、产业深度转型升级而催生的先进生产力，必将带来发

---

① 《习近平关于科技创新论述摘编》，中央文献出版社2016年版，第49页。
② 苏继成、李红娟：《新发展格局下深化科技体制改革的思路与对策研究》，《宏观经济研究》2021年第7期。

展方式、生产方式的变革，推动我国社会生产力实现新的跃升，为全面建设社会主义现代化国家和实现中华民族伟大复兴奠定更加坚实的物质技术基础。

付霞，中共中央党校（国家行政学院）马克思主义学院博士生

以新质生产力推进现代化产业体系建设

张占斌　李许卡

新质生产力代表生产力演化过程中的一种能级跃升，是科技创新发挥主导作用的生产力，以高效能、高质量为基本要求，落脚点是建设现代化产业体系。2024年3月，李强总理在《政府工作报告》中明确提出"大力推进现代化产业体系建设，加快发展新质生产力"的任务要求。[1]现代化产业体系是现代化国家的物质技术基础，它代表着先进的生产力，是中国经济现代化在产业维度上的集中体现，能够有力推动我国经济发展实现质量变革、效率变革和动力变革，为加快形成新质生产力提供坚实支撑。习近平总书记高度重视现代化产业体系建设，在全国各地调研中多次强调"加快建设以实体经济为支撑的现代化产业体系"，并强调"推进产业智能化、绿色化、融合化，建设具有完整性、先进性、安全性的现代化产业体系"[2]，为我国现代化产业体系建设提供了科学指引。[3]

---

[1] 李强：《政府工作报告——2024年3月5日在第十四届全国人民代表大会第二次会议上》，《人民日报》2024年3月12日。
[2] 《习近平主持召开二十届中央财经委员会第一次会议强调　加快建设以实体经济为支撑的现代化产业体系　以人口高质量发展支撑中国式现代化》，《人民日报》2023年5月6日。
[3] 洪银兴：《发展新质生产力　建设现代化产业体系》，《当代经济研究》2024年第2期。

一、建设现代化产业体系的实践要求

现代化产业体系由现代农业、先进制造业、现代服务业等构成，以实体经济为支撑，以推动产业转型升级为重点，以战略新兴产业和未来产业为增长先导，以产业基础高级化为依托，是适应中国式现代化需要的现代产业体系。加快发展新质生产力对现代化产业体系建设提出了创新性强、高端智能、绿色低碳、安全可控、融合度高和开放合作等实践要求。①②

（一）创新是第一动力

创新是推进现代化产业体系建设、加快发展新质生产力的关键。习近平总书记在党的二十大报告中强调，"必须坚持科技是第一生产力、人才是第一资源、创新是第一动力"③。科技创新带来的先进技术，能够与劳动者、劳动资料和劳动对象结合，提高劳动者的技能和知识水平，提升生产工具的性能和效率，改善原材料和半成品的处理方式和利用效率，进而形成新的生产力，从根本上推动产业创新升级，催生新产业、新模式、新动能，实现优势产业延链和新兴产业建链。没有科技创新就难以实现产业质变，更难以形成新质生产力，在新一轮科技革命和产业变革机遇下，构建现代化产业体系的关键在于发挥创新第一动力作用。④2023年中央经济工作会议提出，"以科技创新引领现代化产业体系建设"⑤，因此，应高度重视科技创新在现代化产业体系建设中的

---

① 张占斌、付霞：《现代化的普遍性与中国式现代化的鲜明特色》，《理论视野》2023年第3期。

② 李晓华：《面向制造强国的现代化产业体系：特征与构成》，《经济纵横》2023年第11期。

③ 习近平：《高举中国特色社会主义伟大旗帜　为全面建设社会主义现代化国家而团结奋斗——在中国共产党第二十次全国代表大会上的报告》，《人民日报》2022年10月26日。

④ 刘元春：《以科技创新引领现代化产业体系建设》，《人民日报》2024年2月21日。

⑤ 邹伟、韩洁：《引领中国经济大船乘风破浪持续前行——2023年中央经济工作会议侧记》，《人民日报》2023年12月14日。

引领和驱动作用，加强科技创新体系建设，促进产学研深度融合，加大高层次科技创新人才培养，广泛搭建科技成果转化中试平台，推动各类创新要素不断向企业集聚，有效发挥创新引领发展第一动力作用，加快形成新质生产力。

（二）高端智能是应有之义

人工智能、智能计算等高端智能技术是加快发展新质生产力的关键驱动力，抢占全球产业体系高端化、智能化的战略制高点，对加快发展新质生产力至关重要。习近平总书记在十四届全国人大二次会议参加江苏代表团审议时强调，"用新技术改造提升传统产业，积极促进产业高端化、智能化、绿色化"[1]。推动产业高端化、智能化，使产业向更高附加值、更高端市场方向发展，提升我国在全球产业分工中的地位和竞争力，是构建现代化产业体系的应有之义，也是实现新质生产力的关键途径。[2]一方面，伴随新技术、新工艺、新材料、新设备等的应用，传统产业将得到充分巩固提升，新兴产业会持续涌现和发展壮大，进而推动产业结构实现由不合理到合理、由中低端到中高端转变。另一方面，伴随网络连接基础设施、数据算力基础设施、工业互联网平台等的不断完善，人工智能、大数据、区块链等新一代信息技术的加速突破，产业智能化转型将具备越来越充分的生态支撑，农业、工业和服务业的智能化特征会越来越明显，产业自动化、数字化、智能化水平和全要素生产率将得到进一步提升。

（三）绿色低碳是必由之路

新质生产力是符合新发展理念的先进生产力样态和质态，不仅强

---

[1]《习近平在参加江苏代表团审议时强调　因地制宜发展新质生产力》，《人民日报》2024年3月6日。

[2] 黄汉权、盛朝迅：《现代化产业体系的内涵特征、演进规律和构建途径》，《中国软科学》2023年第10期。

调生产效率和经济效益，也更注重资源节约、环境保护和可持续发展，为产业绿色低碳发展提供强大的技术支持和创新动力。习近平总书记高度重视绿色低碳发展，强调要建设绿色制造体系和服务体系，提高绿色低碳产业在经济总量中的比重，并对推进"双碳"工作作出部署、提出明确要求。现代化产业应当是资源能源消耗低、环境友好的产业，推进产业绿色低碳转型发展是实现碳达峰、碳中和，建成现代化产业体系的必由之路。① 在现代化产业体系建设中，要深入践行绿水青山就是金山银山发展理念，牢牢把握产业绿色化、绿色产业化发展趋势，采用先进的节能减排技术和循环经济模式，持续推进产业用能绿色化和资源利用高效化，有效激发数字化对产业绿色化发展的驱动作用，全面推进制造业、服务业和农业的绿色化、低碳化，确保生产、分配、流通和消费等社会再生产全流程绿色低碳，广泛增加产业发展的"含绿量"，如期实现"双碳"目标。

（四）自主安全可控是重要前提

产业安全、自主可控是加快发展新质生产力、建设现代化产业体系的重要前提。习近平总书记高度重视产业安全，强调"要围绕发展新质生产力布局产业链，提升产业链供应链韧性和安全水平，保证产业体系自主可控、安全可靠"②。经济安全是国家安全的基础，而产业链供应链自主安全可控是确保经济安全的重中之重。适应新质生产力要求的现代化产业体系，应具备充足的韧性，能够及时有效应对各类突发性、内外部冲击。③ 虽然我国已经具有全世界最全的产业门类，但在

---

① 张占斌：《全产业链是"中国制造"的有力保证》，《中国政协》2021年第2期。
② 《习近平在中共中央政治局第十一次集体学习时强调　加快发展新质生产力　扎实推进高质量发展》，《人民日报》2024年2月2日。
③ 张勇、王珊娜、王蓉：《"双碳"目标与产业升级的关系辨证和协同互动》，《理论探索》2022年第5期。

关键产业链供应链安全上仍存在风险。因此，在加快发展新质生产力的同时，要加强产业安全保障工作，在产业布局和发展中突出提升产业链韧性和安全性，要强化科技自立自强和高水平自主核心技术要素供给，大力培育对产业链关键节点有控制力的企业，重点推进重大技术装备攻关，持续突破产业链堵点、卡点、脆弱点，全面提升产业抗风险能力，有效避免"卡脖子"现象，确保关键产业链供应链自主可控、安全可靠。

（五）融合发展是大势所趋

产业融合发展是不同产业、行业之间相互渗透的融合发展过程，推动生产性服务业和制造业等产业深度融合，是发展新质生产力、构建现代化产业体系的关键环节。习近平总书记强调，"坚持三次产业融合发展，避免割裂对立"[1]。三次产业并不是此消彼长的一块"蛋糕"，深度融合发展能够产生巨大的乘数效应，有效提升产业现代化水平，推动产业"蛋糕"更大更优。[2]伴随大数据、云计算、人工智能等新技术的深入应用，生产方式和组织方式会发生深刻变化，产业主体、产业要素、产业部门之间会持续交叉重组，不断催生新的产业部门和产业链环节，产生大量新产业功能、新产业形态、新产业组织方式以及新商业模式。随着三次产业融合的广度和深度不断提升，产业边界日益模糊，融合发展已成为必然趋势，突出表现为制造业服务化和服务业智能化。[3]同时，数字技术是三次产业共同的技术知识基础，数字技术发展为产业融合带来重要驱动力，伴随数字技术与三次产业各领

---

[1] 《习近平主持召开二十届中央财经委员会第一次会议强调 加快建设以实体经济为支撑的现代化产业体系 以人口高质量发展支撑中国式现代化》，《人民日报》2023年5月6日。
[2] 蒲实：《建设现代化产业体系要防止"五种倾向"》，《学习时报》2023年5月22日。
[3] 姜长云、李子文、巩慧臻：《推动现代服务业同先进制造业、现代农业深度融合的调查与思考——以HN省ZZ市为例》，《江淮论坛》2022年第1期。

域的广泛渗透，数字产业化与产业数字化迅速发展，农业、工业和服务业的现代化特征越来越明显，将有力提升实体经济发展的质量和竞争力。

（六）开放合作是必然选择

新质生产力和产业开放合作相互促进、相互依存，深化产业开放合作能够为发展外向型新质生产力提供关键动力。习近平总书记强调："要扩大高水平对外开放，为发展新质生产力营造良好国际环境"，"加快建设以实体经济为支撑的现代化产业体系""坚持开放合作，不能闭门造车"。[①]现代化产业体系是高水平开放合作的产业体系，需要与全球产业体系全面接轨，深度融入全球产业分工，在广泛参与全球产业合作与竞争中提升本领。[②]在全球产业链加速重构的背景下，加大产业开放合作能够更好利用国内外两个市场、两种资源，实现资源共享和优势互补，推动产业升级和创新发展，进一步发挥我国超大规模市场优势，吸引更多国外资本和技术参与共建我国现代化产业体系[③]。在新质生产力的推动下，产业开放合作正成为越来越多企业的战略选择。未来，应深入秉持开放合作、互利共赢原则，立足全球产业分工新态势，构建包含产品、技术、制度等内容的全方位、多层次开放新格局，持续扩大服务业市场准入，深入推进制度开放，形成竞争合作共赢新局面，以高水平产业开放合作推动形成更强大的新质生产力。

二、现代化产业体系建设的进展及问题

近年来，我国产业规模持续增长、结构不断优化、市场主体作用

[①] 《习近平主持召开二十届中央财经委员会第一次会议强调　加快建设以实体经济为支撑的现代化产业体系　以人口高质量发展支撑中国式现代化》，《人民日报》2023年5月6日。
[②] 王镭：《扎实推进高水平对外开放》，《红旗文稿》2023年第7期。
[③] 蔡昉：《发挥超大规模市场优势　实现经济社会发展目标》，《经济日报》2023年3月12日。

持续释放、高端要素支撑作用日益增强、产业基础水平不断提升，但与"大力推进现代化产业体系建设，加快发展新质生产力"任务要求还有差距，集中表现在产业大而不强、结构不优、市场主体创新能力弱、高端生产要素供给不足和产业基础不高级等方面。

（一）产业规模持续增长但大而不强

产业规模大且强是加快发展新质生产力和建设现代化产业体系的基本前提。我国拥有全世界最完整的产业体系，2023年，我国制造业总体规模连续14年位居全球第一，500多种主要工业品中有200多种产品排名世界第一，服务进出口规模连续10年位居全球第二，粮食总产量连续9年保持在1.3万亿斤以上。① 但"大"不等于"强"，"全"也不代表"优"，与发达国家相比，我国产业发展还有很大优化空间，从制造业来看，大多数企业仍集中在国际分工体系的中低端环节，生产的高附加值产品相对较少，在产品研发设计、高端生产装备、先进工艺设计、先进基础材料、高端品牌等方面还存在明显短板；从服务业来看，2023年服务业增加值占我国GDP比重达到54.6%，不仅低于65%左右的世界平均水平，更是低于80%左右的发达国家平均水平；② 从农业来看，现代化生产经营水平还不够高，产业布局相对分散且链条较短，农业总的生产效率仍较低，农产品深加工能力还不足，农产品综合国际竞争力还有待提升。

（二）产业结构不断调整但还不优

产业结构合理化、高级化是加快发展新质生产力和建设现代化产业体系的内在要求。2023年我国三次产业产值占比为7.1∶38.3∶54.6，与2012年（10.1∶45.3∶44.6）相比，服务业占比提升明显，产业结构

---

① 《我国制造业总体规模连续14年位居全球第一》，新华社，2024年1月19日。
② 董蓓：《我国经济发展实现量质齐升》，《光明日报》2024年3月1日。

持续优化,"三二一"产业格局更加巩固。但与发达国家相比,我国中高端制造业和生产性服务业占比仍然偏低,农业现代化进程相对滞后。[①] 从制造业构成来看,传统制造业占比高达8成,而高技术制造业增加值占规模以上工业增加值比重仅为15%左右;2023年,新能源汽车、锂电池、光伏产品等"新三样"产品出口首次突破万亿元大关,一批战略性新兴产业正在形成,但尚未成为主导产业。从服务业构成来看,传统的生活性服务业占比相对较高,而生产性服务业占比偏低,现代服务业发展相对不足。具体来看,传统批发零售业占比超过30%,生产性服务业产值占服务业的比重为60%左右,仍低于发达国家70%左右平均水平10个百分点,而科学研究、技术服务等高端服务业产值占生产性服务业的比重仅在8%左右。从农业来看,我国设施农业和高标准农田建设成效显著,已累计建成10亿亩高标准农田,但仍存在农业科技成果转化率低、要素投入单一和种业大而不强等问题;在重要农产品需求方面,大豆对外依存度超过80%,占我国总粮食进口的比重超过6成,粮食安全仍面临风险。[②]

(三)市场主体持续壮大但创新能力弱

市场主体是加快发展新质生产力和建设现代化产业体系的实践者和驱动者。近些年,我国市场主体数量持续增长,截至2023年底,登记在册经营主体达到1.84亿户,其中民营企业占比超过9成;[③] 市场主体现代化产业布局全面加速,创新主体地位更加凸显,高技术制造业、高技术服务业投资持续增长,国内企业拥有有效发明专利290.9万件。但市场主体在创新和转型发展上仍大有可为:一是市场

---

① 王娜:《以数字经济赋能农业现代化》,《行政管理改革》2023年第8期。
② 高云才、常钦、郁静娴:《1.3万亿斤以上,连续9年的丰收答卷》,《人民日报》2023年12月19日。
③ 《2023年新设经营主体3273万户》,光明网,2024年3月14日。

主体产业创新驱动作用还有待提升，总体研发投入强度不高，创新型企业偏少，创新活动主要集中在少部分企业，且更倾向于进行应用型创新，在基础性创新领域的投入相对不足。二是市场主体产业转型升级驱动作用还有待提升，市场主体更多集中在传统产业领域，对战略性新兴产业和未来产业的布局还有待加大。三是龙头企业国际竞争力还有待提升，与世界一流企业相比，龙头企业在生产水平、数字化水平、管理水平等方面还有差距，"专精特新"企业发展优势还不够突出。四是民营企业在市场准入上仍受到歧视，面临着审而不批、许而不可等变相门槛，及"玻璃门""旋转门""卷帘门"等各种显性壁垒和隐性壁垒，在构建现代化产业体系中的作用有待进一步释放。

（四）高端生产要素支撑作用渐显但仍有待增强

科技、人才、金融等是加快发展新质生产力和建设现代化产业体系的关键要素支撑。2023年，我国全社会研发经费支出3.3万亿元，占国内生产总值比重达到2.64%，有效发明专利数量突破400万件；研发人员总量达到635.4万人，连续多年位居世界首位；全年社会融资规模增量累计达到35.59万亿元，对实体经济发放的人民币贷款增加22.22万亿元，同比多增1.18万亿元，为实体经济发展提供了有力的资金支持。[①]但总体来看，高端要素支撑作用仍有待加强。一是以科技创新全面推动产业创新格局还未形成，科技自主创新能力总体不强，对颠覆性技术和前沿技术的突破还远远不够，短期内产业发展仍面临着"卡脖子"技术风险；在发明专利质量方面，真正高质量的发明新型专利仅占2成左右，还有8成左右的发明专利属于外观

---

① 国家统计局：《中华人民共和国2023年国民经济和社会发展统计公报》，《人民日报》2024年2月29日。

设计专利和实用新型专利,与美国等发达国家的差距依然显著。二是高端产业人才存在结构性短缺,在相当长一段时间内,我国在高端芯片、大数据、人工智能、生物技术、新材料等领域,仍将面临巨大的专业人才缺口。三是金融支持实体经济仍不充分,相较于发达国家,我国贷款多以固定资产抵押为主,信贷灵活性不高,导致金融与有资金需求的实体经济的适配性偏低,资金供求脱节现象仍广泛存在,战略性新兴产业、未来产业及中小型高科技企业的资金需求还得不到充分满足。

(五)产业基础水平不断提升但还不够高级

产业基础高级化是加快发展新质生产力和建设现代化产业体系的重要依托。近些年,我国产业基础提升按下"加速键",半导体材料、稀土功能材料、生物基、生物医用材料、高温合金、高性能特种合金等一批关键基础材料的发明和应用取得重要进展,新一代通信网络、工业互联网、数字平台等建设稳步提升,先进基础工艺、基础软件等应用越来越广泛。但总体来看,产业基础还不强,基础性原材料工业发展水平还有待提升,存在高质量基础产品供给不足、质量稳定性不高、品牌竞争力不强等问题;从一些关键领域来看,产业基础也存在短板,大型商用航空发动机及零部件材料、催化剂、质子膜等仍依赖进口,尽管高铁技术领先,但国产率还没有达到100%,车轮轴承等关键零部件仍依赖进口;在芯片制造上,不仅面临着光刻技术这一基础性挑战,也面临着成套新工艺和新材料匮乏等难题;从国产工业软件来看,国外生产制造类软件产品在高精尖控制领域占据绝对优势,国内产品主要集中在中低端市场,企业小散弱情况突出,自研能力及综合集成能力均不强,实验性质的工业软件产品和二次开发软件产品居多,产品的适配性和通用性还有待提升。

三、加快发展新质生产力，建设现代化产业体系的推进方略

产业是发展的根基，加快发展新质生产力需要大力建设现代化产业体系。习近平总书记强调，"现代化产业体系是现代化国家的物质技术基础，必须把发展经济的着力点放在实体经济上，为实现第二个百年奋斗目标提供坚强物质支撑"[①]。建设现代化产业体系已成为加快发展新质生产力的重要落脚点，2024年《政府工作报告》将"大力推进现代化产业体系建设，加快发展新质生产力"列为十大工作任务之首。[②]在现代化产业体系建设进程中，应充分把握新一轮科技革命和产业发展机遇，充分发挥中国巨大规模市场优势，深入推进"强链补链稳链"，全面推进以实体经济为支撑的现代化产业体系建设。

（一）巩固提升传统优势产业，加快发展战略性新兴产业和未来产业

加快发展战略性新兴产业和未来产业是顺应新质生产力发展的必然要求。习近平总书记强调，"要及时将科技创新成果应用到具体产业和产业链上，改造提升传统产业，培育壮大新兴产业，布局建设未来产业，完善现代化产业体系"[③]。传统产业、战略性新兴产业和未来产业都是构建现代化产业体系的重要驱动力量，脱离传统产业就无法实现产业升级，缺乏战略性新兴产业和未来产业就难以实现产业发展能级跃升。[④]在建设现代化产业体系进程中，一方面，要立足实际，大力推进传统产业转型升级，切实巩固传统优势产业领先地位；另一方面，要抢

[①]《习近平主持召开二十届中央财经委员会第一次会议强调 加快建设以实体经济为支撑的现代化产业体系 以人口高质量发展支撑中国式现代化》，《人民日报》2023年5月6日。

[②]《习近平在中共中央政治局第十一次集体学习时强调 加快发展新质生产力 扎实推进高质量发展》，《人民日报》2024年2月2日。

[③]《习近平主持召开二十届中央财经委员会第一次会议强调 加快建设以实体经济为支撑的现代化产业体系 以人口高质量发展支撑中国式现代化》，《人民日报》2023年5月6日。

[④] 王宇：《以新促质：战略性新兴产业与未来产业的有效培育》，《人民论坛》2024年第2期。

位发展，积极发展战略性新兴产业和未来产业，创造新的竞争优势。

第一，大力推进传统产业转型升级。习近平总书记指出，"发展新质生产力不是忽视、放弃传统产业"①，传统产业不是落后产业，而是我国经济的重要构成，其转型升级对提升产业竞争力和可持续发展能力具有举足轻重的作用。一是坚持稳中求进、久久为功原则，建立"以量促质，以质保量"良性发展机制，在充分发挥传统产业规模优势基础上，顺应产业发展客观规律，循序渐进推进传统产业转型升级、提质增效。二是加大新技术在传统产业领域的应用，全面推进互联网、大数据、云计算、人工智能等新技术与传统产业融合发展，以数字化、网络化、智能化、绿色化等赋能传统产业优化升级，有效提升传统产业的含技量、含绿量和附加值。三是把握产业发展新动向和消费升级新趋势，鼓励引导传统产业积极开展自我革命，催生更多新产业、新业态、新模式，促进传统产业产品和服务不断推陈出新、焕发新生机，更富竞争力和吸引力。

第二，大力发展战略性新兴产业和未来产业。战略性新兴产业是新技术、新产业、新业态的摇篮，代表着科技创新和产业升级的方向，引领产业向更高层次迈进，是发展新质生产力的重要推动力。一是把握战略性新兴产业发展的重要领域和关键环节，围绕新一代信息技术、新材料、新能源汽车、高端装备、人工智能机器人、生物技术、绿色环保、航空航天和海洋装备等产业进行重点突破；系统制定战略性新兴产业集聚化、集群化发展专项工作方案，聚焦疏通战略性新兴产业发展的堵点和卡点，积极推进市场主体融合、要素融合和产业链上下游融合发展，打造一批具有国际先进水平、竞争力强的战略性新兴产

---

① 《习近平在参加江苏代表团审议时强调　因地制宜发展新质生产力》，《人民日报》2024年3月6日。

业集群。二是精准把握未来产业发展方向，前瞻布局未来产业，重点培育发展元宇宙、量子科技、类脑智能、人形机器人、新型储能、深海空天等未来产业，切实加大技术研发强度和投资强度，持续扩大未来产业"孵化机构—产业园—产业链条—应用市场"建设，掌握更多未来产业新赛道、新领域的主导权。

（二）以融合发展加速推进产业结构优化升级

以新质生产力推动现代化产业体系建设的关键在于推动产业结构优化升级。从产业发展规律来看，融合发展是必然趋势，现代化产业体系不再是三次产业的简单拼盘，而是产业边界日益模糊、产业融合越来越广泛深入的复杂生态体系。推进产业结构优化升级，一方面，要以三次产业融合为重点，推动产业结构优化升级；另一方面，要以提升全要素生产率为重点，推动产业内部结构合理化、高级化。

第一，在加快发展新质生产力背景下，推动三次产业结构优化升级，不能再单纯以"三、二、一"产业排序来衡量，而是更多以推进高水平产业融合来评判。一是以生产性服务业与制造业融合为抓手，加快推进制造业服务化，重点加强科技服务、信息服务、金融服务、物流服务和商务服务等高附加值生产性服务业与制造业融合，进一步提升"二、三"产业业务关联、技术渗透、链条延伸和内部重组的广度和深度，充分释放生产性服务业对制造业的强大赋能牵引作用。二是以延长服务业链条为抓手，大力培育服务业衍生制造，引导服务业企业以品牌授权、贴牌生产、连锁经营、工程总包、远程维护等方式与制造业企业融合发展，推进服务业产品化、品牌化发展，大力提升服务业的发展空间和增值能力。三是积极推动农业与制造业、服务业融合发展，进一步提升农业机械化、自动化、智能化水平，构建优质高效的农业服务体系，广泛开展多层次涉农服务，为农业发展提供产前、产中、产后等全流程服务，并积极打造休闲农业、康养农业、会展农业等农服融合发展新业态。另外，充分发挥数字经济在产业融合中的润滑剂及放大器作用，加强数字化智能化技术与对传统产业的渗透融合，加快推动三次产业与数字经济融合发展，提升企业数字管理水平，打造"数字工厂"，推动数字经济与实体经济深度融合，实现产业融合向更高水平、更深层次迈进。

第二，加快推动各产业内部结构优化升级。加快发展新质生产力，需要深度聚焦产业内部结构的优化调整。一是以提升中高端制造业占比为重点，大力发展先进制造业，瞄准关键核心技术和零部件薄弱环节，重点攻关"卡脖子"技术，突破高端制造业的技术短板，推动制造业迈向价值链中高端；围绕工业机器人、新能源、光伏设备、航天航空等重点领域，推动制造业数字化、智能化、高端化和绿色化；大力发展先进制造业集群，以国家先进制造业集群为引领，围绕新能源汽车、新材料、高端装备、生物医药等领域，打造一批具有国际竞争力和影响力的先进制造业产业集群。二是以提高生产性服务业占比为重点，加快发展现代服务业，大力推进服务业专业化、数字化、高端化转型，切实提升服务业全要素生产率，有效破解服务业发展"鲍莫尔病"；大力引进国际一流服务业企业，培育打造更多具有国际竞争力的生产性服务业品牌，切实提升服务业国际竞争新优势；进一步加大公共服务领域投资，加快补齐公共服务业短板，有效增强公共服务的覆盖面及均衡性，实现城乡基本公共服务业均等化，有效增进民生福祉、提高人民生活品质。三是以提高现代农业占比为重点，全面延长农业产业链条，鼓励引导更多农产品加工企业向原产地下沉和集中，做大做强农产品加工流通业，构建原料基地、加工生产、仓储保鲜、分级包装、市场营销、物流配送等环节首尾相连的产业集群；大力推进种业振兴，构建完备的种业体系，系统整合种业相关的产业链、创新链、人才链和资金链，重点加强大豆、玉米等育种技术攻关，将种子安全牢牢攥在自己手中；进一步推动农业标准化种植和品牌化经营，积极培育农村电商、智慧农场等农业新业态，有效提升农业生产效率和农产品附加值。

（三）以多链深融提升关键产业要素支撑作用

创新、金融和人才等是发展新质生产力的核心要素，在加快发展新质生产力和建设现代化产业体系中发挥关键作用，充分发挥它们之间的协同作用，对加快发展新质生产力具有重要影响。党的十九大报告首次提出，"着力加快建设实体经济、科技创新、现代金融、人力资源协同发展的产业体系"[①]。在加快发展新质生产力背景下，应着力推进创新链、资金链、人才链与产业链深度融合发展，形成多要素融合协同发展合力，有力推动产业转型升级和创新发展。

第一，推动创新链与产业链深度融合发展。科技创新是产业创新发展的动力之源，对驱动产业现代化具有支撑引领作用。2023年中央经济工作会议指出，"要以科技创新推动产业创新，特别是以颠覆性技术和前沿技术催生新产业、新模式、新动能，发展新质生产力"[②]。具体来说，一方面，要推动"科技—产业"良性循环，坚持以"科创中心＋产业布局"模式发展新质生产力，推动我国基础研究、应用开发研究、中间实验研究、工程化应用和生产制造等各个环节有效衔接，构建科技创新领军企业牵头、"专精特新"企业深度参与、科研院所支撑的创新产业成长生态体系，形成科技创新与产业发展闭环，持续打造从基

---

① 习近平：《决胜全面建成小康社会　夺取新时代中国特色社会主义伟大胜利——在中国共产党第十九次全国代表大会上的报告》，新华网，2017年10月27日。

② 《中央经济工作会议在北京举行》，《人民日报》2023年12月13日。

础研究、技术攻关到生产应用的高能级创新产业链条，推动更多高水平科技创新成果切实应用到企业生产中，有效解决科研与产业发展两张皮现象。另一方面，以科技创新与制造业深入融合为主攻方向，以补链、强链、延链为重点，引导创新资源向产业链上下游集聚，促进产业链更多迈向价值链中高端，并全面整合科技创新资源与产业要素资源，推动企业加快更新设备、升级生产工艺和创新管理方式，有效提高传统产业附加值。

第二，推动资金链与产业链深度融合发展。资金链是从基础研究到产业化或服务全过程形成的资金链条，为产业创新发展提供有力支撑。一是持续优化中央财政五类科技计划（专项、基金等）支持结构，健全专业性银行、金融机构和资本市场在关键产业发展中的资金支持作用，围绕我国创新密集型、知识密集型产业分布，为关键产业全链条发展提供充足的资金支持。二是进一步发挥政府产业引导基金、天使基金、风险基金、私募基金、公募基金、债券市场和股票市场等的作用，为产业发展提供更多的直接融资支持，特别是更好发挥天使基金风险共担作用，引导更多天使基金向成长可能性更大，但不确定性更高、风险相对更大的产业链前端投资，推动取得更多源头性创新性成果。三是大力发展农村金融，加大金融对农业生产、设施建设、农产品加工、农产品销售等各个环节的资金支持，加强金融机构涉农产业产品创新，以涉农龙头企业及特色种植养殖产业为重点，为涉农产业发展提供市场化、多样化信贷支持，为农业产业化发展提供更加充分的资金支持，推动农业生产方式和经营模式的转型升级。

第三，推动人才链与产业链深度融合发展。人才是科技创新和产业创新的主体，不仅是产业发展最积极、最活跃的因素，更是加快发展新质生产力的源泉。[①]一是以满足新能源、新材料、高端装备、人工智能、生物技术、绿色环保等关键产业链上下游人才需求为重点，推进人才链与产业链高效对接，让企业充分参与高校专业人才培养方案设计，推动高校学科体系、教学体系、教材体系等与用人单位需求有效对接，校企协同开展人才培养，为产业发展培养高度匹配的技能性、创新型、应用型和复合型人才，实现人才链与产业链有机衔接。二是进一步完善产业人才发展环境，围绕人才实施分类管理，依靠市场力量支持人才、评价人才和发展人才，协同发挥政府、企业、高校等的作用，积极服务对接各类人才，营造爱才重才、倾心引才、精心用才、以产育才、以产聚才、产才融合的人才生态，培育更多能工巧匠、大国工匠，吸引更多高层次创新人才进入企业，让人才与产业创新发展同频共振。三是聚焦我国短缺的高精尖产业人才，优化海外人才的引进机制，向海外人才提供更全面、更高质量的优惠条件，做到人才为本、信任人才、尊重人才、善待人才、包容人才，吸引更多高水平国际产业人才和团队来我国就业、创业、安居乐业。

（四）以做大做强做优市场主体引领产业创新发展

市场主体具有自主经营、自负盈亏、追求利润最大化等特性，对市场需求和技术变革最具洞察力，不仅是发展新质生产力的主力军，也是建设现代化产业体系的主导力量，能够推动技术创新、引领产业转型升级，决定着现代化产业体系建设的进程和质量。做大做强市场主体和强化市场主体科技创新主体地位，对推动产业创新发展至关重要，已成为加快发展新质生产力和建设现代化产业体系的核心任务。

---

① 杨雪、尹豆豆：《人力资本结构高级化对产业结构升级的动态影响——兼论新时代东北全面振兴的对策思考》，《长白学刊》2023年第6期。

第一，做大做强做优市场主体。市场主体是现代产业活动的践行者和新质生产力的推动者，做大做强做优各类市场主体，激发其内生动力、活力和创新力，能够推动新质生产力的广泛形成和发展。一是深入推进重点领域改革，增强各类市场主体发展信心，推动企业做大做强，鼓励更多优质企业上市及规模以上企业进一步做精做优。二是加强培育具有核心竞争力的龙头企业，发挥其在突破"卡脖子"技术上的关键作用，引领产业链上中下游、产供销协同发展，并加强龙头企业与中小企业联系，开展更多常规化技术交流和供需对接活动，推动大中小企业形成良好供需对接关系，促进产业链式发展。三是坚持专业化、精细化、特色化导向，不贪大求洋，打造一批具有国际竞争力的制造业单项冠军和专精特新"小巨人"企业。四是深入实施简政放权改革，打造优质高效的政务环境、公平竞争的市场环境，依法平等保护各类市场主体合法权益，更大规模推进减税降费，为企业松绑减负，切实增强市场主体活力，提升企业生产经营能力和效率。[①]五是优化市场主体区域布局，根据各地自然禀赋及劳动力、土地、资本、技术、数据等要素分布情况，引导各类市场主体根据自身比较优势开展布局，走差异化发展道路，促进资源利用效率最大化。

第二，强化市场主体科技创新主体地位。市场主体是技术进步的主要推动者和引领产业转型升级的关键力量，最具将新理念、新技术转化为现实生产力的动力和能力，会通过技术创新、产品研发、产业升级等方式，不断形成新质生产力。一是构建以企业为主体、市场主导、政府引导的创新体系，建设一批科技创新公共服务平台，打造一批科技创新联合体，促进企业优势互补、互通有无，协同开展关键技

[①] 郑子君、周文彰：《以行政审批制度改革为突破口优化营商环境》，《行政管理改革》2022年第7期。

术攻关。二是充分发挥科技型骨干企业创新引领作用，对符合国家科技战略导向、成长性良好的科技型企业，尤其是中小企业，给予更大力度的研发经费、税收优惠、项目补贴和场地租赁等支持，帮助其发展壮大。三是进一步强化市场主体基础创新作用，大力开展产学研战略平台建设，推动企业与高校、研究院所等开展更加深入的合作，开展更多基础研究项目，并促进更多高水平研究成果应用转化。四是强化企业研发主体投入地位，积极引导企业主动加大研发投入，为创新发展提供持续的资金活水。

（五）加快推进产业基础高级化，大力补齐产业基础短板

2019年，习近平总书记就提出，要打好产业基础高级化、产业链现代化的攻坚战。2024年，习近平总书记再次强调"全面提升产业基础高级化和产业链现代化水平"[1]，产业基础高级化不仅决定着产业发展的长远竞争力，更是形成新质生产力的必然条件。在推进产业基础高级化进程中，应充分发挥我国集中力量办大事的制度优势和超大规模市场优势，加强顶层设计、补短板、培优势，坚持点、线、面结合整体推进。[2]

第一，系统推进产业基础高级化。产业基础涉及方方面面，应坚持系统思维，分类推进。一是大力优化提供基本生产资料的产业部门。坚持原材料、能源、粮食、教育等的基础产业部门超前发展导向，为关键基础产业部门发展持续提供充分的人才、资金和税收优惠等支持，持续推进先进基础材料、核心零部件、绿色能源、高端种业等的研究开发及应用；进一步扩大基础产业部门开放，鼓励多元化主体参与基础产业部门建设，有效提升基本生产资料生产部门的市场竞争力。二

---

[1] 《中央经济工作会议在北京举行》，《人民日报》2023年12月13日。
[2] 刘志彪：《产业基础高级化：动态比较优势运用与产业政策》，《江海学刊》2019年第6期。

是重点优化提供产业底层结构的产业要素。以劳动力、资金、技术、能源、数据等基础产业要素高水平发展为目标，瞄准人才结构与产业结构不匹配、金融"脱实向虚"、科技与产业发展"两张皮"等问题，加快推进要素市场化改革，建立公平竞争、法治的市场环境，促进劳动力、资本等生产要素自由流动，并加大基础研究投入，加强关键共性技术、战略性新兴技术研究，夯实产业发展的技术基础。三是大力推进产业要素组织方式创新。以融合化、网络化、共享化、集聚化等方式推动产业要素与相关产业链的融通及协同，实现人才链、资金链和创新链与产业链有机融合。四是重点建设一批具有基础能力优势的现代化企业，以优质增量引领提升产业基础水平。

第二，着重补齐产业基础短板。产业基础短板是制约产业链迈向现代化和高级化的主要原因，一方面，要全面梳理产业基础图谱，围绕产业基础薄弱环节，集中力量整合各类资源，保持定力、久久为功，分阶段、分步骤补短板、锻长板。另一方面，要围绕"卡脖子"基础产品和技术，发挥新型举国体制优势，围绕产业链上、中、下游关键核心产品和技术开展链式攻关，全面提升关键基础产品和技术的可靠性、先进性和稳定性。

第三，大力推进工业基础再造。一是全面提升自动控制和感知硬件、工业核心软件、工业互联网、工业云和智能服务平台等"新四基"。二是整合现有国家重点实验室、国家工程中心、制造业创新中心等重要创新机构，依托重大科技专项引导提升工业基础创新能力。三是打造一批新型工业技术研究院，全面加强工业新材料基础研发，取得更多前瞻性、专业性、应用性等关键共性技术突破，为工业现代化打造坚实的基础产品和技术底座，彻底扭转制造业基础能力滞后于工业整体发展水平情况。

（六）大力完善产业政策，持续扩大产业开放合作

产业政策在构建现代化产业体系中不可或缺，扩大产业开放合作能够为加快发展新质生产力提供强有力的支撑。[①]新发展格局下，实施产业政策应把维护产业安全作为重中之重，并坚定推进产业开放合作，鼓励企业"走出去"和"引进来"，持续推进产业制度开放，形成更加开放、包容的创新生态系统。

第一，加快完善产业政策。科学、合理、有效的产业政策是加快发展新质生产力和建设现代化产业体系的重要手段，对于保障产业体系的完整性、先进性、安全性和加快培育新兴产业都具有重要作用。一是坚持长期主义价值导向，制定与实施产业政策。深刻认识全球产业发展充满了不确定性、易变性和复杂性，我国在钢铁、高铁、5G、新能源汽车、液晶显示器等行业取得的成功，都离不开长期产业政策的支持。在新产业政策制定和实施中，特别是在新兴产业、未来产业等不确定性更大的领域，应继续秉持长期主义价值导向，坚持常抓不懈、久久为功。[②]二是把维护产业安全作为产业政策的重中之重，确保粮食、能源、资源等重要产业链供应链安全，并重点支持半导体、高端装备、新材料、新一代信息技术、生物技术等产业领域的发展。三是坚持"有效市场"和"有为政府"紧密结合原则，在产业政策实施中营造公平竞争的市场环境，推动传统的政府补贴、税收减免等强选择性产业政策更多向功能性、普惠性产业政策转变，更有力激发市场主体的技术创新能力，并在功能性政策实施中，进一步完善信息公开制度，积极引导公众参与和发挥监督作用，更好推动产业政策走向功

[①] 黄群慧、贺俊：《赶超后期的产业发展模式与产业政策范式》，《经济学动态》2023年第8期。

[②] 汪彬、张占斌：《中国式现代化进程中高质量发展促进共同富裕的逻辑进路》，《当代世界与社会主义》2023年第4期。

能化。四是强化产业政策的协同性。鉴于产业政策实施效果受到财税金融、投资贸易、绿色发展等多种相关政策的影响，应重点加强产业政策与创新政策、竞争政策、环境规制和区域发展战略等政策的协同，构建各类政策协同发力良好局面。

第二，坚定推进产业开放合作。深化产业开放合作是加快发展新质生产力和建设现代化产业体系的活力源泉。习近平总书记指出："我们要扎实推进高水平对外开放，既用好全球市场和资源发展自己，又推动世界共同发展。"[①] 一是深入推进产业开放合作，形成产业链内外良性循环。依托"一带一路"、RCEP平台等深化产业国际合作，充分发挥各国资源禀赋优势，引进更多先进生产要素，全面提升产业开放合作的广度和深度，形成国内国际双循环相互促进联动效应。二是鼓励企业"走出去"和"引进来"，更好利用两个市场两种资源。深入把握全球产业发展新趋势，引导企业主动嵌入全球产业链、供应链、创新链和价值链，积极拓展新业务、开辟新市场，与跨国企业联合攻关核心技术，实现产业发展新突破；大力培育世界级"链主"企业，牵住产业链的"牛鼻子"，提高我国在国际产业分工中的地位，引领全球现代化产业链发展，实现产业链从中低端到中高端的跨越。三是持续推进产业制度开放。一方面，旗帜鲜明反对保护主义、单边主义，积极打破各类产业合作壁垒，主动对接国际通行规则，全面削减外资准入负面清单，全面调整不合理、不相容的法律法规，营造市场化、国际化、法治化产业开放合作环境，为高水平产业开放合作提供有力支撑。另一方面，以服务业开放为重点，放宽中高端服务业市场准入，推动服务业更好满足消费升级和产业转型需要，改变服务贸易长期逆差问题。此外，自由贸易试验区通过制度和政策创新，能够有效

---

① 《在第十四届全国人民代表大会第一次会议上的讲话》，《人民日报》2023年3月14日。

推动制度型开放，为加快发展新质生产力提供有力支撑，要积极实施自由贸易试验区提升战略，持续完善自由贸易试验区的制度体系，有力推动产业投资、产业合作的自由化和便利化，把自由贸易试验区打造成为高水平产业开放合作的先导力量和新质生产力加快发展的重要载体。

李许卡，中共河南省委党校（河南行政学院）经济学教研部讲师

加快发展新质生产力扎实推动"三个倍增"

张占斌　王　瑞

新质生产力是习近平经济思想的重要范畴，是中国特色社会主义政治经济学的重大成果，是对马克思主义政治经济学的创新发展，是解决中国式现代化系列问题的金钥匙。加快形成新质生产力，对实现"三个倍增"具有重要意义。一方面，新质生产力决定"三个倍增"的实现进度和程度。新质生产力代表中国经济社会发展的未来方向，是全面推进中国式现代化的根本力量，为"三个倍增"行动的实施提供重要动力。新质生产力提升"三个倍增"的实现水平，新质生产力是实施"三个倍增"的前进方向。另一方面，实施"三个倍增"行动是新质生产力的重要反映。"三个倍增"是加快形成新质生产力的重要基础，是新质生产力生成、发展和跃升的重要标志。加快发展新质生产力扎实推动"三个倍增"行动的实施是中国特色社会主义政治经济学的新时代课题，能够更好解答中国式现代化进程中的经济发展问题。

笔者（张占斌）曾经在《马克思主义研究》发表过一篇题为《中国式现代化进程中围绕"两个倍增"扎实推进共同富裕探析》的文章，提出到2035年城乡居民可支配收入实现倍增，中等收入群体规模实现倍增。接下来又有了新的思考，也就是这"两个倍增"的实现在很大程度上依赖于市场经营主体数量的倍增。具体说来，什么是"三个倍增"呢？首先是城乡居民可支配收入实现倍增。如果从2020年开始计算到2035年居民人均收入倍增，那时我国居民人均可支配收入需要达到64378元，年均名义增速需要略超4.7%。[1]第二是实施中等收入群体规模倍增行动，就是要到2035年我国中等收入群体达到8亿人甚至更多。[2]有许多学者测算，如果2019—2030年实际GDP平均增速约为5%，名义GDP年均增速约为7.5%，并且居民可支配收入名义增速与名义GDP增速匹配，2031—2035年大体按相同速度变动，那么到2035年，我国中等收入群体规模有可能达到8亿~9亿人。[3]第三是市场经营主体倍增。《2020年国民经济和社会发展统计公报》显示，2020年末我国市场主体达1.4亿户。截至2023年底，登记在册经营主体达1.84亿户，同比增长8.9%，全国新设经营主体3272.7万户，同比增长12.6%。2020年到2023年，全国新设经营主体三年平均增速约10%，按照这个增速到2035年将远超2.8亿户，只需要5%的增速即可达到此目标。依据我国经济规模、人口规模、市场规模、产业规模及世界经济发展的规律，我国经济将会伴随高质量发展的深入推进，我国经济的发展空间仍然很大且仍然处于上升期。从长远来看，尽管后期我国经济增长速度可能会减缓，但随着我国全面深化改革的持续性推进，高水平市场经济体制的不断完善，我国实现"三个倍增"目标仍然是完全可能的，而且是很有必要的。

---

[1] 张占斌：《中国式现代化进程中围绕"两个倍增"扎实推进共同富裕探析》，《马克思主义研究》2023年第4期。

[2] 张占斌：《中国式现代化进程中围绕"两个倍增"扎实推进共同富裕探析》，《马克思主义研究》2023年第4期。

[3] 参见刘世锦主编：《新倍增战略》，中信出版集团2021年版，第9—11页。

一、理论的飞跃需要新的实践，新质生产力理论体现"三个倍增"的实践要求

"当前，世界经济和我国经济都面临许多新的重大课题，需要作出科学的理论回答。"[①]21世纪人类社会面临智能革命的时代大潮，全球性的经济新课题逐步涌现，期待新的经济理论来回答。"高质量发展需要新的生产力理论来指导，而新质生产力已经在实践中形成并展示出对高质量发展的强劲推动力、支撑力，需要我们从理论上进行总结、概括，用以指导新的发展实践。"[②]新质生产力理论生成于新时代中国高质量发展的经济社会实践，体现着中国式现代化的发展要求，是中国适应新一轮世界科技革命的理论钥匙，指引新发展阶段中国经济高质量发展的新实践。

新时代十年我国经济社会发展的新实践是新质生产力理论的生成基础。"实践是理论的源泉。"[③]新质生产力作为习近平经济思想的最新范畴，形成基础是新时代十年中国经济社会的伟大变革，形成条件是新时代中国经济社会取得的重大成就。新时代十年，中国经济的新实践使中国社会发生了历史性变革，中国共产党"把实践经验上升为系统化的经济学说"[④]，形成了习近平经济思想，成为中国式现代化理论体系的重要组成部分。

新时代十年，中国共产党科学把握经济社会发展的规律，审慎分析国内外经济发展大势，全面深化改革开放，立足新发展阶段、贯彻新发展理念、构建新发展格局，中国经济社会迈上高质量发展阶段，

---

① 习近平：《不断开拓当代中国马克思主义政治经济学新境界》，《求是》2020年第16期。
② 《习近平在中共中央政治局第十一次集体学习时强调　加快发展新质生产力　扎实推进高质量发展》，《人民日报》2024年2月2日。
③ 习近平：《不断开拓当代中国马克思主义政治经济学新境界》，《求是》2020年第16期。
④ 习近平：《不断开拓当代中国马克思主义政治经济学新境界》，《求是》2020年第16期。

形成中国式现代化的新实践。一是党的十八大以来,推进供给侧结构性改革和实施扩大内需战略,稳步推进全面深化改革各项举措,中国经济结构深度调整,为中国高质量发展奠定了良好的经济结构基础。二是"保护环境就是保护生产力,改善环境就是发展生产力"[①],科学认识经济持续发展和保护生态环境之间的辩证关系,中国经济逐步迈向绿色发展,拓展了中国特色社会主义政治经济学的理论视野。三是党中央举全国之力消除绝对贫困,实施就业优先和积极应对人口老龄化国家战略,贯彻落实区域协调发展战略和乡村振兴战略,设立共同富裕示范区。新时代十年,中国围绕人民美好生活需要,兜牢经济发展的民生底线,统筹发展和安全,明确了中国经济发展的逻辑主线,形成了中国式现代化的价值主题,为新质生产力的形成积蓄了社会力量。四是坚持"牢固确立人才引领发展的战略地位"[②],进一步明确"人才"在创新驱动发展战略中的地位,把握"人才"与"强国"之间的辩证关系,为高质量发展提供人才基础。五是党中央高度重视和积极发展数字经济,统筹国内外资源集中力量发展互联网经济,经济新模式新业态初具规模。新时代,人工智能、生物医药、数字技术等重点领域发展迅猛,代表新质生产力的未来产业成功布局,成为加快形成新质生产力的重要载体。总之,新时代十年中国全面深化改革的实践是培育形成新质生产力的必要条件,更是新质生产力理论生成的重要来源。

新质生产力理论是"三个倍增"的实践方向,"三个倍增"体现新质生产力理论的实践要求。新质生产力理论来源于新时代中国经济社会的新实践,也必将指导新发展阶段中国式现代化的具体实践。"理论

---

① 习近平:《在省部级主要领导干部学习贯彻党的十八届五中全会精神专题研讨班上的讲话(2016年1月18日)》,《人民日报》2016年5月10日。

② 习近平:《在中国科学院第十九次院士大会、中国工程院第十四次院士大会上的讲话》,人民出版社2018年版,第18页。

一旦脱离了实践，就会成为僵化的教条，失去活力和生命力。"[1]新质生产力理论只有作用于中国式现代化的实践，才不会沦为僵化的教条；新质生产力理论只有与中国式现代化的本质特征相结合，形成培育新质生产力的具体路径，才能迸发出旺盛的生命力。"三个倍增"体现着中国式现代化的实践层面，是实现高质量发展的"晴雨表"。因此，"三个倍增"既是新质生产力理论的实践要求，又是加快形成新质生产力的必要实践。

实施"三个倍增"行动是实现全体人民共同富裕的重要基础，也是新质生产力加快形成的基础性条件。由于"中国式现代化是全体人民共同富裕的现代化"[2]，所以形成新质生产力的中国路径应该超越西方的"资本中心"模式。西方通过资本驱动的模式，使大型科技公司在全球范围内广纳科技人才，集聚新型劳动者，催生先进技术，形成新质生产力。在遭到美西方国家技术和人才双重封锁的境况下，作为发展中国家的中国，唯有实现人才层面的自强自立才能从根本上加快形成新质生产力。发展新质生产力，需要随国家经济规模整体提升，稳步提高全体居民的收入增量，加大全体居民教育领域的投入力度，这有利于劳动者整体素质的全面提升，从而形成大批新型劳动者。此外，加快形成新质生产力会加大创新领域的人才补贴力度，激发创新型人才的科研积极性，推动关键领域的科研突破，为"三个倍增"行动的实施提供源源不断的人才动力。质言之，加快形成新质生产力有利于提升劳动者的整体素质，形成推进和适应新质生产力的新型"劳动者"，汇聚实施居民人均收入倍增行动的全民力量。

实施"三个倍增"行动是扩大内需战略的关键举措，是新质生产

---

[1] 习近平：《辩证唯物主义是中国共产党人的世界观和方法论》，《求是》2019年第1期。
[2] 习近平：《高举中国特色社会主义伟大旗帜　为全面建设社会主义现代化国家而团结奋斗——在中国共产党第二十次全国代表大会上的报告》，《人民日报》2022年10月26日。

力加快形成的关键环节。真正的经济"决不是禁欲,而是发展生产力,发展生产的能力,因而既是发展消费的能力,又是发展消费的资料"①。新发展阶段,提升居民消费需求可以拉动经济增长,为新质生产力的形成提供消费导向。一方面,培育壮大新型消费是新质生产力形成的重要动力,如新质生产力会伴随数字消费、绿色消费、健康消费等新的消费增长点产生。另一方面,稳定和扩大传统消费是新质生产力形成的必要支撑,提振新能源汽车、电子产品等大宗消费能够引导传统制造业实现创新性转型,加快传统产业升级换代。"中等收入群体的消费能力、消费欲望、消费层次都将较之低收入群体得到大幅提升。"②居民人均收入特别是中等收入群体规模与消费水平正向相关,对于扩大内需战略的实施至关重要。实施中等收入群体规模倍增行动,提高全体居民收入水平,提高全体农民收入水平,缩小城乡差距,增强全体居民的消费能力。总而言之,新质生产力的加快形成有利于增强国内消费能力、提升国内消费水平、增加消费热点,更好实施扩大内需战略,倒逼产业升级换代,最终逐步实现中等收入群体规模倍增。

二、现象呈现规律的运行本质,新质生产力规定"三个倍增"的外在表征

新时代,全面把握中国经济现象和中国经济关系本质之间的辩证关系是理解中国特色社会主义经济建设的重要基础,是科学把握马克思主义政治经济学的重要支点,是构建中国特色社会主义政治经济学的重要前提。"马克思把经济科学推进了一大步,这表现在他是根据普

---

① 《马克思恩格斯全集》第46卷(下),人民出版社1980年版,第225页。
② 洪银兴、王辉龙、耿智:《从供给和需求两侧夯实新发展格局的根基》,《经济学动态》2023年第6期。

遍的经济现象,根据社会经济的全部总和来分析问题"[①]。马克思主义政治经济学本身就是马克思主义哲学方法的运用,是经济现象和经济本质研究的统一。"经济学既研究经济现象,更研究经济发展规律,即经济发展中的辩证法,经济发展离不开哲学。"[②]经济现象和经济关系本质构成社会经济活动的基本结构,是研究中国经济持续发展的重要条件。

一方面,要观照经济社会发展的现象,通过经济活动中的具体现象来理解经济关系的本质,进而分析经济行为的原因,阐释经济行为的规律性,论证经济行为的合理性。在马克思的经济学里,对经济现象的分析与对经济关系本质的探究是内在地结合在一起的,并不是如一些经济学者所说,马克思只研究本质而不关注现象。[③]另一方面,经济活动的现象反映经济关系的本质,二者内在结合,共同构成中国特色社会主义政治经济学的研究课题。理解了经济本质,也并不等于理解了经济现象,否则科学将会变成谬误,现象分析也就没有存在的意义了。[④]总之,研究中国社会主义市场经济的运行规律,需要从总体上把握中国经济运行的普遍现象,透过经济的普遍性现象理解经济运行的本质规律,从现象和本质两个方面辩证性总结中国特色社会主义经济发展规律,丰富和发展中国特色社会主义政治经济学。

"新质生产力是创新起主导作用,摆脱传统经济增长方式、生产力发展路径,具有高科技、高效能、高质量特征,符合新发展理念的先

---

① 《列宁选集》第2卷,人民出版社2012年版,第434页。
② 郝立新等:《大众哲学对话录:当代中国马克思主义哲学通俗读物》,贵州人民出版社2009年版,第22页。
③ 参见丰子义:《发展的反思与探索:马克思社会发展理论的当代阐释》,中国人民大学出版社2006年版,第91页。
④ 参见程恩富、方兴起、郑志国主编:《马克思主义经济学的五大理论假设》,人民出版社2012年版,第280页。

进生产力质态。"①新质生产力作为高质量发展的经济逻辑，决定着中国经济要素优化组合的方向，是中国式现代化的实践规定，影响新时代中国经济的生产、消费、交换和分配，体现着新时代中国经济社会发展的客观规律，属于经济的本质性范畴。"三个倍增"是新质生产力逐步形成进程中所实现的具体性经济活动，体现着中国经济高质量发展的现实状况，属于表征性的一种经济现象。作为经济关系本质性范畴的新质生产力决定着"三个倍增"的实现进度，"三个倍增"是新质生产力形成的重要表现，是经济关系逐步调整的外在展现，是经济要素优化组合的外部呈现。

第一，新质生产力是由"技术革命性突破、生产要素创新性配置、产业深度转型升级而催生"②，"三个倍增"是新技术、新的生产要素、新兴产业发展壮大的经济表现。新的生产力形成会推进传统产业升级换代，新产业的出现会产生新的就业机会，新兴产业的市场主体将呈现显著增加的趋势。伴随新技术的逐步普及、生产力的整体跃升，新兴产业的就业容纳能力将会继续提升，代表新质生产力的市场主体将会稳步占据行业的优势地位，必会有一大批年轻高素质群体首先获得行业红利，中等收入群体将会逐步扩大。例如，互联网及智能产业的兴起，从小众的科技产品到全行业的产业技术，从部分科技人才到形成互联网科技人才群体，从少数几家互联网企业到星罗棋布的互联网企业，从事互联网产业的就业群体收入普遍较高，是潜在的中等收入群体。

第二，新质生产力是"以劳动者、劳动资料、劳动对象及其优化

---

① 《习近平在中共中央政治局第十一次集体学习时强调　加快发展新质生产力　扎实推进高质量发展》，《人民日报》2024年2月2日。
② 《习近平在中共中央政治局第十一次集体学习时强调　加快发展新质生产力　扎实推进高质量发展》，《人民日报》2024年2月2日。

组合的跃升为基本内涵"①,"三个倍增"会随着劳动者、劳动资料、劳动对象及其优化组合的跃升逐步实现。新质生产力内部各要素的优化组合会塑造经济发展的新形态,推动"三个倍增"加快实现。创新型、战略人才的大量培育,推动劳动力要素的跃迁,进而在产业变革中形成一支适应新质生产力发展需要的劳动大军。相较于从事传统产业的劳动者,适应于新质生产力发展需要的劳动者在知识水平、技术水平、管理水平等方面能力较强,在就业市场中竞争力强,收入水平将会显著提高。数字化平台及智能化工具等新的劳动资料产生,会出现以新的劳动资料为主业的市场经营主体。随着新兴市场经营主体的快速扩张,产业链会逐步完善,最终形成新兴产业。清洁能源的大量推广,绿色低碳产业的逐步普及,纳米材料、航天材料等新材料的利用,将推动传统产业转型升级,从事传统产业的市场经营主体会投向新兴产业领域,从长期看市场经营主体并不会因产业跃升而大幅缩减。伴随新兴产业的扩张,劳动者、劳动资料、劳动对象将会优化组合,新技术、新能力、新材料会向全行业普及,并会带动相关产业升级迭代,市场经营主体会大幅增加,全体居民收入将大幅增加,中等收入群体也将逐步扩大。

第三,新质生产力"以全要素生产率大幅提升为核心标志,特点是创新,关键在质优"②,"三个倍增"同样会成为全要素生产率大幅提升的显著标志。"必然要把创造高于资本主义的社会结构的根本任务提到首要地位,这个根本任务就是:提高劳动生产率,因此(并且为此)

---

① 《习近平在中共中央政治局第十一次集体学习时强调 加快发展新质生产力 扎实推进高质量发展》,《人民日报》2024年2月2日。

② 《习近平在中共中央政治局第十一次集体学习时强调 加快发展新质生产力 扎实推进高质量发展》,《人民日报》2024年2月2日。

就要有更高形式的劳动组织"①。推进新质生产力的形成,需要促进劳动、知识、技术、管理、资本等要素的活力竞相迸发,全面提高劳动生产率。新兴产业的出现,会经历从低级到高级、从初代到高端的演进过程,自然也会经历从劳动生产率低到劳动生产率高的一个演进过程。随着新质生产力的形成和发展,新兴产业会逐步提高劳动生产率,提升我国企业的竞争力,在国际市场占据有利地位,使我国形成国际竞争力,"三个倍增"会加快实现。

三、动力来源于社会矛盾,"三个倍增"转化为新质生产力加快形成的坚实性力量

"社会的物质生产力发展到一定阶段,便同它们一直在其中运动的现存生产关系或财产关系(这只是生产关系的法律用语)发生矛盾。于是这些关系便由生产力的发展形式变成生产力的桎梏。那时社会革命的时代就到来了。"②马克思在《〈政治经济学批判〉序言》中首次提出社会基本矛盾的观点,后经列宁的丰富和发展,形成了马克思主义关于社会基本矛盾的核心观点:"生产力和生产关系、经济基础和上层建筑的矛盾"。社会基本矛盾贯穿人类历史发展的全过程,在不同的社会形态中有不同的具体表现,在同一社会形态中不同阶段也有不同的具体表现,是为"社会主要矛盾"。社会主要矛盾是社会基本矛盾的具体呈现,是根本性的社会矛盾。③中国共产党深刻认识社会主要矛盾和社会基本矛盾之间的辩证关系,把握推动社会发展的根本动力,在具体的时空范围中发挥历史的主动精神,推动历史向前发展。一方面,中

---

① 《列宁全集》第34卷,人民出版社2017年版,第168—169页。
② 《马克思恩格斯文集》第2卷,人民出版社2009年版,第597页。
③ 参见田鹏颖:《在准确认识社会主要矛盾中把握历史主动》,《中国特色社会主义研究》2022年第4期。

国共产党从人类历史发展的大视域下紧扣"社会生产"这个人类历史发展的主题,将马克思主义生产力理论具体地体现在中国社会主义社会主要矛盾中,认为生产力和生产关系始终为社会主义社会向前发展的根本动力。另一方面,中国共产党根据中国社会主义社会发展的不同历史阶段,科学分析出中国社会发展的主要矛盾,成为制定社会发展战略的核心依据,推动处在不同历史阶段的社会主义社会向前发展。

"明确新时代我国社会主要矛盾是人民日益增长的美好生活需要和不平衡不充分的发展之间的矛盾,必须坚持以人民为中心的发展思想,不断促进人的全面发展、全体人民共同富裕"[①]。新时代,社会主要矛盾的转化依据来自社会基本矛盾,体现出生产力和人民价值之间的辩证关系,成为中国式现代化战略规划的基本参考。新质生产力体现着社会基本矛盾的跃迁,是新时代生产力和生产关系辩证性运动的呈现,是新发展阶段社会主义社会向前发展的根本力量。"三个倍增"体现着人民价值,彰显着人民日益增长的美好生活需要,是社会基本矛盾的重要体现。由此,新质生产力和"三个倍增"都是我国社会基本矛盾的外在呈现,都是新时代中国社会主要矛盾的反映,都是中国式现代化战略实施的重要动力。新质生产力的形成从根本上推进"三个倍增"的完成,"三个倍增"的实施为新质生产力的形成提供坚实性力量。

第一,新时代中国经济发展紧扣"以人民为中心的发展思想",合理规范和引导资本,处理好"资本"和"人民"在解放和发展生产力中的辩证关系。一方面,坚持人民至上是解放和发展社会主义生产力的价值驱动力,也是坚持解放和发展生产力的价值目标。人民日益增长的美好生活需要是形成新质生产力的价值驱动力,更是发展新质生产力的价值归宿。违背人民日益增长的美好生活需要的科学技术,不

[①] 《习近平著作选读》第2卷,人民出版社2023年版,第16页。

符合新质生产力的本质内涵；违背人民日益增长的美好生活需要的社会生产，不符合社会主义的价值目的；违背人民日益增长的美好生活需要的生产力跃迁，不符合人类社会发展的历史规律。另一方面，发展新质生产力需要合理利用资本，利用资本要素推动新质生产力的形成。"在社会主义市场经济体制下，资本是带动各类生产要素集聚配置的重要纽带，是促进社会生产力发展的重要力量，要发挥资本促进社会生产力发展的积极作用"[1]。"三个倍增"既彰显发展新质生产力进程中的人民价值，又体现"资本"在发展新质生产力进程中的重要作用。"三个倍增"明确新质生产力的价值逻辑，反对"以资本为中心"的价值思路，防止出现资本驱动的科技"进步强制"现象，使人民成为新质生产力形成的主体力量，为加快形成新质生产力提供坚实力量。

第二，新时代中国全面深化改革，始终围绕着社会主要矛盾制定国家战略，"三个倍增"的内涵要义、价值目标和实践方向与之高度契合，为新质生产力的形成汇聚动力。新时代围绕着我国社会主要矛盾，党中央提出供给侧结构性改革、构建美丽中国、精准脱贫、金融安全、乡村振兴、全体人民共同富裕、国家治理现代化等符合人民美好生活的重大布局，符合我国社会主义生产力的发展规律。"三个倍增"符合我国消除城乡差距、缩小收入差距、增强居民发展能力的基本要求，体现着经济活动"最终目的也都是为了'人'"[2]的价值目标。人民群众生活水平是加快形成新质生产力的重要基础，更是生产力实现跃迁的内在驱动力。"三个倍增"的首要目的就是增加人民群众收入，提升人民群众的生活水平，增强人民群众的发展能力，能够形成人民群众发展新质生产力的可及性，能够调动全体人民发展新质生产力的积极性，

---

[1] 《习近平谈治国理政》第4卷，外文出版社2022年版，第219页。
[2] 韩庆祥：《以哲学把握经济的基本方式》，《哲学研究》2020年第11期。

形成发展新质生产力的内生驱动力。

第三，新时代，我国完善社会主义市场经济制度，明确社会主义市场经济在中国式现代化的重要地位，"三个倍增"体现我国社会主义基本经济制度的发展方向，有利于利用市场机制形成新质生产力。习近平总书记明确指出："鼓励非公有制企业参与国有企业改革，鼓励发展非公有资本控股的混合所有制企业，鼓励有条件的私营企业建立现代企业制度。"①党中央高度重视民营企业的发展，鼓励民营企业激发国有企业的创新积极性，鼓励民营经济激活我国社会发展的创新活力，鼓励非公有制经济在高质量发展中发挥更大的作用。发展新质生产力，离不开民营企业的创新研发，离不开民营企业的供给和提质，离不开民营企业的广泛参与。经营主体数量实现倍增有利于提高我国培育创新企业的力度，提升核心技术攻坚的战斗力，有利于原创性、颠覆性科技创新成果竞相涌现，加快培育发展新质生产力的新动能。

四、战略与策略相辅相成，"三个倍增"成为新质生产力加快发展的阶段性条件

"战略与策略是我们党领导人民改造世界、变革实践、推动历史发展的有力武器。"②统筹战略和策略之间的辩证关系是中国共产党解放和发展生产力的有力武器。中国共产党在不同历史时期都高度重视统筹战略和策略之间的关系，并将其运用到解放和发展生产力的实践中，使中国社会实现了伟大变革。社会主义革命和建设时期，中国共产党统筹国内外发展环境，高度重视工业和农业的发展，致力于同时发展工业和农业的生产力。一方面，基于国内外发展环境，实施优先发展

---

① 《习近平谈治国理政》，外文出版社2014年版，第79页。
② 习近平：《推进中国式现代化需要处理好若干重大关系》，《求是》2023年第19期。

张占斌 王 瑞 | 加快发展新质生产力扎实推动"三个倍增"

重工业的国家战略,将科技、人才、资源等生产要素较多地投入到重工业领域,稳固了我国国防和国内基础工业的基础,为我国现代化大局奠定了重要的基础。"我们现在的问题,就是还要适当地调整重工业和农业、轻工业的投资比例,更多地发展农业、轻工业。"[①]另一方面,基于国内人民生活需要,统筹工农业的整体布局,实施提升农民教育水平、兴修水利、推动农业机械化、改善土地肥力、治理盐碱地等具体策略,推动农业生产力的大幅提高。改革开放和社会主义现代化建设新时期,党中央根据改革开放的基本国策,制定中国实现现代化目标的"三步走"战略,实施一系列的国家战略,集中一切力量解放和发展生产力。党和国家根据现代化发展战略,极其重视科技和教育,引进外资,在全国范围内推动技术进步,培育适应现代化发展的人才,吸收国外先进技术和经验。同时,根据我国发展实际,探索或制定了"先农村后城市""先沿海后内陆""先试点后推广"等策略,极大地解放和发展了我国生产力,为中国式现代化提供了生产力基础。

新质生产力的形成、发展和完善是一个漫长的前进过程,遵循人类社会发展的普遍性规律。新时代,形成和发展新质生产力需要制定相应的具体策略,服务于中国式现代化的发展战略。中国式现代化进程中实现"三个倍增",是价值和目标、整体和部分、守正和创新、引进和自立等重要关系的辩证统一,符合形成和发展新质生产力的规律,体现新质生产力形成和发展的具体策略。

实现"三个倍增"是价值和目标相统一,是实施新质生产力的首要策略。"无产阶级政党的目标系统是指各种类型的政党目标按一定秩序和内部联系组合成的有机整体。从整体性上说,目标系统按照从阶

[①] 《建国以来重要文献选编》第8卷,中央文献出版社1994年版,第244页。

段性目标到最终目标的逻辑顺序有机地结合在一起。"[①]无论是实现中国式现代化，还是形成新质生产力，都是一个较为长远的目标，二者的实现都需要一个较为长期的过程。因此，就需要拥有一个清晰明确的阶段性目标。"三个倍增"彰显"人民至上"的价值，贯穿中国式现代化战略的全过程，体现新质生产力的价值追求。"三个倍增"体现新质生产力形成和发展的价值逻辑，可以作为新质生产力的阶段性目标。只有逐步实现"三个倍增"的阶段性目标，才能保持战略定力，坚守人民价值，实现发展新质生产力的长远目标。

实现"三个倍增"是整体和部分相统一，是实施新质生产力的基本策略。"各地要坚持从实际出发，先立后破、因地制宜、分类指导，根据本地的资源禀赋、产业基础、科研条件等，有选择地推动新产业、新模式、新动能发展，用新技术改造提升传统产业，积极促进产业高端化、智能化、绿色化。"[②]发展先进生产力要兼顾战略的整体和部分之间的关系，既要突出全国发展新质生产力的整体性，也要根据各地区的新质生产力因地制宜，兼顾各地区发展新质生产力的特殊性。同时，实现"三个倍增"需根据各地域的特殊实际，因地制宜，量力而行，尽力而为。在江苏、浙江等沿海发达的省份，加快推进"三个倍增"，鼓励符合新质生产力方向的市场主体加速发展，率先提高居民收入水平，较大幅度扩大中等收入群体的数量，为孕育新质生产力先行先试。中西部地区，可以在传统产业基础上，根据地域生产要素的具体情况，适当推进"三个倍增"，增强新质生产力的生成能力，孕育新质生产力。

实现"三个倍增"是守正和创新相统一，是实施新质生产力的重

---

① 赖信添、王久高：《无产阶级政党目标理论研究》，《中国特色社会主义研究》2021年第6期。

② 《习近平在参加江苏代表团审议时强调　因地制宜发展新质生产力》，《人民日报》2024年3月6日。

要策略。"我国是个大国，必须发展实体经济，不断推进工业现代化、提高制造业水平，不能脱实向虚。"①中国是一个社会主义大国，是世界上最大的发展中国家，也是世界上人口庞大的文明古国。这就要求中国式现代化必须具有中国特色，必须超越西方资本主义现代化。这就要求，我国必须兼顾实体经济和数字经济、传统产业和新兴产业、工业和农业、传统制造业和先进制造业等重大产业关系。实施"三个倍增"既需要先进制造业发力，也需要传统产业支撑。"发展新质生产力不是忽视、放弃传统产业，要防止一哄而上、泡沫化，也不要搞一种模式。"②发展新质生产力、实施"三个倍增"，既需要稳固传统产业的根基，又需要关键领域的重点突破。"健全新型举国体制，强化国家战略科技力量，以国家战略需求为导向，集聚力量进行原创性引领性科技攻关，坚决打赢关键核心技术攻坚战。"③一方面，在重点行业和重点领域进行重点突破，实现"扩量"，为新质生产力寻求质变的条件。另一方面，要在传统行业"提质"，实现高质量发展，为新质生产力积累更多的量变因素。两方面相统一，最终实现生产力的整体跃迁，新质生产力的全面普及。

实现"三个倍增"是引进和自立相统一，是实施新质生产力的关键策略。"推进中国式现代化，必须坚持独立自主、自立自强，坚持把国家和民族发展放在自己力量的基点上，坚持把我国发展进步的命运牢牢掌握在自己手中。"④实现"三个倍增"、形成新质生产力关键在于"内因"，在于我国内部生产要素的提升，在于我国内部人才的培育，

---

① 《习近平在广西考察工作强调　扎实推动经济社会持续健康发展　以优异成绩迎接党的十九大胜利召开》，《人民日报》2017年4月2日。

② 《习近平在参加江苏代表团审议时强调　因地制宜发展新质生产力》，《人民日报》2024年3月6日。

③ 习近平：《推进中国式现代化需要处理好若干重大关系》，《求是》2023年第19期。

④ 习近平：《推进中国式现代化需要处理好若干重大关系》，《求是》2023年第19期。

在于我国关键资源的掌握。历史已经证明，依赖于外部资源和技术不可能促使我国实现"三个倍增"（只有小的经济体可以实现，对于我国这么大的人口和经济规模不可能），更不可能形成新质生产力（曾经有可能借助外部技术实现生产力跃迁，但21世纪美西方对我国围追堵截，不可能顺利实现）。当前，我国只有重点突破核心技术，掌握历史的主动权，才能打破国外对技术的垄断，率先形成和发展新质生产力，下好经济持续发展的先手棋。但这并不意味着实现"三个倍增"及形成和发展新质生产力就完全不吸收国外先进经验。"同时，要扩大高水平对外开放，为发展新质生产力营造良好国际环境。"[①]"双循环"的发展格局对我国经济持续健康发展尤为关键，对外开放才能更好地实现"三个倍增"，闭关锁国孕育不出新质生产力。只有统筹国内国际两个大局，坚持"带土移植"和"厚土培植"两个策略，才能更好实现"三个倍增"，加快发展新质生产力。

王瑞，中共中央党校（国家行政学院）马克思主义学院博士生

[①]《习近平在中共中央政治局第十一次集体学习时强调　加快发展新质生产力　扎实推进高质量发展》，《人民日报》2024年2月2日。

激活人才"第一资源"发展新质生产力

张占斌　杨若曦

习近平总书记提出加快发展新质生产力以来，全社会对此问题给予高度重视，围绕着如何加快发展新质生产力进行热烈的讨论，也都在实践中积极探索如何发展新质生产力。我们理解，人是生产力中最活跃的要素，人才是第一资源，加快发展新质生产力，比较迫切的是需要调动人的创新积极性，激活人才"第一资源"。

一是提高认识。党的十八大以来，中国特色社会主义进入新时代。我们不断深化对我国经济发展阶段特征和规律的认识，党中央作出一系列重大决策和部署，全面贯彻落实新发展理念，高质量发展成为时代的主旋律并取得明显成效。但是，还应该看到制约高质量发展的因素还有很多，从外部环境来看，世界百年未有之大变局加速演进，美国等西方国家对我国围追堵截、"脱钩断链"，这给我们造成了不小的压力。从内部条件来看，我国核心技术受制于人的局面尚未根本改变，城乡区域发展和收入差距依然较大，房地产、政府债务、金融领域等存在着风险。实际工作中还有一些人弄不清楚如何推动高质量发展，习惯于追求粗放扩张、低效发展的老路。解决这些问题，我们必须牢记高质量发展是新时代的硬道理，发展新质生产力是推动高质量发展的内在要求和重要着力点。应当说，时代的发展呼唤着新质生产力的产生和发展壮大，而加快发展新质生产力，对调动人的积极性提出更高要求。

二是尊重规律。生产力是人类社会发展的根本动力，也是一切社会变迁和政治变革的终极原因。生产力中最活跃的因素是人，也就是说调动人的创新积极性对发展新质生产力是非常重要的。在推动发展的过程中，有的地方存在着干部不想干、不会干等问题，这既与一些干部自身的缺点和不足有关，也与命令主义、官僚主义和形式主义等弊端有关。要改变有些地方、部门行政化方式惯性依然明显、市场化方式运用不平衡不充分的现象。要以正确选人用人导向让想干事、能干事、干成事的干部有机会、有舞台、有空间，改变空喊口号、不敢作为、不想作为、不会作为、不能作为的不良风气，坚决反对不担当、不作为、"一刀切"、乱作为。要正确认识和把握实现共同富裕的战略目标和实现路径、社会主义市场经济条件下的资本特性和行为规律、绿色产业转型与碳达峰碳中和等新的重大理论和实践问题，更好地发现变局中的规律、现象后的本质。要尊重人才成长规律、人力资本的价值规律，善于爱护人、关心人、保护人、激励人，更好地调动人的积极性。有了人的积极性，新质生产力就有了最宝贵的活跃创新因素。

三是激励创新。加快发展新质生产力，要靠创新才能实现。因此，必须激励创新，让创新真正成为第一动力。党的二十大报告指出，我国已经进入创新型国家行列，力争到2035年进入创新型国家前列。新质生产力主要是由技术革命性突破催生而成，要以科技创新来推动产业创新，改造提升传统产业，培育壮大新兴产业，布局建设未来产业，完善现代化产业体系。要着力推进发展方式创新，新质生产力本身就是绿色生产力，我们必须加快发展方式绿色转型，助力碳达峰碳中和。所有这些，都需要激励创新，把创新驱动发展战略落到实处。要扩大国际科技交流合作，加强国际化科研环境建设，形成具有全球竞争力的开放创新生态。设计合理的激励机制，包括薪酬、奖励、晋升等，以激发人们的积极性和创造力，奖励那些在新质生产力发展中有突出表现的个人和团队。培育鼓励创新的文化和社会氛围，弘扬科学家精神，涵养创新的优良学风。要为创新项目提供必要的资金、技术和人力资源支持，组织创新培训活动，拓宽创新思路和资源。以市场和用户需求为导向推动创新，提高创新的针对性、实用性和适应性。建立有效的管理机制，加强知识产权保护，维护创新者的合法权益，鼓励更多人参与创新，确保创新活动的有序进行。

四是宽容失败。在发展新质生产力的过程中，宽容失败是非常重要的。宽容失败并不意味着对失败无所作为，而是要将其视为学习和成长的机会，从而推动新质生产力的发展。同时，也要确保在失败后进行适当的总结和改进，以降低未来失败的风险。目前有些地方和部门存在按照市场规律考核干部干事创业的制度创新不够，保证市场化方式运用的容错免责机制执行不够，对受到轻处分而能力很强的干部大胆培养和使用不够等问题，地方和部门干部干事的积极性受到影响。发展新质生产力，需要更加强调创新的价值，并且认识到失败是成功的一部分。我们要建立开放的创新文化，营造一个鼓励创新、尝试和冒险的工作环境。提供相关的培训和教育，帮助人们理解失败的意义和价值，以及如何从失败中学习。在项目规划和决策过程中，进行充分的风险评估和管理，并制定应对失败的策略和计划，让人们能够从失败中获得宝贵的经验和教训。组织团队进行事后回顾和分析，分享失败的经验，以便其他人可以从中受益。全社会要展现出对失败的宽容和支持，鼓励人们勇于尝试，并且在失败时给予鼓励和指导，而不是惩罚。既要奖励成功，也要宽容失败。

五是体制保障。为新质生产力发展提供体制保障并调动人的积极性是一个系统工程，需要从多个方面入手，综合施策。发展新质生产力，要求构建新型生产关系。没有新型生产关系，新质生产力也很难得到长足发展。因此要深化经济体制改革、教育体制改革、科技体制改革等，着力打通束缚新质生产力发展的堵点卡点痛点，减少不必要的行政干预和束缚，赋予单位和个人更多的自主权和决策权。优化政府管理体制，制定相关政策，对新质生产力的发展提供支持和引导，包括财政政策、税收政策、产业政策等，为企业和个人提供更多的发展机遇和空间。建立高标准市场体系，创新生产要素配置方式，让各类先进优质生产要素向发展新质生产力顺畅流动。与此同时，要扩大高水平对外开放，在全球配置先进优质生产要素，为发展新质生产力营造良好国际环境。要畅通教育、科技、人才的良性循环完善，完善人才培养、引进、使用合理流动的工作机制，要根据科技发展新趋势，优化高等学校学科设置、人才培养模式，为发展新质生产力、推动高质量发展培养急需人才。要健全要素参与收入分配机制，激发劳动、知识、管理、技术、资本和数据等生产要素活力，更好地体现知识、技术、人才的市场价值。

杨若曦，东北大学工商管理学院博士生

第二部分

中央党校专家解码

新质生产力

新质生产力的形成逻辑与影响

赵振华

新质生产力是党中央立足于世界科技进步的前沿，着眼于全面建成社会主义现代化强国这一目标任务提出的新概念。新时代新征程，我们要深入理解和把握新质生产力的重大意义、基本特点、形成逻辑和深刻影响，把创新贯穿于现代化建设各方面全过程，不断开辟发展新领域新赛道，为我国经济高质量发展提供持久动能。

一、重大意义

新质生产力的提出，具有重大理论和现实意义。

发展新质生产力是建设现代化强国的关键所在。党的十八大以来，以习近平同志为核心的党中央对全面建成社会主义现代化强国作出了分两步走的战略安排。无论是建设制造强国、质量强国、航天强国、交通强国、网络强国、数字中国，还是实现新型工业化、信息化、城镇化、农业现代化，都要求实现高质量发展，而发展新质生产力是推动我国经济社会高质量发展的重要动力。新质生产力呈现出颠覆性创新技术驱动、发展质量较高等特征。战略性新兴产业和未来产业作为形成和发展新质生产力的重点领域，拥有前沿技术、颠覆性技术，通过整合科技创新资源引领发展这些产业，有助于推动我国经济实力、科技实力、综合国力和国际影响力持续增强。

发展新质生产力是提升国际竞争力的重要支撑。在一定意义上，哪个国家拥有先进科学技术特别是拥有颠覆性技术，拥有处于世界领先地位的战略性新兴产业和未来产业，哪个国家就更有可能居于世界领先地位。第一次工业革命发生在英国，蒸汽机、机械纺纱机等成为当时的颠覆性技术，以这些技术为代表的产业快速发展，促使英国走上世界霸主地位。第二次产业革命时期，美国建立起以电力、石油、化工和汽车等为支柱的产业体系，在科技和产业革命中成为领航者和最大获利者。把我国建设成为社会主义现代化强国，就要把握好新一轮科技革命和产业变革带来的巨大机遇，依靠自主创新，加快形成新质生产力，大力发展战略性新兴产业和未来产业，开辟新赛道、打造新优势。

发展新质生产力是更好满足人民群众对美好生活需要的必然要求。进入新时代，人民美好生活需要日益广泛，不仅对物质文化生活提出了更高要求，而且对更高层次、更加多元的生态产品、文化产品等需求也更为强烈。加快形成和发展新质生产力，提高科技创新水平，有助于推动产业转型升级，形成优质高效多样化的供给体系，提供更多优质产品和服务，不断满足人民群众对美好生活的需要。

二、基本特点

与传统生产力相比，新质生产力是包容了全新质态要素的生产力，意味着生产力水平的跃迁。从主体来看，传统生产力大多由传统产业作为承载主体，新质生产力大多由运用新技术的新产业承载。当然，传统产业不一定就是落后产业，经过转型升级后，也能够孕育新产业、形成新质生产力。从成长性来看，传统生产力成长性较低，增长速度较慢；新质生产力则具有比较高的成长性，增长速度比较快，呈现加速发展趋势。从劳动生产率来看，传统生产力的劳动生产率相对较低；而新质生产力在劳动者、劳动资料、劳动对象三个方面都呈现出更高的水平，劳动生产率比较高，提供的是新产品新服务，或其产品和服务具有更好的新的性能。从竞争环境看，形成传统生产力的产业技术门槛相对较低，竞争比较激烈，利润率也相对较低；形成新质生产力的新兴产业属于新赛道，进入的技术门槛比较高，竞争相对较小，利润率相对较高。从生产力的构成要素看，传统生产力所在的产业对劳动力素质要求不高；而形成新质生产力的新产业对劳动力素质要求更高，能够开发和利用更多的生产要素。

三、形成逻辑

2023年中央经济工作会议指出，要以科技创新推动产业创新，特别是以颠覆性技术和前沿技术催生新产业、新模式、新动能，发展新质生产力。新兴产业是形成新质生产力的重要载体。新兴产业是动态发展的。与以往的新兴产业相比，当今时代，科技创新能够催生出更多新产业，覆盖领域也更加广泛。第一次工业革命时期，新兴产业覆盖领域主要是纺织、煤炭等行业。第二次产业革命时期，新兴产业更多地体现在电力工业、化学工业、石油工业和汽车工业等领域。第三次产业革命时期，新兴产业主要集中在信息技术、网络技术等领域。当前，新兴产业则涉及节能环保、新一代信息技术、高端装备制造、新能源、新材料、智能制造等，覆盖领域越来越广，能够带动传统产业改造升级。新兴产业的技术有一个从研发到推广应用的不断成熟的过程，新兴产业也有一个产生、发展和壮大的成长过程。

新兴产业来自先进技术。先进技术来自科学发现和技术发明。无论是科学发现还是技术发明，都离不开人才、平台、资金。人才的培养依赖各类学校、科研院所和企业。这就需要深化教育体制改革，无论是基础教育、高等教育还是职业教育，都要注重激发人才的创新性思维和创造性能力。需要深化科研体制机制改革，重视基础研究，着力培养基础学科人才，着眼于重大发明、发现和科技成果，围绕重大现实问题集中攻关。培养人才还需要平台，没有一流的实验平台就难以培养出一流的人才并产生一流的科研成果。在科技高度发达的今天，一流的科研成果需要一流的实验室作为支撑，要围绕重大战略需求，建设国家重点实验室；围绕区域战略需求和现实问题，建设区域综合性国家重点实验室；围绕教学和科研需求，建设高校科研院所和企业重点实验室。新兴产业特别是战略性新兴产业的培育壮大和未来产业的发展还需要资金支持。同时，要构建有利于激发人才积极性创造性的机制，鼓励多出成果、出好成果；要有宽容失败的机制，特别是对于一些研发周期很长的科学发现和技术发明，需要保持战略耐心。

形成新质生产力除了技术因素外，制度因素也尤为重要。生产力总是要向前进步的，而且并不是匀速地发展，有时发展快，有时发展慢；世界各国也不是以相同的速度发展的，有的国家发展快，有的国家发展慢。新中国成立特别是改革开放以来，我国生产力发展和科学技术进步进入了加速发展时期，与发达国家的差距逐渐缩小，在一些领域由过去的"跟跑"，越来越多地转变为"并跑"和"领跑"。形成和发展新质生产力，需要通过全面深化改革，为持续提高生产力提供制度保障。

具体来看，形成新质生产力，需要有科技成果转化为现实生产力的生态和机制。科技成果还不是现实生产力，需要构建转化机制，加快建设高标准技术交易市场。要构建开放创新生态，着力推进产学研用一体化发展，重点抓好完善评价制度等基础改革，实行"揭榜挂帅""赛马"等制度，让有真才实学的科技人员英雄有用武之地。

此外，形成和发展新质生产力，既需要有效市场也需要有为政府。有效市场体现在通过市场配置生产要素、市场定价提升效率和效益，有为政府体现在营造良好创新生态，激发创新主体活力。要让市场在资源配置中发挥决定性作用，更好发挥政府作用，用好我国集中力量办大事的制度优势与超大规模市场优势，攻克难关，做大做强战略性新兴产业，加快促进未来产业创新发展。

四、深刻影响

形成新质生产力的科技创新不是一般性的科技创新，而是具有巨大潜力的基础科学、前沿技术和颠覆性技术的创新。这些重大科技创新将深刻地改变人们的生产方式、生活方式、思维方式，进而为经济社会带来深刻而持久的变革。

从经济层面上看，能够带来显著的效率变革和动力变革。新质生产力所带来的效率变革不是单个生产要素的效率提高，而是全要素生产率的提高，其所产生的动力变革来自科技创新这一核心推动力，通过提高供给体系质量和效率，以高质量供给引领和创造新需求，从而推动经济实现高质量发展。一国或地区拥有的处于全球领先地位的战略性新兴产业的规模和质量，以及未来产业的培育和发展状况，在一定程度上决定了该国或地区的经济实力和地位。

从社会层面上看，能够带来生产生活等多方面的深刻影响。首先，新质生产力极大提高了劳动生产率，在给企业带来更多利润的同时，也大大降低了劳动强度特别是重体力劳动强度，改善了劳动环境，有效缩短了劳动时间。其次，新质生产力所提供的新产品、新服务提高了人们的生活品质,改善了生活质量。最后,从长期来看,发展新质生产力带来的技术进步会使脑力劳动增加,并促使更多的劳动者从事研发、服务等工作。还要看到,新技术的应用在推动社会文明进步的同时,也可能带来一些负面影响,比如信息技术的发展能够给人们带来极大便捷,但也有泄露个人隐私等风险,客观上需要进一步完善相关制度和规则等。

赵振华,中共中央党校(国家行政学院)经济学教研部主任、教授

以改革创新构建新质生产力发展"四梁八柱"

韩保江

2023年9月,习近平总书记在黑龙江考察时提出,"整合科技创新资源,引领发展战略性新兴产业和未来产业,加快形成新质生产力"[①]。2023年12月召开的中央经济工作会议指出,"要以科技创新推动产业创新,特别是以颠覆性技术和前沿技术催生新产业、新模式、新动能,发展新质生产力"[②]。紧接着,2024年1月,习近平总书记在中共中央政治局第十一次集体学习时强调,科技创新能够催生新产业、新模式、新动能,是发展新质生产力的核心要素。习近平总书记的重要论述,为我们认识和把握新质生产力提供了根本遵循。同时,我们也应该认识到科技创新是发展新质生产力的核心要素,深化科技体制改革,激发各类生产要素活力,是推进新质生产力发展的关键举措。发展新质生产力,是新时代我国在日益复杂的国际竞争中取得优势的关键,是我国实现高水平科技自立自强、以科技创新引领现代化产业体系建设的必然要求。新时代,科技体制改革以科技投入体制改革、科技创新推动产业创新、科技成果转化为现实生产力、建立国际合作生态圈为

[①] 《习近平在黑龙江考察时强调 牢牢把握在国家发展大局中的战略定位 奋力开创黑龙江高质量发展新局面》,《人民日报》2023年9月9日。

[②] 《中央经济工作会议在北京举行》,《人民日报》2023年12月13日。

主要特征，打造国家、企业、科研机构和科研工作者"四位一体"的合作布局，加快形成新质生产力，推动经济高质量发展。

一、新质生产力发展机遇与挑战并存

马克思在《资本论》中对生产力的内涵是这样表述的，"生产力，生产能力及其要素的发展"[①]。人类社会发展的实践证明，生产力的变革伴随着从量变到质变的过程，也就是"生产能力及其要素的发展"。对于新质生产力而言，核心要义是通过劳动过程三要素（即劳动者、劳动对象及劳动工具）的优化组合演进而来。作为先进生产力的代表，新质生产力的特征是技术革命性突破、生产要素创新性配置、产业深度转型升级，能够适应科技革命与现代化产业体系发展的新要求。同时，明确了科技创新作为新质生产力的核心要素，阐明了技术革命性突破引致生产要素创新性配置和产业深度转型升级这一主导路径。这一内涵阐述同党的二十大报告所提出的"坚持创新在我国现代化建设全局中的核心地位""高质量发展是全面建设社会主义现代化国家的首要任务"[②]一脉相承。

党的十八大以来，党中央深刻领悟新一轮科技革命和产业变革的趋势，大力发展信息技术、智能制造、新能源、新材料等战略性新兴产业，具备了发展新质生产力的良好基础和独特优势，在数字经济、光伏科技等领域实现换道超车，生物医药、高端装备等领域实现重大突破，并在前瞻性领域开始谋划布局，为推进现代化产业体系、新型工业化发展奠定了良好开局，为增加优质供给、扩大有效需求等发挥了重要作用。实践证明，我国在发展新兴科技产业方面具备良好的制

[①]《马克思恩格斯选集》第2卷，人民出版社1995年版，第587页。
[②]《习近平著作选读》第1卷，人民出版社2023年版，第29、23页。

度基础、经济基础、产业基础及人才基础，只要把握住发展机遇，完全可以在新赛道上完成跨越式发展。

与此同时，同一些发达国家相比，我国在发展新质生产力方面仍然存在一定差距。尤其是在大国科技博弈加剧的新形势下，基础性研究薄弱、原创性及引领性成果凤毛麟角、关键核心技术"卡脖子"等问题依然严峻，全球范围内的人才、技术及标准制定等的争夺愈演愈烈，现行科技创新机制、政府监管机制、产业发展政策体系和科技创新制度环境有待进一步健全和完善。在这种形势下，我们亟须把握中国式现代化的本质要求，努力实现高水平科技自立自强，贯彻新发展理念、构建新发展格局、推动高质量发展，深刻把握新质生产力的内涵和发展机遇，发展与之相适应的生产关系，促进经济发展向智能化、绿色化、融合化转型，打造出适合新质生产力发展的科技创新之"钥"。

二、科技体制改革推进新质生产力发展的核心逻辑

新质生产力既是发展命题，也是改革命题。必须持续深化体制机制变革，不断调整生产关系，发挥新型举国体制的优势，以改革创新构建与新质生产力发展相适应的生产关系，释放创新活力和潜能，推动产业升级和经济高质量发展，构建新质生产力发展的"四梁八柱"。

第一，建立完善的基础研究投入机制，鼓励自由探索的基础研究运行机制和支持基础研究的创新激励机制，提升原始创新能力。在新型举国体制下，首先，要加强对关键核心技术攻关投入机制的系统化设计。关键核心技术攻关的创新资源投入需要整合多方资源，构建有效的投入生态。这就要充分发挥我国社会主义集中力量办大事的制度优势和国家作为重大科技创新组织者的作用，围绕国家战略需求和重大挑战，发挥政府引导和市场机制作用，优化重组创新资源，加强技

术需求与供给政策联动机制，加强关键核心技术攻关的全流程资金统筹，充分发挥财政资金"四两拨千斤"的撬动作用，推动社会资本和金融资源更多投向科技创新。其次，要形成长期稳定且多元化的投入机制。在我国政策支持以及科研人员的努力下，我们攻克了许多关键领域的核心技术，解决了不少"卡脖子"难题，但在目前的发展情况中，财政支持科技创新的政策时效较短，没有给科研人员足够的容错时间。因此，需要给科研人员以信心，形成宽容失败、鼓励多坐"冷板凳"的社会文化环境。"从0到1"本来就是一个不断试错的过程，创新发展也充满了各种不确定性，越是未曾探索的前沿领域，"岔路"就会越多，更要以"摸着石头过河"的勇气寻找新的突破口，在长期稳定的资金投入下，必然会激发新的创新成果。

第二，构建"政府—企业—科研院所—科研人员"的"四位一体"推进机制和"科技—产业—金融"循环体系，打造合理、高效的创新环境。党的二十大报告指出，"教育、科技、人才是全面建设社会主义现代化国家的基础性、战略性支撑"[①]。这一论断深刻阐释了科教兴国战略、人才强国战略、创新驱动发展战略在中国式现代化发展中的地位，必须坚持科技是第一生产力、人才是第一资源、创新是第一动力，充分调动以"政府—企业—科研院所—科研人员"的"四位一体"推进机制，不断塑造发展新动能新优势，发挥其积极性、创造性的特征，形成国家创新的合成力量。在"科技—产业—金融"循环体系中，产业发展是这一循环的核心。首先，要提升产业链韧性和安全水平，完善金融支持企业科技创新的体制机制。其次，要加快传统产业转型升级，鼓励企业用智能化、现代化的生产方式，提高产品的质量和生产效率。最后，优化产业生态，支持全产业链发展，鼓励产业链上下游

---

① 《习近平著作选读》第1卷，人民出版社2023年版，第27—28页。

企业通力合作。先"立"后"破",形成"科技—产业—金融"循环机制。

第三,以科技创新推动产业创新,培育战略性新兴产业和未来产业,抢占战略制高点。首先,发挥新型举国体制的独特优势,强化高水平自主技术要素供给,在生物技术、新能源、互联网技术等战略性新兴产业领域推进技术攻坚工作,做好量子信息、氢能源、深海空天等前沿科技领域的前瞻性部署,以人工智能等战略性新兴产业领域的发展推动新型工业化建设。其次,加快建设"创新引领、协同发展"的现代化产业体系,巩固优势产业领先地位,把我国制造业这个"立国之本、强国之基"搞扎实,促进数字经济和实体经济深度融合,打造具有国际竞争力的数字产业集群,实现实体经济、科技创新、现代金融、人力资源协同发展。必须完整、准确、全面贯彻新发展理念,最终实现"经济循环畅通无阻"和"高水平科技自立自强"。此外,还应完善科技知识产权保护政策,为创新者提供合法的权益保障。

第四,强化企业在科技创新中的主体地位,加快科技成果转化为现实生产力。企业是创新的主体,是推动创新的生力军,企业的核心竞争力是以科技创新推动现代化产业体系发展的基础。在国有企业方面,完善国有企业考核评价机制,强化创新导向的绩效评价机制,引导国企从技术供给和需求上双向发力,加强科技创新和成果转化应用。在民营企业方面,改革开放以来,民营经济贡献了50%以上的税收、60%以上的GDP、70%以上的技术创新成果、80%以上的城镇劳动力就业、90%以上的企业数量。因此,民营企业对于中国的发展功不可没,应继续加强民营企业参与重大科技攻关的力度,让民营企业牵头承担人工智能、云计算、工业互联网等战略性新兴产业领域的攻坚任务。此外,要构建企业主导的"产学研"融合机制,提升企业作为需求侧的成果吸纳和转化能力,加速推进高校、科研机构等研发部门的科研成果转化,以新技术和新的场景应用加速破解产业发展的难点、痛点。

第五,加快构筑国际基础研究合作平台,不断强化国际科技合作。建立国际合作多元化的网络体系,积极参与世界各国技术交流与合作,形成融合发展态势。基于数字化基础设施的全面应用,我们要努力增强数字网络的互联互通,同时创造良好的营商环境,吸引外资企业来华投资,并达成国际化的人才培养和引入共识,最终实现各国共同繁荣发展。此外,还要积极拓展与国际组织、机构的合作,搭建多样化国际创新合作平台,构建新型科技发展"生态圈"。

韩保江,中共中央党校(国家行政学院)经济学教研部原主任、教授

发展新质生产力推动清洁能源高质量发展

董小君

中央经济工作会议对发展新质生产力、深入推进生态文明建设和绿色低碳发展作出部署，要求"加快建设新型能源体系，加强资源节约集约循环高效利用，提高能源资源安全保障能力"[①]。习近平总书记在中共中央政治局第十二次集体学习时强调，能源安全事关经济社会发展全局。积极发展清洁能源，推动经济社会绿色低碳转型，已经成为国际社会应对全球气候变化的普遍共识。清洁能源是支撑第四次工业革命的基石，在人类文明发展进步过程中发挥着不可替代的基础性作用。深化对清洁能源的认识，探索清洁能源高质量发展的路径，对于加强生态文明建设，推动经济社会绿色低碳转型，积极稳妥推进碳达峰碳中和，具有重要意义。

一、发展清洁能源是客观要求

在人们的认知中，清洁能源是对环境友好、碳排放少、污染程度小的能源，但这只是对能源使用结果的描述，而非对能源性质的描述。清洁能源与传统化石能源不是相对的概念，二者在内涵上存在交叉。

[①] 《中央经济工作会议在北京举行》，《人民日报》2023年12月13日。

一般来说，清洁能源应该包括三层意思：一是零碳排放、无物质消耗的可再生能源，如水电、风电、光伏、潮汐能、地热能等；二是零碳排放但有物质消耗和废料处理的新型能源，如核能；三是对传统化石能源的清洁使用，如经过净化处理的低碳排放的清洁煤、清洁油、天然气等。发展清洁能源是经济社会绿色低碳转型的客观要求。

  从理论逻辑看，"积极发展清洁能源，推动经济社会绿色低碳转型"的提出，既是对马克思主义生态思想的继承和发展，也是对马克思主义生产力理论的拓展和延伸。从马克思主义生态思想看，人类社会包含着人与自然的关系和人与人的关系双重维度的基础性关系。当前国际社会普遍认为，二氧化碳过度排放是引起气候变化的主要因素，人类活动排放的二氧化碳等温室气体导致全球变暖。能源的生态属性意味着绿色转型需以清洁化、融合式的能源体系为动能。强调"推动经济社会绿色低碳转型"，就是为了促进人与自然和谐共生。从马克思主义生产力理论来看，清洁能源必将成为传统化工燃料的替代。根据马克思的论述，生产力可分为自然生产力和社会生产力，二者之间相互渗透、交织，构成生产力发展的整个过程。一方面，自然生产力总是随着社会历史阶段的演进而发生更迭，清洁能源相较于传统化工燃料具有可再生性、清洁性、共享性的特征，不仅可以解决传统能源资源在数量上的匮乏，还可以在替代基础上保护自然环境。另一方面，自然资源作为劳动过程的因素进入现代生产过程，并经过劳动对它们开发和利用，最终成为生产力发展的内在因素。习近平总书记提出"保护生态环境就是保护生产力，改善生态环境就是发展生产力"[①]的论断，丰富了马克思主义的生产力理论。当今世界，很多国家大力推进能源转型，清洁能源对传统化工燃料的替代也是社会生产力进一步发展的必然结果。

  [①] 《习近平著作选读》第1卷，人民出版社2023年版，第113页。

从历史逻辑看，能源的清洁化是人类实现可持续发展的历史必然。可以说，历次工业革命也是技术革命、制造业革命和能源革命的聚合。一般来说，一场新的工业革命往往发端于新技术的革命性突破，然后会通过制造业革命使技术在产业部门运用与扩散，并通过能源革命使生产获得新的动力。能源贯穿人类社会发展过程，根据主导能源的不同，世界能源史大致沿着"薪柴能源→泥炭能源→煤炭能源→油气能源→清洁能源"的轨迹演进。随着世界化石能源消费量的不断增大，化石能源对环境的污染和全球气候的影响日趋严重，大力发展清洁能源，已经成为全球共识。可以说，全球能源战略和供需格局已进入深度调整变革期，构建以清洁能源为主体的清洁低碳、安全高效的能源体系，已成为新一轮能源革命的必然趋势。

从实践逻辑看，发展清洁能源、实现绿色低碳转型已是大势所趋。国际能源署指出，全球清洁能源产业已经进入一个快速发展期。各国能源战略的重心正在由能源占有向能源清洁利用转变，清洁能源发展已经被各国视为实现碳中和目标的关键性支柱。近年来，在政策支持和成本持续下降的推动下，全球清洁能源部署加速推进，一些关键技术取得突破。

二、向清洁能源转型是系统工程

我国是世界上最大的风能市场和制氢国，在太阳能光伏发电量增长贡献上表现突出，锂电池产量持续快速增长，清洁能源产业开发利用规模居世界前列，产业链上中下游均具有显著优势，能源转型成效明显，清洁能源快速发展。未来，我国还需进一步推动清洁能源高质量发展，为经济社会绿色低碳转型提供有力的能源支撑。

能源的资源属性和产业属性决定了能源是工业生产活动的物质基

础。现代化工业体系必然依赖于清洁、高效的新型能源体系，并以此推动制造业绿色转型。从传统化石能源向清洁能源转型是一项复杂的系统工程，不仅关乎能源系统变化，同时也会引发经济、社会、环境等系统的深刻变革。

推进清洁能源产业全产业链优化。清洁能源产业是关系我国经济社会绿色低碳转型的重点产业，要推动产业链高质量发展。目前，我国清洁能源产业虽然在产能上处于领先地位，但还主要专注于生产工艺流程相关的技术创新，在先进材料、结构等方面的技术创新较为有限，部分核心生产设备仍需要进口。在产业链上，我国头部企业在专利研发实力上与国际巨头仍有较明显差距。因此，要从"研发—生产—消费"全产业链的各个环节入手，制定有效的政策和激励措施，帮助企业降低成本、扩大投入，提高其主动推进绿色低碳转型的主动性和积极性，依托我国超大规模市场优势和制造业全产业链优势，不断推动清洁能源技术升级和创新。

构建安全稳定多元化的清洁能源供应系统。由于可再生能源存在着间歇性大、稳定性不高和可控性不好的技术性短板，没有一个国家选择一次性"连根拔起"的能源替代方式，而是"先立后破"。能源转型应坚守能源保供底线，兼顾能源供应能力与能源需求水平，立足资源禀赋，坚持先立后破、通盘谋划。当前，我国还要发挥煤炭、煤电兜底作用，确保经济社会发展用能需求。实践证明，实施能源多元化战略，有利于实现能源系统的稳定性和安全性。

加快清洁能源领域的技术创新。清洁能源技术进步是能源转型成败的关键。清洁能源技术分为两类：一类是增强型能源技术，如以美国页岩气为代表的非常规能源开发，其调节的是油气时代内各行为体之间的供需关系；另一类是颠覆性的技术创新，如石油加工利用技术、可再生能源技术、小型可控核聚变技术等。颠覆性的技术创新，已成为大国能源转型地缘政治博弈的焦点。近年来，我国在氢能领域及储能技术、节电技术、节油技术等领域的绿色低碳技术发明专利授权量增长较快。然而，核心清洁能源和节能减排技术仍集中在少数发达国家，有的国家还非常重视加强全链条技术储备，在碳捕捉、碳封存等方面有较强的技术优势。未来，我国要通过建立清洁能源实验室等，强化关键共性技术和前沿颠覆性技术研发，实现光伏、风电、核电关键核心技术自主可控。

提升我国在清洁能源领域的国际话语权。能源转型将重塑全球能源权力结构和世界能源市场秩序，这与能源标准的制定关系密切。清洁能源领域的国际通行标准，由国际标准化组织和国际电工委员会两个国际组织建立，同时区域性组织、非政府组织也参与标准的制定和推广。虽然我国清洁能源产业开发利用规模很大，但在国际标准制定方面的话语权和影响力相对滞后。为提升我国在清洁能源领域的国际话语权，应着重从以下两方面发力：一是拓展国际标准化交流合作范围。通过与区域性标准化组织加强联络沟通、深化合作，提升我国在标准制定方面的话语权；二是鼓励一流企业将技术创新与标准创制结合起来。研究表明，能源领域的国际标准形成一般首先来自企业提案。因此，在清洁能源领域，面对西方跨国公司"技术专利化、专利标准化、标准全球化"的竞争趋势，我国的清洁能源企业应将技术创新与标准创制结合起来，大力推进自主创新、原始创新，加大对国际标准的研究和创制，从而在全球清洁能源产业链中占据主导地位。

董小君，中共中央党校（国家行政学院）经济学教研部原副主任、教授

发展新质生产力建设现代化产业体系

王小广

高质量发展是全面建设社会主义现代化国家的首要任务。按照党的二十大报告的要求，着力推动高质量发展，要做好的重点工作包括构建高水平社会主义市场经济体制、建设现代化产业体系、全面推进乡村振兴、促进区域协调发展、推进高水平对外开放等。其中，现代化产业体系是现代化国家的物质技术基础，没有坚实的物质技术基础，就不可能全面建成社会主义现代化强国。新中国成立特别是改革开放以来，我国用几十年时间走完了发达国家几百年走过的工业化历程，成为全世界工业门类最为齐全的国家。但与进阶发达国家和实现高质量发展的要求相比，我国产业体系现代化水平还不高，突出表现为产业基础还比较薄弱、科技创新能力有待提高、产业链稳定性和抗冲击能力不足、现代服务业不够发达等。当前，我国已迈上全面建设社会主义现代化国家的新征程，面对严峻复杂的发展环境和解决发展不平衡不充分问题的迫切要求，必须把加快发展新质生产力、建设现代化产业体系作为推动高质量发展的重要任务，加快构建和夯实符合中国式现代化要求的现代化产业体系。

一、现代化产业体系的主要内涵及特征

产业体系是经济体系的重要组成，从三次产业结构及其重要支撑来讲，现代化产业体系至少包括以下六个方面：一是建设强大的现代化工业体系，其中推进新型工业化、保持制造业比重基本稳定、建设制造强国是核心内容；二是构建优质高效的服务业新体系，使现代服务业同先进制造业、现代农业等深度融合；三是打造现代化农业生产与服务体系，这与建设农业强国、推进农业农村现代化息息相关；四是鼓励和支持新产业新技术新业态的发展，形成代表未来趋势的战略性新兴产业集群；五是加快建设高效顺畅的现代流通体系，不断降低物流成本，促进商品要素资源在更大范围内畅通流动，建成全国统一大市场；六是构建现代化基础设施体系，优化基础设施布局、结构、功能和系统集成，建成立体综合运输统一大网络。

实体经济、创新引领、协同发展，是现代化产业体系的三个重要特征。概括来讲，建设现代化产业体系就是要建设实体为本、创新引领、协同发展的产业体系。强大的实体经济是现代化产业体系的根基。党的二十大报告强调："坚持把发展经济的着力点放在实体经济上，推进新型工业化，加快建设制造强国、质量强国、航天强国、交通强国、网络强国、数字中国。"[①] 在做大做强实体经济的基础上，着力推进传统产业优化升级，不断巩固优势产业领先地位，加快发展战略性新兴产业和数字经济，培育新动能、打造新引擎，由此，协同和创新在建设现代化产业体系中的作用可见一斑。一方面，建设现代化产业体系，要补短板、强弱项，协同推动短板产业补链、优势产业延链、传统产业升链、新兴产业建链，既要应用先进技术对传统产业进行改造提升，

---

① 《习近平著作选读》第1卷，人民出版社2023年版，第25页。

重塑产业竞争优势，又要培育壮大代表先进生产力和未来发展方向的高新技术与新兴产业，增强产业发展的接续性和竞争力。另一方面，建设现代化产业体系，要坚持创新在我国现代化建设全局中的核心地位，坚持科技是第一生产力、人才是第一资源、创新是第一动力，深入实施科教兴国战略、人才强国战略、创新驱动发展战略，使科技创新在实体经济发展中的贡献份额不断提高，人力资源支撑实体经济发展的作用不断优化。

二、建设现代化产业体系的战略目标、基本思路与保障支撑

（一）建设现代化产业体系的战略目标

建设现代化产业体系的战略目标可分为国家、产业、企业等三个层面。

国家层面。以推动工业、制造业、农业、新兴产业、现代物流和基础设施等六大产业或产业体系高质量发展为战略重点，以在本世纪中叶把我国建成富强民主文明和谐美丽的社会主义现代化强国为目标引领，加快建设制造强国、质量强国、交通强国、网络强国、数字中国、贸易强国、农业强国、金融强国。

产业层面。加快关键核心技术攻关，全面推动产业基础高级化和产业链现代化，在各行业形成自立自强、具有国际竞争力的产业发展模式。产业现代化的核心目标是打赢关键核心技术攻坚战，实现高水平科技自立自强。考虑到我国科技创新能力不强，科技整体水平同世界先进水平相比仍有较大差距的现状，这一重大战略目标不可能在短期内实现，至少需要15年左右的时间。笔者建议可分两大步来推进：第一步，通过健全新型举国体制，加大科技、人才和资金的集中投入，建立企业主导的产学研深度融合机制，对事关国家迫切战略需求的领

域（如芯片、人工智能、航空航天、深海装备、碳中和技术等）进行战略攻关，力争到2027年使50%以上的重点产业领域摆脱核心技术受制于人的局面，实现大多数重点产业领域科技自立自强。第二步，再经过七八年努力，到2035年80%以上重点产业领域要实现科技自立自强，绝大部分重点产业关键核心技术都要掌握在自己手中。从时间上来讲，未来5年至关重要。

企业层面。建设现代化产业体系的重大任务落实到企业层面，就是要在现代制造业、现代服务业、现代农业等重点领域，打造一批具有行业领先优势的世界一流企业。鼓励制造业企业集中优势资源和技术力量，打造以企业为主体、产业化为导向、产业公共技术开发平台为支撑的先进制造业技术创新体系。培育壮大服务业新模式新业态，支持有实力的现代服务业企业实施跨行业、跨区域、跨所有制兼并重组，鼓励开展国际化经营，打造一批在国际资源配置中占主导地位的世界级现代服务业企业。现代农业企业则是要依托市场，创新企业管理机制，大力推进产业体系现代化、生产体系现代化、经营体系现代化，同时要敢于冒险和探索，广泛应用现代农业科学技术，让农业发展搭上数字化的列车。

（二）加快建设现代化产业体系的基本思路

建设现代化产业体系是一项系统工程，必须坚持系统观念，注重系统集成、协同发展，推动创新链、产业链、资金链、人才链深度融合。

一方面，要加快推进产业集群发展。产业集群是现代产业发展的重要组织形式。推动产业集群集聚发展，既是区域竞争的需要，也是产业竞争的必然。只有形成集群和集聚，才能持续提升产业竞争力，为高质量发展注入不竭动力。近年来，很多地方通过将重点产业集中于产业园区、功能示范区和城市新城等，区域经济发展取得了显著成效。面向建设现代化产业体系的重大任务，要继续发挥产业集聚的战略优势，进一步优化产业布局。

另一方面，要把产业发展的重点放在建立健全深度融合机制上。"十四五"规划和党的二十大都对产业融合发展提出了要求，包括"推动互联网、大数据、人工智能等同各产业深度融合""推动战略性新兴产业融合集群发展""推动现代服务业同先进制造业、现代农业深度融合""促进数字经济和实体经济深度融合"等。这些要求是习近平总书记强调的系统观念在产业发展中的体现，必须深刻领会、创造性运用。简而言之，"集群+融合"应成为建设现代化产业体系、推动经济高质量发展的新思路和新方法。

（三）加快建设现代化产业体系的重要保障与支撑

加快建设现代化产业体系，需要做好三方面保障。

一是高效畅通国民经济循环，为建设现代化产业体系提供资源与要素保障。建设现代化产业体系最基本的条件之一，就是实现要素自由流动，不断提高经济体系或产业体系的开放度和市场化水平。当前，我国经济发展中的一些深层次矛盾和问题，如发展不平衡不充分、创新能力不足等，大多也都是阻碍产业循环的堵点，必须着力疏通，促进要素间的自由流动。一方面，要不断深化包括要素配置、产权保护、市场准入、公平竞争、社会信用等方面的市场化改革，充分发挥市场在资源配置中的决定性作用，促进产业合理分工，提升产业纵向横向一体化和国际化水平。另一方面，要进一步提升市场开放程度，特别是要通过加快建设高效完善的现代基础设施与物流体系，推动上下游、产供销、内外贸一体衔接，更好发挥我国完整产业体系集成优势，提高全要素生产率，促使产业向全球价值链中高端迈进。

二是加快实现高水平科技自立自强，为建设现代化产业体系提供强有力的技术支撑。实现高水平科技自立自强，是世界百年未有之大变局加速演进背景下打造自主可控、安全可靠、竞争力强的现代化产业体系的关键。从战略谋划上讲，就是要深入实施创新驱动发展战略，健全新型举国体制，确定打赢关键核心技术攻坚战的路线图和时间表，列出重点产业链、战略行业及重要领域"卡脖子"技术清单，按照轻重缓急和难易程度等统一规划、分类突破。在这一过程中，既要发挥好政府在关键核心技术攻关中的组织作用，又要发挥好企业在科技创新中的主体作用。从制度建设上讲，就是要加快建立和完善支撑全面创新的基础性制度。有效的人才激励机制、知识产权保护制度和风险投资机制是形成支持全面创新的基础制度的三个要件，为此，要深化教育与人才体制改革，打通各种限制人才资源优势发挥的体制机制堵点，形成崇尚创新、尊重知识、注重人力资本价值的社会氛围；要补齐知识产权保护在法治建设上的短板，为科技创新营造良好的外在环境与发展条件；要深化金融供给侧结构性改革，着力解决创新型金融发展这一关键瓶颈，为突破关键核心技术瓶颈提供强大的风险资本支持，提高创新回报率和成功率。

三是统筹发展和安全，为建设现代化产业体系筑牢安全屏障。统筹发展和安全，有效防范化解重大风险，是建设现代化产业体系的必然要求。从产业发展视角看，近年来，世界经济不确定性不稳定性加大，全球产业链供应链体系面临重构，部分产业链供应链出现停顿、断裂、紊乱的风险增大，这些都给我国产业体系建设发展带来了空前挑战。迈上全面建设社会主义现代化国家新征程，必须处理好发展和安全的关系，努力实现高质量发展和高水平安全的良性互动。党的二十大报告对"推进国家安全体系和能力现代化，坚决维护国家安全和社会稳定"作出专章部署，鲜明提出"以新安全格局保障新发展格局"的战略要求。一方面，要完整、准确、全面贯彻新发展理念，坚持高水平对外开放，加快构建以国内大循环为主体、国内国际双循环相互促进的新发展格局，为产业结构调整和现代化产业链建设提供重要机遇，从而增强产业发展的接续性和竞争力。另一方面，要塑造有利于经济社会发展的安全环境，坚定不移贯彻总体国家安全观，在关系安全发展的领域加快补齐短板，提升战略性资源供应保障能力，确保国家安全和社会稳定，为传统产业优化升级、新兴产业加速培育、数字产业蓬勃发展营造良好的社会环境和市场环境。

三、现代化产业体系中主体产业的主攻方向

一般认为，现代化产业体系的主体内容包括发达的制造业、强大的战略性新兴产业、优质的服务业等。本文试图对现代化产业体系中一些主体产业的主攻方向进行探讨。

（一）制造业主攻方向：立足优势，全面提升产业链供应链现代化水平

制造业是实体经济的基础，也是现代化产业体系的重要领域。要立足我国制造业体系完备、产业链相对完整的整体优势，在锻长板与补短板上下功夫。一方面，充分发挥制造业产业规模优势、配套优势和部分领域先发优势，在重点优势领域积极锻造长板，推动传统制造产业向高端化、智能化、绿色化方向发展，提升传统制造产业竞争力。加快新一代信息技术与制造业深度融合，推动先进制造业集群发展，打造新兴产业链，以服务型制造业引领中国制造创新发展。另一方面，加快补齐制造业产业链供应链短板，实施产业基础再造工程，加大重要产品和关键核心技术攻关力度，发展先进适用技术，提高产业链现

代化水平。优化产业链供应链发展环境，强化要素支撑，加快完善国家质量基础设施，加强标准、计量、专利等体系和能力建设，全面提升产业链韧性和产品质量。此外，还应发挥各地区比较优势，优化生产力布局，推动重点制造业产业在国内外有序转移，支持制造业企业深度参与全球产业分工和合作，形成具有更高开放性、更强创新力、更高附加值、更安全可靠的产业链供应链。

（二）战略性新兴产业主攻方向：融合集群发展，前瞻谋划未来产业

战略性新兴产业是以重大技术突破和重大发展需求为基础，对经济社会全局和长远发展具有重大引领带动作用，成长潜力巨大的产业，既代表着科技创新的方向，也代表着产业发展的方向，是现代化产业体系的重要支撑。我国自2009年就开始布局战略性新兴产业。2010年10月，国务院下发了《关于加快培育和发展战略性新兴产业的决定》，明确节能环保、新一代信息技术、生物、高端装备制造、新能源、新材料、新能源汽车等七大战略性新兴产业。党的十八大以来，以习近平同志为核心的党中央高度重视战略性新兴产业发展。"十四五"规划在原有七大产业基础上增加了航空航天、海洋装备两大战略领域，党的二十大报告作出了"推动战略性新兴产业融合集群发展，构建新一代信息技术、人工智能、生物技术、新能源、新材料、高端装备、绿色环保等一批新的增长引擎"[1]的重要部署。值得注意的是，多年来，我国战略性新兴产业发展模式主要是追赶跨越，展望未来。为了更好抢抓新赛道、开辟新领域、培育新动能，需要前瞻布局未来产业，开启未来产业孵化与加速计划，强化基础研究和人才培养，加快面向未来新需求的市场培育和场景建设，努力抢占未来产业发展制高点。

---

[1] 《习近平著作选读》第1卷，人民出版社2023年版，第25页。

（三）现代服务业主攻方向：提质升级，营造良好的发展环境

现代服务业是现代化产业体系的重要组成部分，它是在信息技术的推动下，以人为本、以满足社会消费需求为导向的一种复杂、多样化的产业形态。生产性服务业是产业价值链上的战略制高点，建设现代化产业体系要靠生产性服务业赋能。要加快建设实体经济、科技创新、现代金融、人力资源协同发展的产业体系，推动生产性服务业向专业化和价值链高端延伸，加快发展研发设计、创新性金融、现代物流、法律服务等高端服务业，着力推动现代服务业同先进制造业、现代农业等深度融合，不断提升服务业的辐射带动能力和影响力。推动生产性服务业提质升级的同时，生活性服务业也应该迈向高品质、多样化。生活性服务业是指满足居民最终消费需求的服务活动，涵盖绝大部分政府承担全部或部分供给责任的公共服务内容。要加快发展健康、养老、育幼、文化、旅游、体育、家政、物业等公共性、基础性服务业，推进生活服务业标准化、品牌化建设，深化服务业供给侧结构性改革，进一步降低制度性交易成本，厘清市场与政府的边界，提升政务服务效能，大力激发市场主体活力，持续深化"放管服"改革，为服务业企业营造良好的发展环境。

（四）基础设施建设产业主攻方向：分类完善，强化对国家重大战略的支撑作用

基础设施建设是国民经济基础性、先导性、战略性、引领性产业，是一个社会赖以生存和发展的基本条件，是一个国家综合实力和现代化程度的重要标志，现代化基础设施体系是现代化产业体系的重要内容。2022年4月26日，习近平总书记主持召开中央财经委员会第十一次会议，对交通、能源、水利、信息、科技、物流等基础设施建设进行了分类部署，要求全面加强基础设施建设，构建现代化基础设施体

系，为全面建设社会主义现代化国家打下坚实基础。一是要完善综合运输大通道、综合交通枢纽和物流网络，加快城市群和都市圈轨道交通网络化，提高农村和边境地区交通通达深度，为交通强国建设注入不竭动力。二是要优化传统基础设施的结构与功能，提高传统基础设施与经济体系的匹配性，系统布局新型基础设施，加快第五代移动通信、工业互联网、大数据中心等建设，使其与传统基础设施有效对接与深度融合，高效发挥其在现代化产业体系中的枢纽作用。三是要完善能源产供储销体系，加快规划建设新型能源体系，加强重要能源、矿产资源国内勘探开发和增储上产，优化电力生产和输送通道布局，提升新能源消纳和存储能力。四是要加强水利基础设施建设，提升水资源优化配置和水旱灾害防御能力，推进重点水源、灌区、蓄滞洪区建设和现代化改造。

王小广，中共中央党校（国家行政学院）经济学教研部原副主任、教授

发展新质生产力的辩证法

曹 立

发展新质生产力是高质量发展的内在要求和重要着力点。2024年全国两会期间，习近平总书记在参加江苏代表团审议时强调，要牢牢把握高质量发展这个首要任务，因地制宜发展新质生产力；发展新质生产力不是忽视、放弃传统产业，要防止一哄而上、泡沫化，也不要搞一种模式。2024年3月，习近平总书记在湖南省长沙市主持召开新时代推动中部地区崛起座谈会上对加快发展新质生产力又提出了明确要求，强调要以科技创新引领产业创新，积极培育和发展新质生产力。习近平总书记强调的"因地制宜"，体现了马克思主义认识论和方法论，为我国不同地区结合自身优势发展新质生产力指明了方向。

"因地制宜"，既是基于对我国国情的准确把握，也是基于对新质生产力丰富内涵的深刻理解。发展新质生产力涉及科技创新、产业升级、组织管理、人才引育等多个层面，各地的资源禀赋、产业基础、科研条件等又存在差异，发展新质生产力的打法也会不尽相同。不能忽视产业规律和自身条件盲目推动，要坚持一切从实际出发，实事求是，探索符合自身实际的新质生产力发展之路。

因地制宜发展新质生产力要向"质"提升。发展新质生产力不是把传统产业与新质生产力对立起来，也不是一味发展新兴产业而忽视甚至放弃传统产业，而是要"先立后破"，在稳住基本盘的基础上推动传统产业改造升级。传统产业一般指纺织服装、食品、钢铁、建材、机械、化工、汽车等产业，这些产业具有带动效应强、产业规模大、企业数量多、国际市场占有率高等特征。相较于新兴产业，传统产业是我国国民经济的"基本盘""压舱石"，对稳就业发挥着不可替代的作用。传统产业不等于落后产业、夕阳产业，通过创新技术改造的传统产业也是发展新质生产力的重要领域。一方面，传统产业是形成新质生产力的基础。不少传统产业经过技术改造成为培育新质生产力的主阵地。不仅如此，传统产业与新兴产业密不可分、互为促进。传统产业改造升级所需的新技术、软硬件等，为新兴产业发展提供了强大的市场和动能；新兴产业发展也依赖传统产业提供的原材料、零部件等支撑。新质生产力缺少传统生产力的哺育，就成了无源之水、无本之木。另一方面，转型升级是传统产业激发新质生产力的关键。在要素成本上升、资源约束趋紧等大背景下，传统产业只有依靠高科技、高效能、绿色化摆脱传统经济增长方式和生产力发展路径，实现产业深度转型升级，才能重塑竞争新优势。在实践中，加快数字经济与传统产业的融合发展，发挥数字技术的赋能作用，将其应用于传统产业的各个环节和关键节点，弥补传统产业的发展短板，通过融合激发产业发展的新动能，促进传统产业形成新的"技术—经济范式"，实现从量变到质变、由产业到产业集群的突破，引领产业结构朝着"向上""向优""向绿"的高级化方向迈进，催生新的经济增长点，推动传统产业迈上新的台阶，更好满足多元化的市场需求。

因地制宜发展新质生产力要向"新"前行。新质生产力并不简单等同于新发明和新技术，新质生产力之"新"，核心在于结合地方创新、资源优势以科技创新推动产业创新，将科学发现和发明的技术应用到具体产业上，不断创造新价值。战略性新兴产业与未来产业是发展新质生产力的重要载体。战略性新兴产业处在科技和经济发展前沿，对经济社会的长远发展具有重大引领作用，在很大程度上决定着一个国家或地区的综合实力特别是核心竞争力。发展战略性新兴产业重点聚焦新一代信息技术、新能源、新材料、高端装备、新能源汽车、绿色环保、民用航空、船舶与海洋工程装备等领域。未来产业代表科技创新和产业发展的新方向，重点聚焦元宇宙、脑机接口、量子信息、人形机器人、生成式人工智能、生物制造、未来显示、未来网络、新型储能等领域。可见，发展新质生产力，重点在于提升自主创新能力，全面提升产业自主创新能力，夯实自主技术体系的"技术底座"。只有进一步全面深化改革，不断破除体制机制性束缚，打通发展新质生产力的堵点卡点，才能培育发展新质生产力的新动能。从技术层面看，关键核心技术能够沿着技术创新链迅速带动产业创新，进而形成新质生产力；从产业层面看，新技术形成的产业往往具有全新的工艺流程和新的装备，促使传统产业经过技术、流程改造，使传统产业发生质的变化。当前，以数字技术为代表的新一轮科技革命和产业变革正蓄势待发，我国在人工智能、新能源、5G通信、量子计算等技术领域已经取得了突出的成绩，在数据积累、算法优化和应用场景培育等方面有独特的优势，要整合科技创新资源，加快从技术变革到产业变革转化，培育战略性新兴产业。健全新型举国体制，强化国家战略科技力量，优化配置创新资源引导和组织优势力量，下大力气解决一批"卡脖子"问题，加快突破基础软硬件、先进材料、核心零部件等方面的瓶颈制约，努力实现关键核心技术自主可控。同时，超前部署前沿技术和颠覆性技术研发，为解决事关长远发展的问题提供战略性技术储备。

因地制宜发展新质生产力要向"实"发力。发展新质生产力要求防止一哄而上，问题的关键在于不是"不要上"，而是"如何上""怎么上""重点上什么"。总的来说，发展新质生产力的重要着力点要放在推动实体经济发展上，大力推进新型工业化。工业是立国之本、强国之基，工业化是现代化的引擎和基础。从发展方向和驱动力来看，新型工业化与新质生产力具有一致性，新型工业化是发展新质生产力的主要领域，新质生产力又提升了我国制造业的创新能级和规模能级，进而夯实现代化产业体系的根基。因此，推进新型工业化的过程本身就是新质生产力的形成过程。一方面，数字作为一种信息载体被广泛应用在新型工业化推进过程中，为加快形成并发展新质生产力提供技术支撑。大数据、人工智能、5G等数字技术的规模化运用，提升了新型工业化的产业水平，构建更为高效、更为绿色的产业链、供应链，突破核心产业技术瓶颈，让数字生产力赋能工业生产力形成新质生产力。另一方面，数据本身作为一种新型生产要素渗透到工业设计、生产、流通等整个环节，能够与其他生产要素融合，形成不同的生产要素组合方式，对资源配置进行优化和重组，扩展传统生产力的效率边界，推动工业生产由低端产品向高端产品升级，催生更具融合性、创新性、先进性、安全性的新质生产力。目前，我国工业仍处于由大向强、爬坡过坎的关键时期，还有很多短板弱项要解决。要着力推进信息化与工业化深度融合，巩固提升信息通信业的竞争优势和领先地位，适度超前建设5G、算力等信息设施。继续推动工业互联网规模化应用，促进制造业数字化、网络化、智能化发展，分类推进制造业数字化转型，开展"人工智能+"行动，推动人工智能赋能新型工业化。

曹立，中共中央党校（国家行政学院）经济学教研部副主任、教授

在高水平对外开放中发展新质生产力

吴志成

习近平总书记强调："要扩大高水平对外开放，为发展新质生产力营造良好国际环境。"①改革开放以来，中国坚持对外开放的基本国策，从兴办经济特区的开放创举到筑牢全方位、多层次、宽领域的全面开放格局，从"复关""入世"的漫长谈判到连续多年保持世界第一大货物贸易国地位，中国对外开放取得举世瞩目的历史性成就。历史和实践证明，对外开放是解放与发展生产力的重要法宝，是中国实现跨越式发展的关键一招，也是推动中国式现代化稳健前行的必由之路。在中国特色社会主义迈步新时代的历史征程中，我们更应充分发挥以开放促改革促发展的作用，以高水平对外开放激活新质生产力的发展动能，不断开创中国式现代化建设的新局面。

一、对外开放促进生产力发展的基本逻辑

"开放是人类文明进步的重要动力，是世界繁荣发展的必由之路。"②伴随经济全球化的不断深入，对外开放通过直接作用和间接驱动

---

① 《习近平在中共中央政治局第十一次集体学习时强调 加快发展新质生产力 扎实推进高质量发展》，《人民日报》2024年2月2日。

② 习近平：《共创开放繁荣的美好未来——在第五届中国国际进口博览会开幕式上的致辞》，《人民日报》2022年11月5日。

两种方式促进生产力发展。具体来说，对外开放以劳动者、劳动资料、劳动对象等生产力诸要素融通进步及其优化组合直接作用于生产力发展，并通过制度变革、体制改革和机制调整等生产关系变革带动生产力发展的间接驱动，为促进生产力发展提供充足动能。

促进生产要素的优化配置，以提高劳动生产率增强发展的推动力。关于对外开放与经济增长的关系问题，无论是中国古代思想家倡导自由贸易促进经济增长的"淮南子—司马迁"定理，还是马克思主义政治经济学强调国际交换的共赢性价值，或是大卫·李嘉图提出生成劣势与交换优势的"比较优势理论"，古今中外的经济学思想都论述了对外开放促进国家繁荣发展的深刻道理。[1]生产力作为推动人类社会发展前进的动力源泉和决定力量，是指具有劳动能力的人和生产资料相结合形成的认识与改造自然的能力，以劳动者、劳动资料、劳动对象等生产力构成要素的融通发展为基本内涵，以劳动生产率的提高为核心标志。对外开放通过人力资源积累、推动技术进步以及加速专业化分工，推动生产力诸构成要素的创新性配置，以不断提高的劳动生产率引领生产力的飞速发展。[2]实施对外开放有助于打破生产力发展的封闭边界，促使国家、企业、个人等多元经济主体进入世界市场体系，并通过市场机制实现不同生产主体的专业化分工，促进多种生产要素的优化配置。同时，在生产全球化持续加速的过程中，对外开放能够充分发挥科学技术的流动性特征，通过技术扩散的被动影响与先进技术的主动学习，促进生产力全要素技术水平的更新发展，推动劳动者的复合型转变、劳动对象的综合型转变、劳动资料的知识

---

[1] 张宇燕：《中国对外开放的理念、进程与逻辑》，《中国社会科学》2018年第11期。
[2] 张宇燕、徐秀军：《坚持对外开放 推动经济高质量发展》，《光明日报》2019年1月29日。

型转变，[①]从而实现生产力的发展进步。

拓展资源配置的空间范围，以全球资源配置能力提升发展的持续性。全球资源配置能力是指在全球范围内集聚和配置资金、信息、技术、人才等要素资源的能力，反映了一个国家利用全球资源实现自身发展的能力水平。从世界现代化规律看，国家发展的经济本质就是持续获取全球资源配置能力，对外开放的关键作用也在于通过国际国内两个市场、两种资源的联动效应，为世界经济的繁荣稳定和自身经济的持续发展提供动能支撑。国家间生产要素的禀赋差异使得国际贸易具备可能性与必要性，通过对外开放实现全球范围内的资源优化配置也成为推动生产力发展的重要路径。在各国经济联系日益紧密的全球化阶段，世界各国的资源禀赋、产业基础、科研条件等生产要素存在相对差异。通过实施对外开放，能够拓展生产力发展所需的资源配置范围，引进发展所需的资金、技术、人才等高端要素和短缺资源来补足相对劣势，从而在世界贸易的发展繁荣中实现自身经济的持续进步。反之，如果以单边主义和保护主义人为割裂国内与国际市场的互动联系，将生产要素的配置范围局限在特定国家或地区，不仅导致并加剧全球经济衰退，还会阻碍本国生产效率与资源配置能力的增强。无论是经济大萧条时期贸易保护主义诱发的社会危机与战争冲突，还是当前一些国家构筑"小院高墙"、强推"脱钩断链"、鼓噪供应链"去风险"带来的国际贸易秩序紊乱，全球贸易发展与国家经济增长的互动历史都证明开放合作是促进生产力发展的重要动力。

推动体制机制改革，以生产关系的适应性调整打通发展的堵点卡点。生产关系包括生产资料所有制关系、产品分配关系和人与人的关

[①] 高煜：《新质生产力：实体经济高质量发展新方向》，《中国社会科学报》2024年1月3日。

系，生产关系的适应性调整表现为体制机制的深层次变革。在国家参与经济全球化的过程中，开放与改革是不可分割、相互促进的统一体，以扩大开放促进深化改革，并在更高水平开放的基础上推进更深层次改革，通过改革与开放相互促进的螺旋式上升过程，充分发挥改革开放对于生产力发展的牵引作用。一方面，对外开放有助于国内市场主体学习世界先进的发展理念、管理方式和治理规则，加快建设与国际标准相衔接的规则和制度体系。另一方面，深化改革有助于破除阻碍生产要素创新性配置的体制机制，以高标准的制度建设、规则衔接、机制对接带动生产关系的适应性调整，打通束缚生产力发展的堵点卡点，推动先进生产要素向生产力发展顺畅流动。历史地考察，中国明朝与英国几乎在同一时期出现资本主义萌芽，但在重商主义与重农抑商的经济政策、宗教改革带来人的自由解放与宋明理学压抑下的个体湮没、民主革命推动下的经济体制改革与封建专制强化背景下小农经济固化的对比中，生产关系能否为生产力发展进行适应性调整，也成为两国生产力发展水平出现差距的重要因素。

二、中国对外开放发展生产力的重要成就

改革开放以来，中国坚定奉行互利共赢的开放战略，实现了从封闭半封闭到全方位对外开放、从世界经济体系的边缘者到参与者、从经济全球化的追随者到引领者的伟大历史转折。在中国经济与世界经济深度交融的过程中，资金、技术、人才等先进生产要素不断聚集，市场经济体制和对外开放机制日益完善，以开放促改革、促发展成为中国经济不断迈向新台阶的重要法宝。

从贫穷落后到世界第二大经济体，国民经济持续快速健康发展。我国经济在互利共赢的对外开放中迸发出强劲活力，生产力与生产关

系的适配共进带动国民经济实现跨越式发展，开放成为推动我国经济与世界经济繁荣增长的最大引擎。一是经济总量不断跃升。2010年我国国内生产总值接近40万亿元，超过日本成为世界第二大经济体。2023年我国国内生产总值是2010年的3倍多，达到126万亿元，占世界经济份额的17.2%，稳居世界第二位。[1]二是经济持续快速增长。1978年至2017年我国国内生产总值增长33.5倍，年均增长9.5%，是同期世界经济年均增速的3倍多。2013年至2021年我国对世界经济增长的平均贡献率达到38.6%，超过七国集团国家贡献率的总和。[2]在世界经济复苏乏力的后疫情时代，2023年我国国内生产总值增长5.2%，对世界经济增长的贡献率达到32%，[3]充分展现了我国经济发展的强大韧性与向好运行态势。三是人均国内生产总值不断提高。1978年我国人均国内生产总值仅为同期印度的2/3，是当时世界上典型的低收入国家。2019年，我国人均国内生产总值突破1万美元大关，[4]稳居世界中等收入国家行列，不断接近高收入国家门槛。四是外汇储备大幅增长。1978年至2023年，我国外汇储备从1.67亿美元增长到3.2万亿美元，[5]从位居第38位到连续18年稳居世界第一大外汇储备国，[6]筑牢促进国际贸易、维护金融稳定的强大能力基础。五是创造了世界上规模最大、速度最快的减贫奇迹。从世界上贫困人口最多的国家到2020年7.7亿农村贫困人口摆脱贫困，我国减贫人口达到同期全球减贫人口70%以上，[7]全面消除绝对贫困是以开放促发展的时代例证。

---

[1] 《2023年全年国内生产总值同比增长5.2%》，《人民日报》2024年1月18日。
[2] 《为全球发展带来更多新机遇》，《人民日报》2023年5月12日。
[3] 林晨：《如何看待支撑我国经济增长的潜力和动力》，《学习时报》2024年4月10日。
[4] 《"中国经济具有蓬勃生机和巨大潜力"》，《人民日报》2022年8月1日。
[5] 《我国国际收支运行总体稳健》，《人民日报》2024年3月30日。
[6] 《中国外储重返3.2万亿美元 连续18年世界第一》，《证券时报》2024年1月8日。
[7] 《为世界和平发展增添新动力》，《人民日报》2022年12月6日。

从落后农业国到世界第一制造业大国，产业结构发生深刻调整。经过40多年的改革开放，我国制造业在成本优势、品类优势和速度优势的共同推动下，规模不断扩大、核心竞争力显著增强，"由大向强"成为中国制造业发展成就的真实写照。一是制造业体量居全球首位，国际影响力和竞争力持续提升。2023年我国制造业增加值较2012年将近翻番，达到33万亿元，占全球比重30%左右，连续14年位居全球首位。[①]在世界500种主要工业品中，我国有超过40%的产品产量位居世界第一，2022年世界制造业企业500强榜单中的我国企业入围率达到13%。[②]二是制造业增速稳居主要经济体前列，第一制造业大国地位稳固。2012年至2021年，我国制造业增加值从16.98万亿元增加到31.4万亿元，占全球比重从20%提高到近30%，[③]成为推动全球制造业持续增长的重要引擎。按照国民经济统计分类，我国制造业是全球产业门类最齐全、产业体系最完整的制造业，也是唯一拥有联合国产业分类中全部工业门类的国家。[④]三是产业结构不断优化升级，新旧动能转换换挡提速。近年来，在数字化、智能化等重大创新成果的推动下，一大批高端化、数字化、绿色化的新型支柱产业快速崛起，中国制造加快向中国"智"造转变。新技术、新产业、新业态、新模式不断涌现，成为我国制造业发展提质升级的生动写照。

从相对封闭到全球货物贸易第一大国，对外贸易发展成绩斐然。我国积极把握经济全球化机遇，充分利用国际国内两个市场，实现了从封闭半封闭的全球贸易边缘者到连续7年保持世界第一货物贸易国

---

① 《我国制造业总体规模连续14年保持全球第一》，《人民日报》2024年1月22日。
② 《我国四成以上主要工业产品产量世界第一》，《人民日报》2022年6月26日。
③ 《现代产业体系迈出坚实步伐》，《人民日报》2022年10月11日。
④ 《中国大市场观察》，《人民日报》2024年3月3日。

地位的转变。2023年，我国货物进出口总额超过41万亿元，①连续7年领跑全球货物贸易榜单；实际使用外商直接投资额1633亿美元，吸引外资总量占全球比重保持在10%以上，连续多年成为全球第二大外资流入国。数字贸易、跨境电商等新业态蓬勃发展，对外贸易新动能茁壮成长。2022年，我国可数字化交付的服务贸易规模较2018年增长78.6%，达到2.5万亿元，跨境电商进出口规模较2020年增长30.2%；②2022年我国电子商务销售总额达45万亿元，成为全球规模最大、最具活力的电子商务市场。③自由贸易试验区创新成果丰富，多领域开放水平已超入世承诺。2013年以来，我国已在全国设立22个自贸试验区，形成了从沿海到内陆、沿边，从东南到西部、北部，从广度开放、深度开放到全面开放的格局。在开放市场方面，我国大幅度降低关税，进口关税总水平已经由15.3%降至7.4%，低于9.8%的入世承诺。④2007年，服务领域的开放承诺已经完全履行，实际开放约120个分部门。⑤

从技术弱国进入创新型国家行列，科技实力和整体水平显著增强。在互利共赢开放战略引领下，我国着眼全球谋划和推动科技创新，实施创新驱动发展战略和人才强国战略，创新能力和竞争实力不断提升，整体科技实力发生历史性变化。一是创新投入力度加大，创新能力不断跃升。2012年至2022年，我国全社会研发投入从1.03万亿元增长到3.09万亿元，研发投入强度从1.91%增长到2.55%，⑥不断向创新型国家前列方阵进军。截至2023年，我国人才资源总量、科技人力资源、研

---

① 《加快建设贸易强国》，《人民日报》2024年1月18日。
② 《携手将数字贸易打造成为共同发展的新引擎》，《人民日报》2023年11月25日。
③ 数据来源：中华人民共和国商务部发布的《中国数字贸易发展报告（2022）》。
④ 刘江宁：《实行高水平对外开放》，《人民日报》2022年3月24日。
⑤ 《中国守信践诺赢得普遍认可》，《人民日报》2021年10月29日。
⑥ 《数据见证新时代伟大成就》，《人民日报》2023年12月13日。

发人员总量均居全球首位，全球创新指数排名从2012年的世界第34位上升至第12位，进入创新型国家行列。[①]二是专利申请数和发明专利数大幅增加，重大创新成果竞相涌现。截至2023年，我国发明专利有效量为499.1万件，每万人口高价值发明专利拥有量达11.8件，成为世界首个国内有效发明专利数量突破400万件的国家。[②]"北斗"导航全面开通、"羲和"探日进展顺利、"人造太阳"持续"燃烧"、量子计算加速升级，从5G到人工智能，从区块链到量子通信，从物联网到机器人，一系列全球领先的重大科技成果不断涌现，科技创新进步引领产业升级。三是战略性新兴产业迅速崛起，新的增长点与增长极快速形成。目前，我国的新能源发电装机量、新能源汽车产销量、智能手机产量、工业机器人产量、海洋工程装备接单量等均位居全球第一，在新一代移动通信、光伏、高铁、基因测序、纳米技术等新兴领域也具备世界领先的研发水平和应用能力。

三、以高水平对外开放促进新质生产力发展

改革开放创造了我国经济高速发展与社会长期稳定的奇迹，对外开放成为解放与发展生产力的不竭动力。同时，制约高质量发展的因素大量存在，发展新质生产力也面临许多挑战。高水平对外开放既涉及新质生产力诸构成要素的创新性发展，也涉及制度变革、体制改革和机制调整等新型生产关系的适应性调整，对发展新质生产力至关重要。迈上新的历史征程，必须坚持以高水平对外开放促进新质生产力发展，以中国式现代化全面推进中华民族伟大复兴。

统筹高质量发展和高水平安全的互动关系。安全是发展的前提，

---

① 黄茂兴：《以科技创新培育和发展新质生产力》，《人民日报》2024年4月3日。
② 《知识产权强国建设加快推进》，《人民日报》2024年1月17日。

发展是安全的保障，安全和发展要同步推进。[①]伴随全球化深刻调整与世界百年未有之大变局加速演进，影响国家安全的国内外因素交织渗透，外部风险和挑战整体呈上升趋势，在确保安全的前提下扩大开放并实现高质量发展的任务艰巨。如何在维护好国家安全的同时，将对外开放的风险降到最低，是推动高水平对外开放必须解决的重要问题。"越开放越要重视安全，越要统筹好发展和安全"[②]。因此，在推进高水平对外开放过程中，尤其要把握好开放与发展、开放与安全的关系，坚持高质量发展和高水平安全良性互动，有效防范和化解影响我国现代化进程的重大风险，不断扩大高水平对外开放促发展强安全，在高水平对外开放中实现高质量发展与国家安全的动态平衡。要着力增强开放竞争力，以开放增实力防风险，以高水平开放务实推进区域性、全球性合作，为统筹发展和安全赢得更大战略回旋空间。增强底线思维与危机意识，坚守安全开放底线，完善外资安全审查、反垄断审查等制度，建立以安全可控为核心的风险管理体系和产业损害预警体系。

稳步扩大制度型开放。随着国际发展环境和国内发展要素禀赋的变化，扩大制度型开放既是推动高水平开放的重大举措，也是发展新质生产力、实现高质量发展的必要条件。推动制度型开放，就是要在推动生产要素和商品跨境流动自由化、便利化的过程中，充分发挥市场在资源配置中的决定性作用，加快破除阻碍新质生产力发展的制度壁垒和政策藩篱，为发展新质生产力提供坚实的制度保障与良好的制度环境。中国不断推动商品贸易自由化和要素流动便利化进程，在商品要素流动型开放上已经取得显著成效。在全球经贸规则处于变革重构的关键期，高质量发展要求经贸规则由传统的关税等边境措施转向

[①] 习近平：《在网络安全和信息化工作座谈会上的讲话》，《人民日报》2016年4月26日。
[②] 习近平：《在经济社会领域专家座谈会上的讲话》，《人民日报》2020年8月25日。

规则、规制、管理、标准等边境后措施,从以"边境开放"为主的商品要素流动型开放转向强调"边境后开放"的制度型开放。因此,稳步扩大制度型开放应主动对标国际高标准经贸规则,建立健全不同领域、不同地区、不同国家的规则对接与协调机制,加速国内规则与国际规则有效衔接。同时,还应发挥各类开放平台的先行先试和引领作用,以自贸试验区、服务业综合试点、自由贸易港建设为依托,构建国际高标准的制度体系和监管模式,营造市场化、法治化、国际化一流营商环境。[1]

构建开放创新生态。科技创新能够催生新产业、新模式、新动能,是发展新质生产力的核心要素。[2]改革开放历程表明,开放是促进科技创新的有效路径,也是抓住新一轮科技革命重大机遇的必然选择,能够为发展新质生产力提供充足的动能支撑。构建开放创新生态,就是要坚持走开放式创新之路,以扩大开放造就更多竞争压力和合作助力,倒逼国内主体顺应全球科技创新大势、提升自主创新能力,全面融入全球创新网络,助推我国整合利用全球创新资源、主动补上关键核心技术短板,推动实现科技自立自强。各国应该加强创新合作,推动科技同经济深度融合,加强创新成果共享,努力打破制约知识、技术、人才等创新要素流动的壁垒,支持企业自主开展技术交流合作,让创新源泉充分涌流。[3]构建开放创新生态必须有效统筹自主创新与开放创新的互动关系,打好关键核心技术攻坚战,加快实现高水平科技自立自强,提升发展新质生产力的科技供给能力与创新支撑能力。在重点

---

[1] 顾学明:《以高水平对外开放促进高质量发展》,《求是》2024年第4期。
[2] 《习近平在中共中央政治局第十一次集体学习时强调 加快发展新质生产力 扎实推进高质量发展》,《人民日报》2024年2月2日。
[3] 习近平:《开放合作 命运与共——在第二届中国国际进口博览会开幕式上的主旨演讲》,《人民日报》2019年11月6日。

产业和战略性新兴产业领域创新核心关键技术，形成一批具有自主知识产权和规模化应用前景的科技成果，推动科技创新与产业创新相互促进、同频共振，加快科技成果向新质生产力转化的速度。人才是科技创新活动中最活跃、最积极的因素，也是发展新质生产力的重要资源。在加强创新人才自主培养体系基础上，坚持"育才"与"引才"相结合的策略，以更加开放的人才政策开展海外创新人才引进工作，为培育和发展新质生产力汇聚更多人才资源。同时，主动融入全球创新网络，在开放合作中提升自身科技创新能力，加强国际科技交流合作，积极支持科技、教育领域的国际交流，广泛吸收人类文明创新成果。深度参与全球知识产权治理，推动知识产权国际规则和标准的发展完善。

　　加快形成国内国际双循环发展格局。构建以国内大循环为主体、国内国际双循环相互促进的新发展格局，是实现高水平对外开放的应有之义，也是发展新质生产力的必然要求。以国内大循环为主体，绝不是关起门来封闭运行，而是通过发挥内需潜力，使国内市场和国际市场更好联通，更好利用国际国内两个市场、两种资源，实现更加强劲可持续的发展。[①]面对经济全球化深化背景下国际市场的变化，面对美西方国家频繁发起的贸易保护主义行径，面对拥有强大韧性与活力的国内市场需求，必须以更高水平的对外开放引领国际国内两个市场、两种资源，造就更为强大的国内经济循环体系和更为稳固的基本盘，打破国内和国际循环体系之间的藩篱和壁垒，提升与世界经济联系的水平和层次，在国内国际双循环的提质升级和"以内领外、以外促内"的良性互动格局中，为解放和发展新质生产力提供支撑。一方面，着力扩大国内需求，增强国内大循环的动力根基。激发信息消费、

---

① 习近平：《在企业家座谈会上的讲话》，《人民日报》2020年7月22日。

服务消费、时尚消费等传统消费与大宗消费的持续增长潜能，培育数字消费、绿色消费、健康消费等新型消费增长点，构建全国统一大市场，挖掘中西部地区消费潜能。另一方面，提升国际循环的质量和水平。充分发挥我国超大规模市场比较优势，推动优质要素、优质商品、优质服务的自由流动，加速培育外贸新动能，以强大的全球资源配置能力引导国内大循环向更高层次跃升。

推动建设开放型世界经济。这是推动高水平对外开放的重要目标，也是塑造发展新质生产力外部环境的必然要求。近年来，单边主义、保护主义、"小院高墙"、"脱钩断链"大行其道，特别是针对我国高科技企业的封锁制裁，严重破坏国际经贸规则和多边经贸秩序。促进我国高水平开放和高质量发展、推动世界经济繁荣发展，都需要统筹好我国开放与世界开放的关系，加快构建开放型世界经济，推动经济全球化朝着更加开放、包容、普惠、平衡、共赢的方向发展。我们应该坚持以开放求发展，深化交流合作，坚持"拉手"而不是"松手"，坚持"拆墙"而不是"筑墙"，坚决反对保护主义、单边主义，不断削减贸易壁垒，推动全球价值链、供应链更加完善，共同培育市场需求。[①]加强各国宏观政策协调，持续深化双多边经贸合作，通过双边合作、三方合作、多边合作等各种形式，筑牢更高质量、更宽领域和更深层次的国际经贸合作格局。坚持以高标准、可持续、惠民生为目标推动"一带一路"高质量发展，充分发挥这一合作平台对于国际经贸发展的引领作用。秉持共商共建共享原则，积极参与全球经济治理，不断增加新兴国家和发展中国家在全球多边机制的代表性和发言权。

开放带来进步，封闭导致落后。当前，世界进入新的动荡变革期，

---

① 习近平：《开放合作　命运与共——在第二届中国国际进口博览会开幕式上的主旨演讲》，《人民日报》2019年11月6日。

全球发展面临诸多困难和挑战，制约高质量发展的因素依然存在，但以高水平开放促进新质生产力发展仍然是战胜风险挑战的重要法宝和关键一招。正如习近平总书记所指出："当前，经济全球化遇到一些回头浪，但世界决不会退回到相互封闭、彼此分割的状态，开放合作仍然是历史潮流，互利共赢依然是人心所向。"[1]纵观人类发展历史，开放始终是一个国家、一个民族繁荣发展的必由之路，也是人类社会发展前进的重要依托。经过40多年的改革开放，我国综合国力实现跨越式发展，对外开放水平大幅提升，完全有基础、有底气、有信心、有能力站在历史正确一边，站在人类文明进步一边，坚持对外开放的基本国策，践行互利共赢的开放战略，推动构建开放型世界经济，以高水平对外开放发展新质生产力，携手世界人民共同开创人类更加美好的未来。

吴志成，中共中央党校（国家行政学院）国际战略研究院副院长、教授

---

[1] 习近平：《在浦东开发开放30周年庆祝大会上的讲话》，《人民日报》2020年11月13日。

加快发展新质生产力
进一步全面深化改革

郭 强

创新在我国现代化建设全局中居于核心地位，新质生产力是创新起主导作用的先进生产力质态，加快发展新质生产力是推进中国式现代化这一新时代中心任务的重中之重。习近平总书记在二十届中央全面深化改革委员会第一次会议上强调，实现新时代新征程的目标任务，要把全面深化改革作为推进中国式现代化的根本动力。习近平总书记在中共中央政治局第十一次集体学习时强调，发展新质生产力，必须进一步全面深化改革，形成与之相适应的新型生产关系。可以说，进一步全面深化改革是加快发展新质生产力的根本动力。

一、新质生产力和中国式现代化

习近平总书记提出的新质生产力是马克思主义政治经济学的重要创新概念，深刻揭示了21世纪初以来人类生产力大创新大发展的性质。人类社会发展迈入世界历史阶段以来，经历了四次生产力代际革命。第四次科技革命和产业变革推动了新的生产力质变，形成了新一代先进生产力。

生产力的本源是人，人作为生产力主体，主要从体力、技巧、智识三方面表现出自己的生产能力。人类历史上的全部生产力进步都是人类将自己的体力、技巧、智识外化为特定的工具，所以生产工具表征着人类生产力的发展程度。对应人的三方面能力，生产工具包括动力机、操作机（含传送机）、控制机三大类，人类的科技和产业革命集中表现为动力机、操作机、控制机的质变和跃升。

第一次工业革命主要表现为动力端的蒸汽机革命，操作端的纺织机革命、火车革命等。第二次工业革命主要表现为动力端的发电机、内燃机革命，操作端的电灯革命、化学革命和汽车革命等。第一次和第二次工业革命的重点是动力机革命。第三次科技和产业革命则不仅有动力端的核能革命，操作端的电子革命、航天革命、生物技术革命等，而且第一次在控制端爆发了计算机革命并成为第三次革命的主力。

21世纪，人工智能和大数据技术快速发展，第四次科技和产业革命全面爆发。一方面，数字技术向通用人工智能（AGI）发展。业内专家预测，AGI将在5年内实现。AGI意味着机器的认知能力达到完美，基本可以模仿人类的全部行为，并具备自主从数据中学习、解决问题的能力。此后AGI还存在迈向超级人工智能的可能。人工智能不仅是控制端的根本革命，而且会使得操作端全面自动化。人类几乎全部退出一般的体力劳动和脑力劳动行列。另一方面，人工智能带来空前巨大的能源需求。OpenAI公司（美国人工智能研究公司）创始人阿尔特曼认为，未来AI技术的发展将高度依赖于能源，特别是光伏和储能技术的进步。英伟达公司创始人黄仁勋表示，AI的尽头是光伏和储能，以目前计算机的速度，我们需要14个不同的行星、3个不同星系、4个太阳为这一切提供燃料。新能源革命除了光伏、储能，更重要的是看到希望的可控核聚变，而人工智能极大加速了可控核聚变的研究。第四次革命是最深刻、最重大的科技革命和产业变革，是人类生产能力最宽广的延伸、最全面的提升，更是人类最特殊的能力——智识能力最重大的革命。

中国要在新一轮科技革命和产业变革的浪潮中推进中国式现代化，聚焦加快发展新质生产力是高瞻远瞩的战略抉择。如果不能加快发展新质生产力，不仅无法满足人民日益增长的美好生活需要，还会在激烈竞争、动荡变革的国际格局中陷入被动局面。

二、新质生产力和新型生产关系

新质生产力需要新型生产关系相配合，作为21世纪科学社会主义的新时代中国特色社会主义，一个极为重大的使命就是坚持守正创新，将数字技术与社会主义有机结合，推进中国式现代化，为人类对更好社会制度的探索提供中国方案。

一是积极探索数据社会所有制，破解新质生产力的所有制难题。数据是关键生产要素，但是传统所有制模式已不能适应这一新质生产力要素发展的需要。数据从源头上大多数属于个人和法人，如果坚持传统的私有制模式，分散的数据就难以成为大数据，无法成为有效生产要素。国家有监管数据安全的责任，如果采用传统的国有制，则数据要素不易高效配置。数据需要通过网络、平台的运算才能发挥巨大威力，如果默认、默许数据被平台公司占有，则必然会助长数据垄断和对数据原始所有者的反向控制。所以，需要探索新型生产关系，即数据社会所有制，首先要承认、尊重原始数据的个人和法人所有权、隐私权、收益权；其次要尊重国家对数据安全的监管权；最后要合理安排数据存储、运算公司的数据经营权、收益权。

二是将人工智能对劳动力的大规模替代所可能引发的失业恐慌，引向减少全社会必要劳动时间。人工智能成熟后，一个人能代替10个人，大多数体力劳动和一般性的脑力劳动将被人工智能取代。从科学社会主义的角度看，人工智能可以把人从繁重的劳动中解放出来，把人从对物的依赖中解放出来，使人更可能地自由全面发展。马克思、恩格斯的社会主义理想是"直接把社会必要劳动缩减到最低限度，那时，与此相适应，由于给所有的人腾出了时间和创造了手段，个人会在艺术、科学等等方面得到发展"①。也就是说，新一轮科技革命和产业变革从根本上来说，是有利于社会主义发展的，可以创新社会劳动模式，可以减少劳动时间。

三是基于全人类共同价值和全人类共同利益，推动建立人工智能全球治理机制，确保人工智能的发展符合全人类利益。其中，既包括全人类安全利益，也包括全人类发展利益，力争以数字社会主义克服数字资本主义的弊端，保障人民的数据权益，实现人民共享数字红利。

三、发展新质生产力必须进一步全面深化改革

要形成与新质生产力相适应的新型生产关系，必须进一步全面深化改革。要坚持用改革开放这个关键一招应对新一轮科技革命和产业变革的挑战、应对外部的"脱钩断链""小院高墙"；要坚持以全面深化改革为推进中国式现代化的根本动力，充分调动各方面的创新积极性。

一是要进一步深化经济体制改革，创新生产要素配置方式，让各类先进优质生产要素向发展新质生产力顺畅流动。其中的要害是打碎所有制壁垒、地方保护壁垒和其他一切人为设置的壁垒，充分发挥市场在资源配置中的决定性作用，让市场去充分调动积极因素、配置创新资源。习近平总书记指出："更好发挥政府作用，不是要更多发挥政府作用，而是要在保证市场发挥决定性作用的前提下，管好那些市场

---

① 《马克思恩格斯选集》第2卷，人民出版社2012年版，第784页。

管不了或管不好的事情。"[①] 政府的首要作用不是去调控市场、指导创新，而是"保证市场发挥决定性作用"。新型举国体制必须是社会主义市场经济条件下的关键核心技术攻关机制。要改变"政府一定要引领市场"的传统观念。市场的试错成本比政府低，容错机制比政府活，市场能够发现创新方向，但是市场有时候会因为缺资源、难赚钱而却步，政府可以"跟投""买单"。

二是要进一步改革教育、科技、人才体制，为创新人才培养、人才推动创新创造足够宽松、足够顺畅、足够激励的体制和文化环境。其中的要害是全方面、全链条地打破行政化、等级制、身份制（各种"帽子"）等泛官僚主义体制机制，真正树立创新第一标准、市场第一考官理念。打破传统公有制观念，健全要素参与收入分配机制，特别是各种公立、公有单位的要素参与收入分配机制，激发劳动、知识、技术、管理、资本和数据等生产要素活力，更好体现知识、技术、人才的市场价值。

三是要扩大高水平对外开放，为发展新质生产力营造良好国际环境。独立自主、自立自强绝不意味着新的闭关自守。我们一定要明白一个道理，即安全的根基是发展，不发展就不安全，越发展就越安全，越高质量发展就越高水平安全。中国式现代化的发展空间必须在全世界，发展新质生产力的平台必须在全世界。要坚定不移深度参与全球科技—产业分工和合作，用好国内国际两种资源，用胸怀天下战胜"小院高墙"。

郭强，中共中央党校（国家行政学院）科学社会主义教研部副主任、教授

[①]《习近平关于社会主义经济建设论述摘编》，中央文献出版社2017年版，第66页。

"四个新"的理论逻辑、历史逻辑、现实逻辑

胡 敏

党的十八大以来,习近平总书记深刻研判当代世界发展大势,深刻把握当代中国发展阶段性特征,针对中国经济发展提出一系列新理念新思想新战略,突出体现在先后提出"新发展阶段""新发展理念""新发展格局""新质生产力"等重大思想命题。"四个新"既实现了关于中国发展问题的理论递进,不断丰富发展了习近平经济思想,初步构建起中国特色社会主义政治经济学的自主知识体系,又紧扣中国社会发展的主要矛盾,破解发展难题,厚植发展优势,着力解决我国发展最突出、最关键、最现实的问题。

"四个新"相互贯穿、内在耦合,构成了一个自洽的理论闭环,具有清晰的理论逻辑、历史逻辑、现实逻辑。我们只有深刻领会和把握"四个新"发展递进的这三重逻辑,才能顺应新发展阶段的时代特征,完整准确贯彻新发展理念,加快构建推动高质量发展的新发展格局,集中精力培育发展新质生产力,为以中国式现代化全面实现强国建设、民族复兴伟业提供强大的动力支撑。

| 胡　敏 | "四个新"的理论逻辑、历史逻辑、现实逻辑

一、理论逻辑

"四个新"的发展是日益接近质的飞跃的量的积累和发展变化的过程

进入新时代以来，习近平总书记以马克思主义理论家的创新气魄，审时度势，接续提出了"新发展阶段""新发展理念""新发展格局""新质生产力"等重大命题。

新发展阶段是我们党带领人民迎来从站起来、富起来到强起来历史性跨越的新阶段，是社会主义初级阶段中经过几十年积累、站到了新的起点上的一个阶段，也是中国特色社会主义发展进程中的一个重要阶段。在这个阶段，我国经济发展的基本特征就是由高速增长阶段转向高质量发展阶段，我国社会主要矛盾也转化为人民日益增长的美好生活需要和不平衡不充分的发展之间的矛盾。创新、协调、绿色、开放、共享的新发展理念是立足党的宗旨、以问题导向入手、从忧患意识出发，回答了关于现阶段中国发展的目的、动力、方式、路径等一系列理论和实践问题，是切实解决好发展不平衡不充分矛盾、推动高质量发展的思想向导和行动指南。加快构建以国内大循环为主体、国内国际双循环相互促进的新发展格局是主动顺应国内外新的发展格局，坚持把国家和民族发展放在自己力量的基点上、坚持把中国发展进步的命运牢牢掌握在自己手中的战略抉择，也是应对新发展阶段的机遇和挑战、贯彻新发展理念的重大举措。

党的二十大开启了强国建设、民族复兴新征程，全面建成社会主义现代化强国的首要任务是高质量发展，教育、科技、人才是全面建设社会主义现代化国家的基础性、战略性支撑，其核心就是坚持科技是第一生产力、人才是第一资源、创新是第一动力。

生产力是推动社会进步的最活跃、最革命的要素，生产力发展

是衡量社会发展的带有根本性的标准。按照马克思主义政治经济学基本原理，生产力是一切社会发展的最终决定力量。马克思主义在形成初期就认为，社会主义是以生产力的巨大增长和高度发展为前提的。2023年习近平总书记在黑龙江考察调研时提出"新质生产力"这一重要概念，这是在"三个新"的基础上适时提出的第四个"新"。2024年1月31日，中共中央政治局举行第十一次集体学习时，习近平总书记鲜明指出，"高质量发展需要新的生产力理论来指导，而新质生产力已经在实践中形成并展示出对高质量发展的强劲推动力、支撑力，需要我们从理论上进行总结、概括，用以指导新的发展实践"[1]。在揭示新质生产力的内涵时，习近平总书记指出："新质生产力是创新起主导作用，摆脱传统经济增长方式、生产力发展路径，具有高科技、高效能、高质量特征，符合新发展理念的先进生产力质态。"[2]

从理论逻辑来看，进入新发展阶段明确了我国发展的历史方位，贯彻新发展理念明确了我国现代化建设的指导原则，构建新发展格局明确了我国经济现代化的路径选择，那么，发展新质生产力就是站在新的发展起点上推进中国式现代化的动力支撑。

发展新质生产力，顺应了新发展阶段我国发展的现实要求，抓住新一轮技术革命和产业变革机遇，以劳动者、劳动资料、劳动对象及其优化组合的跃升催生技术革命性突破、生产要素创新性配置、产业深度转型升级；发展新质生产力，充分体现以创新发展为第一动力，牵引协调发展、绿色发展、开放发展、共享发展；发展新质生产力，也紧紧抓住实现高水平科技自立自强这个构建新发展格局最本质

---

[1]《习近平在中共中央政治局第十一次集体学习时强调 加快发展新质生产力 扎实推进高质量发展》，《人民日报》2024年2月2日。

[2]《习近平在中共中央政治局第十一次集体学习时强调 加快发展新质生产力 扎实推进高质量发展》，《人民日报》2024年2月2日。

的特征，充分发挥创新主导作用，全面提升自主创新能力，以科技创新推动产业创新，推进现代化产业体系建设，全面提高全要素生产率。随着新质生产力加快发展，也必然推动我国由社会主义初级阶段向更高阶段迈进，推进贯彻新发展理念这场关系我国发展全局的深刻变革，在新发展格局中不断塑造发展新动能新优势，增强我们的生存力、竞争力、发展力、持续力，促进社会生产力实现新的跃升。

由此看，这"四个新"相互贯穿、相互促进，构成一个复合的循环系统，呈现为一个时、阈、力的集合，也形成了一个阶梯式递进、不断发展进步、日益接近质的飞跃的量的积累、发展变化的过程，始终洋溢着我国发展的蓬勃生机活力。

二、历史逻辑

我们党不断探索总结社会主义建设规律，着力解放和发展生产力

我们党是马克思主义先进政党，辩证唯物主义和历史唯物主义是我们党始终坚持和运用的世界观和方法论。在革命、建设、改革各个历史时期，我们党自觉运用马克思主义关于世界的物质性及其发展规律和关于人类社会发展的自然性、历史性及其相关规律，紧密结合中国具体国情和中华优秀传统文化，系统地、历史地、具体地分析中国社会运动及其发展规律，客观认识和科学把握我国发展各个阶段的社会主要矛盾，确立思想路线，制定治国理政的正确主张和战略规划，并不折不扣地贯彻落实，从而推动党和国家事业取得一个又一个胜利。

新中国成立后，我们党把尽快从落后的农业国变为先进的工业国作为中国向现代化发展的目标。在完成社会主义改造之后，1956年，党的八大正确分析国内形势和国内主要矛盾的变化，明确提出，社会主义的社会制度在我国已经基本上建立起来，国内的主要矛盾已经是人民对于经济文化迅速发展的需要同当前经济文化不能满足人民需要的状况之间的矛盾。党和全国人民的主要任务就是要集中力量解决这个矛盾，其核心就是在社会主义条件下全党要集中力量发展生产力。

进入改革开放和社会主义现代化建设新时期，我们党深刻总结新中国成立以来正反两方面经验教训，深刻揭示社会主义本质，紧紧抓住新阶段的社会主要矛盾，作出把党和国家工作重点转移到经济建设上来，实行改革开放的历史性决策，确立社会主义初级阶段基本路线，明确提出走自己的路、建设中国特色社会主义。改革开放极大地解放和发展了社会生产力，让中国人民大踏步赶上了时代。

进入中国特色社会主义新时代，我们党统筹把握中华民族伟大复兴战略全局和世界百年未有之大变局，明确新时代社会主要矛盾是人民日益增长的美好生活需要和不平衡不充分的发展之间的矛盾，坚持以人民为中心的发展思想，把握新发展阶段、贯彻新发展理念、构建新发展格局，推动高质量发展，站在新的发展起点擘画了以中国式现代化全面推进中华民族伟大复兴的宏伟蓝图。2023年中央经济工作会议进一步深化了新时代做好经济工作的规律性认识，提出必须坚持高质量发展作为新时代的硬道理，坚持依靠改革开放增强发展内生动力，把推进中国式现代化作为最大政治。

新时代以来，党中央作出一系列重大决策部署，推动高质量发展成为全党全社会的共识和自觉行动，成为经济社会发展的主旋律。习近平总书记为此强调："发展新质生产力是推动高质量发展的内在要求和重要着力点，必须继续做好创新这篇大文章，推动新质生产力加快发展。"[1]

---

[1]《习近平在中共中央政治局第十一次集体学习时强调　加快发展新质生产力　扎实推进高质量发展》，《人民日报》2024年2月2日。

三、现实逻辑
在应对挑战中加快发展新质生产力，实现社会进步新的跃升

每次人类社会大变局也都蕴含着生产力的巨大革新，世界百年未有之大变局加速演进内在要求孕育形成新质生产力。纵观人类社会发展史，生产能力及其要素的发展都是一个从量变到质变的波浪式前进、螺旋式上升的过程，经过长期孕育的量变积累阶段，最后发生了质变、生产效率发生了革命性的提高，而生产力的每一次重大跃迁都将加速人类社会的变革。

习近平总书记明确指出，新质生产力"由技术革命性突破、生产要素创新性配置、产业深度转型升级而催生，以劳动者、劳动资料、劳动对象及其优化组合的跃升为基本内涵，以全要素生产率大幅提升为核心标志，特点是创新，关键在质优，本质是先进生产力"[1]。这种由劳动者、劳动资料、劳动对象的生产力要素优化组合而产生了质变的新生产力形态，正是新质生产力的核心要义，是对马克思主义生产力理论的继承与创新，代表人类社会发展方向的生产力新形态，为社会生产方式变革与生产关系改革提供了新方向、提出了新要求。

当今世界正经历百年未有之大变局，中华民族伟大复兴正处于关键阶段。当前和今后一个时期，我国发展面临的环境是战略机遇和风险挑战并存，但有利条件强于不利条件。我们必须准确研判形势，认清历史方位，紧紧抓住新一轮科技革命和产业变革引发生产力要素发生质的变化的重要时间窗口期，调动一切可以调动的积极因素，团结一切可以团结的力量，加快培育和发展新质生产力，充分激发全社会活力和创造力。

---

[1]《习近平在中共中央政治局第十一次集体学习时强调　加快发展新质生产力　扎实推进高质量发展》，《人民日报》2024年2月2日。

在发展新质生产力的要素层面，科技创新能够催生新产业、新模式、新动能，是发展新质生产力的核心要素。必须加强科技创新，特别是原创性、颠覆性的科技创新，加快实现高水平科技自立自强，全力攻克"卡脖子"瓶颈，打好关键核心技术攻坚战，培育发展新质生产力的新动能。

在发展新质生产力的结构层面，我们要围绕发展新质生产力布局产业链，改造提升传统产业，培育壮大新兴产业，布局建设未来产业，积极促进产业高端化、智能化、绿色化，完善现代化产业体系，提升产业链供应链韧性和安全水平，并紧紧围绕推进新型工业化和加快建设制造强国、质量强国、网络强国、数字中国和农业强国等战略任务。

在发展新质生产力的功能层面，新质生产力发展能更好满足人民美好生活需要的价值取向，会推进人类改造自然能力提升、人的自由全面发展和全人类社会文明的进步。我们要深入实施科教兴国战略，强化高质量发展的基础支撑，谋划新一轮全面深化改革，不断塑造与新质生产力发展相适应的生产关系，着力打通束缚新质生产力发展的堵点、卡点。大力培育创新文化，弘扬企业家精神和科学家精神，营造具有全球竞争力的开放创新生态，让各类先进优质生产要素向发展新质生产力顺畅流动。

胡敏，中央党校出版集团副总经理、国家行政学院出版社社长

深刻认识和加快发展新质生产力

李江涛

不断推进实践基础上的理论创新，是引领进一步实践创新的科学指南。在加速演进的世界百年未有之大变局中，新一轮科技革命和产业变革深入发展，战略性新兴产业快速成长，未来产业不断涌现，从而呈现出迥异于传统工业化时期的全新生产力景象。以全新的思想和理论视角阐释中国式现代化进程中生产力创新发展的新现象，探索其内在的新规律，是马克思主义政治经济学中国化时代化的必然选择。2023年9月7日，习近平总书记在新时代推动东北全面振兴座谈会上强调，要积极培育新能源、新材料、先进制造、电子信息等战略性新兴产业，积极培育未来产业，加快形成新质生产力。习近平总书记在2023年中央经济工作会议上指出，要以科技创新推动产业创新，特别是以颠覆性技术和前沿技术催生新产业、新模式、新动能，发展新质生产力。2024年1月31日，中共中央政治局第十一次集体学习时，习近平总书记对新质生产力理论进行了系统性阐释。由此，"新质生产力"成为习近平经济思想新的重大理论成果，极大地创新和发展了马克思主义生产力理论，必将成为立足世界科技发展最前沿、全面建设社会主义现代化国家的理论指引。

一、新质生产力是创新主导的符合新发展理念的先进生产力质态

新质生产力的最根本特点是要在新技术、新产业、新模式、新领域、新动能等方面实现真正有效的创新，即具有巨大潜力的基础性、前沿性和颠覆性的创新。同时，最为关键的是，所创新的技术、模式、产业、领域、动能等，以及劳动者、劳动对象和劳动资料及其组合关系，要实现"质"优、"质"变，即技术含量更高、知识密度更大、绿色的底色更加鲜亮、生产关系更加合理与完善，能够深刻改变人们的生产方式、生活方式及思维方式，进而为经济社会带来深刻而持久的变革。

生产力是人类改造自然、征服自然的能力，是经济社会不断向前发展的动力源泉。决定因素不同，生产力的最终表现形态具有"质"的差异。改革开放之后，我国进入了基于社会主义市场经济体制的工业化进程。20世纪80—90年代，轻工业化的推进使我国生产力取得了长足发展；21世纪初，我国进入新的工业化阶段——重化工业化得以加速发展，从而推动我国生产力迈上一个新台阶，2010年跃居世界第二大经济体。然而，重化工业的高速发展也产生了一系列负面效应，如产能过剩、金融风险、严重的资源环境问题等。简而言之，始于改革开放的传统生产力发展主要依靠大规模简单劳动力、低成本要素和投资、低技术低附加值劳动工具和产品、高度消耗资源能源来驱动，科技要素对经济增长的贡献度偏低。2012年，我国全社会R&D（科学研究与试验发展）投入强度仅为1.9%，创新指标在全球排名仅为第34位。

为适应全球科技和产业革命的潮流，我国在重化工业化中后期启动了战略性新兴产业的发展。节能环保产业、新一代信息技术产业、生物产业、高端装备制造产业、新能源产业、新材料产业、新能源汽车产业等七大产业在"十二五"时期得到快速发展，新质生产力开始萌芽。经过新时代以来十余年的发展，科技创新成为生产力发展的主要驱动力，基础研究和原始创新不断加强，一些关键核心技术实现突破，战略性新兴产业发展壮大，创新驱动发展战略在中华大地上深入人心。2022年，我国全社会R&D投入强度达到2.55%，进入创新型国家行列。2023年，我国国家创新指数综合排名世界第10位，是唯一进入前15位的发展中国家。国家实验室体系的建设得到有力推进，一系列国家科技重大项目加快实施，航空发动机、燃气轮机等传统短板取得长足进展，人工智能、量子技术等科技新赛道处在世界第一梯队，新质生产力正在成为推动高质量发展的重要着力点。

所谓新质生产力，就是指创新起主导作用，摆脱传统经济增长方式、生产力发展路径，具有高科技、高效能、高质量特征，符合新发展理念的先进生产力质态。它具有如下特征：

一是以科技创新为核心要素，实现由技术革命性突破带动生产要素创新性配置、产业深度转型升级。科学技术是第一生产力。实践证明，新产业、新模式、新动能的主要形成要素就是科技创新。科学技术的革命性突破往往能够带动生产要素创新性配置、产业深度转型升级，为形成更为先进的生产力奠定基础。信息技术革命使发达国家获得较发展中国家在长期内更加强大的竞争优势，页岩气革命使美国获得较其他发达国家在长期内更为持久的能源优势，这些都是以科技创新催生先进生产力的典型案例。新发展阶段，我国必须加强原创性、颠覆性科技创新，加快实现高水平科技自立自强，打好关键核心技术攻坚战，打造前瞻性布局战略性新兴产业和未来产业的坚实基石。

二是要着眼于培育壮大新兴产业，布局建设未来产业以及改造提升传统产业，进而完善现代化产业体系。新质生产力的支撑点是能够转化为现实生产力的现代化产业体系，其中，战略性新兴产业和未来产业是主阵地。新时代以来，我国在载人航天、探月探火、深海深地探测、超级计算机、卫星导航、量子信息、核电技术、新能源技术、大飞机制造、生物医药等领域取得重大成果，这些既包含着战略性新兴产业的重大成就，也蕴含着未来产业无限的发展空间和潜力。另外，以新兴技术改造传统产业，推动新型工业化，提升产业链供应链韧性和安全水平，能够为新质生产力提供厚实土壤。

三是必须以全要素生产率大幅提升为核心标志，实现劳动者、劳动资料、劳动对象及其优化组合的跃升。先进生产力必然要求全要素生产率的大幅提升，必然要求管理效率和体制机制效率的大幅提升。通过创新管理及商业模式和体制机制，推动劳动者、劳动资料、劳动对象及其优化组合的跃升，构成了新质生产力的基本要义。

四是新质生产力必然体现为绿色生产力。绿色发展是高质量发展的底色，新质生产力本身就是绿色生产力。

总之，新质生产力本质上是一种区别于新时代之前传统生产力的先进生产力形态，它意味着生产力水平的跃迁。

二、发展新质生产力是推动经济高质量发展的必然要求

在激烈的国际竞争中，我国必须要不断开辟新赛道，加快发展新质生产力，这是打造新优势的客观选择；新质生产力理论，就是适应新时代生产力发展要求，推动生产力理论创新的一个主动有为选择；进入新发展阶段，必须以加快建设现代化经济体系、推进高水平科技自立自强等为抓手，推动新质生产力迈向新台阶，以"质"变和"质"优的生产力创造，来满足中国式现代化的目标需求。

加快发展新质生产力，既是客观要求，又是主动有为选择。加快发展新质生产力是进一步适应加速演进的世界百年未有之大变局的内在要求。当前，我国发展进入战略机遇和风险挑战并存、不确定难预料因素增多的时期。在世界百年未有之大变局加速演进中，全球进入新的动荡变革期，来自外部的打压遏制随时可能升级。各国围绕科技与产业、人力资本、体制与机制等的竞争日趋激烈。在美国白宫科技政策办公室（OSTP）发布的《美国将主导未来产业》报告中，提出要重点发展人工智能、量子信息科学、先进通信网络、先进制造和生物技术等五个未来技术领域。德国的《未来研究与创新战略》、英国的2023《科学技术框架》、欧盟委员会关于《加强面向未来欧盟产业战略价值链报告》等，都对相关未来产业领域作出了各自前瞻性战略安排。为实现未来产业发展目标，各国在多元投入、政策支持、人才培养等方面进行了部署。例如，德国力争到2025年全社会R&D投入强度达到3.5%，加强基础科学研究及关键领域的支持力度；日本在《实现面向未来投资的经济对策》中安排28万亿日元支持未来产业基础研究等。又如，各国都进一步加强对面向STEM（科学、技术、工程和数学）的后备人才和未来人才培养。2023年，日本提出设立特别高度人才与未来创造人才两个新型制度及发布《确保科研人员专注研究的综合政策》；韩国通过《科学英才发掘培育战略》等。再如，英国成立科学、创新和技术部（DSIT），统筹未来产业发展；美国提出打造未来产业研究院，探索美国科学与技术领导力的新模式等。在激烈的国际竞争中，我国必须要不断开辟新赛道，加快发展新质生产力，这是打造新优势的客观选择。

加快发展新质生产力是新时代推动生产力理论创新的主动有为选择。理论来源于实践，又是下一步实践的指导，实践是没有止境的，这决定了理论创新也没有止境，必须根据实践和时代的重大变化推进理论创新。在理论创新过程中，一方面，要尊重基于过去和当前实践的经典思想和理论的客观性和真理性，坚持"守正"，"守正"才能不迷失方向、不犯颠覆性错误；另一方面，尽管未来实践是纷繁复杂的，具有不确定性，但也要大力推进理论创新，创新才能把握时代、引领时代，关键是把握好贯穿经典思想和理论的世界观和方法论，坚持好、运用好贯穿其中的立场观点方法。

马克思主义认为，生产力主要由劳动者、劳动资料和劳动对象构成。当今时代，生产力三大构成要素所蕴藏的知识和科技含量，与过去相比，已经发生质变。比如，新时代的"劳动者"，掌握着更加充分的"数字化"知识，有着更加充分的"绿色化"认知，因此，劳动能力更加强大，对生产生活方式有了更高的"质"优要求。再如，在数字化、智能化和绿色化大背景下，劳动资料和劳动对象不再仅仅表现为蒸汽时代和电气时代的物质形式，而是涌现出了人工智能、新一代信息技术、量子技术、生物技术、先进制造、新能源、新材料等一系列全新的物质手段和工具。构成要素的质变，使未来生产力的内涵和特征、实践要求等，与基于较低知识和科技水平的传统生产力相比，发生了"质"的变化。这就需要从理论上进行总结、概括，运用新的生产力理论来指导未来新的发展实践。

加快发展新质生产力是新征程推动高质量发展的内在要求和重要着力点。在全面建设社会主义现代化国家新征程中，要实现经济实力、科技实力、综合国力大幅跃升，就必须推动高质量发展，这是新时代的硬道理。对此我们要看到，新时代以来新质生产力已经在实践中形成并展示出对高质量发展的强劲推动力、支撑力，同时，进入新发展阶段，必须以加快建设现代化经济体系、推进高水平科技自立自强等为抓手，推动新质生产力迈向新台阶，以"质"变和"质"优的生产力创造，来满足中国式现代化的目标需求，满足人民群众对更高水平美好生活的追求。

三、构建科技创新和全面深化改革双轮驱动的新质生产力发展路径

加快发展新质生产力，应当围绕劳动者、劳动资料、劳动对象及其优化组合的跃升，构建科技创新和全面深化改革双轮驱动的新质生产力发展路径。

第一，着眼于劳动资料和劳动对象实现"新""质"跃升，继续加强科技创新特别是原创性、颠覆性科技创新，及时将科技创新成果应用到具体产业和产业链。没有"新""质"的劳动资料和劳动对象，新质生产力就无从谈起。而"新""质"劳动资料和劳动对象的最终落脚点，就是科技创新特别是原创性、颠覆性科技创新所引致的产业创新。为此，要着眼于劳动资料和劳动对象实现"新""质"跃升，以国家战略需求为导向，大力推动战略性新兴产业和未来产业的培育和建设，改造提升传统产业，完善现代化产业体系，确保产业体系自主可控、安全可靠，强化关键产业链供应链韧性；大力推进新型工业化和加快建设制造强国、质量强国、网络强国、数字中国和农业强国等战略任务；大力发展数字经济，促进数字经济和实体经济深度融合。

第二，着眼于劳动者、劳动资料、劳动对象本身及其优化组合关系的跃升，以全面深化改革为新质生产力形成提供强大动力。生产力决定生产关系，生产关系反作用于生产力，生产关系必须与生产力发展要求相适应。新质生产力要求与之相适应的新质劳动者、新质劳动资料和新质劳动对象及其新型组合关系。一方面，新质劳动者、新质

劳动资料和新质劳动对象本身的形成需要通过制度机制创新来加以发展壮大。例如，要通过收益分配机制、鼓励创新和宽容失败良好氛围的营造机制、培养与评价机制、保障和流动机制、自由探索机制等的创新，加快推动新质劳动者队伍的发展壮大。特别要加大培育包括战略科学家、卓越工程师、大国工匠、高技能人才等在内的科技人才队伍的力度，要培育一大批懂科技、懂市场、懂金融的战略企业家。另一方面，新质劳动者、新质劳动资料、新质劳动对象的组合关系及其优化，亦需要通过全面深化改革推进。要着力打通束缚新质生产力发展的生产关系堵点、卡点，形成与新质生产力相适应的新型生产关系，让各种先进优质生产要素向新质生产力顺畅流动。

在新型生产关系构建中，真正发挥市场在资源配置中的决定性作用，更好发挥政府作用尤为重要。要加快构建全国统一大市场，深化要素市场化改革，建设高标准市场体系，加快完善产权保护、市场准入、公平竞争、社会信用等市场经济基础制度，进一步深化简政放权、放管结合、优化服务改革，营造市场化、法治化、国际化一流营商环境。

为加快"卡脖子"关键核心技术的突破，强化基础研究，突出原创，就必须完善党中央对科技工作统一领导的体制，健全新型举国体制，强化国家战略科技力量，优化国家科研机构、高水平研究型大学、科技领军企业的定位和布局，形成国家实验室体系，统筹推进国际科技创新中心、区域科技创新中心建设。

国家战略规划在我国新质生产力发展进程中具有导向性作用，要构建不断完善战略性新兴产业和未来产业发展规划的体制机制，构建以企业为主体、市场为导向、产学研用深度融合的技术创新体系，不断抢占全球产业制高点，推动产业链、产业集群、产业生态体系的不断优化，促进科技创新、现代金融、人力资源等要素的集聚共享。

新质生产力从来不是在封闭环境中形成的。针对当前国际形势，要千方百计创新扩大国际科技、人才交流合作的体制机制，稳步扩大规则、规制、管理、标准等制度型开放，深度参与全球产业分工和合作，打造具有全球竞争力的开放创新生态，为发展新质生产力营造良好国际环境。

第三，着眼于质优，加快发展方式绿色转型，助力碳达峰碳中和。有效解决人类与自然之间的矛盾关系，是新质生产力形成和发展的基本动力之一。实现发展方式绿色低碳转型，是质优的重要表现，是高质量发展的关键环节，所以要牢固树立和践行"绿水青山就是金山银山"的理念，坚定不移走生态优先、绿色发展之路。

当前和今后一个时期，要加快绿色低碳科技创新和先进绿色低碳技术推广应用，不断壮大绿色能源产业，做强绿色制造业，发展绿色服务业，发展绿色低碳产业和供应链，构建绿色低碳循环经济体系。持续优化支持绿色低碳发展的政策和标准体系，健全资源环境要素市场化配置体系，发挥绿色金融的牵引作用，打造高效生态绿色低碳产业集群，积极稳妥推进碳达峰碳中和，同时，在全社会大力倡导绿色低碳健康生活方式。

李江涛，中共中央党校（国家行政学院）公共管理教研部副主任、教授

为什么说新质生产力是重要理论创新

杨英杰

发展新质生产力，是新时代推动中国经济高质量发展的内在要求，是实现中国式现代化的必由之路。此一理念之提出，是马克思主义生产力理论的重要发展，亦是马克思主义政治经济学的重大创新。

马克思、恩格斯对未来社会经济形态的愿景是，"在保证社会劳动生产力极高度发展的同时又保证每个生产者个人最全面的发展的这样一种经济形态"[①]。"人的全面发展"的前提，是生产力的极高度发展。但在马克思、恩格斯的时代，科技进步并没有呈现出当今日新月异的状态，这也成为马克思在《资本论》中预言工人阶级将陷入绝对贫困而无法自拔的根本前提，亦即技术变革并非马克思眼中资本主义生产关系发生重大变迁的必要函数，遑论新质生产力在人类社会演化进程中的重要作用。

从人类科技发展史可以看出，新质生产力理念在丰富发展马克思主义生产力理论的同时，也为当今推进人类经济社会发展提供了全新的理论支撑。

18世纪60年代发生了蒸汽革命，19世纪中后期发生了电气革命，20世纪中期发生了信息革命，如今，人类正经历第四次科技革命，新

---

① 《马克思恩格斯选集》第3卷，人民出版社2012年版，第730页。

一代信息技术、生物技术、新材料技术、新能源技术催生出了一批新产业、新模式、新业态、新产品。

上述科技发展史告诉我们，人类整体由农本社会（Land-oriented Society）跨入资本社会（Capital-oriented Society）之后，正朝着智本社会（AI-oriented Society）大步迈进。农本社会的特点是土地要素（自然资源）在生产力和生产关系中的决定性地位；资本社会是以资本为主要杠杆撬动其他生产要素，优化资源配置，提高生产率；而智本社会则专注于信息技术（IT）特别是人工智能（AI），其在推动生产力发展乃至重塑社会生产关系中起到无可估量的作用。比如，2022年底的人们还在热烈地讨论着ChatGPT的横空出世，而就在2024年2月16日，OpenAI就宣布推出全新的生成式人工智能模型"Sora"，继文本、图像之后，先进的AI技术拓展到了视频领域。

新质生产力理念，在丰富发展马克思主义生产力理论的同时，也为马克思主义政治经济学理论的创新发展提供了重大的思想切入点。

杨英杰，中共中央党校（国家行政学院）进修一部副主任、教授

依靠创新培育壮大发展新动能

樊继达

中央经济工作会议强调,"尊重市场规律,深化简政放权、放管结合、优化服务改革,对各类所有制企业一视同仁。要着力发展实体经济,依靠创新培育壮大发展新动能"[1]。依靠创新培育壮大发展新动能是党中央在各种超预期因素冲击下基于国内外形势最新变化作出的重大战略决策,这对于更好激发市场主体活力、促进产业转型升级和技术创新、增强经济的韧性与活力,进而实现高质量发展具有重要的支撑作用。

一、依靠创新培育壮大发展新动能势在必行

毋庸讳言,我国经济发展依然面临诸多困难挑战。从国内外环境看,进入新发展阶段后,我国全要素生产率增速减慢,资源环境约束趋紧,叠加人口老龄化与少子化,传统动能的力量日趋减弱。同时,面对百年变局和世纪疫情的双重冲击,需求收缩、供给冲击、预期转弱三重压力依然存在,传统发展模式难以为继,消除疫情反复延宕带来的疤痕效应也需要一定的时间。还必须看到,我国面临的外部打压随时可能升级,某些国家企图通过"脱钩断链"等方式阻碍我国经济

---

[1] 《中央经济工作会议在北京举行》,《人民日报》2022年12月17日。

转型升级，风高浪急甚至惊涛骇浪的局面随时可能出现，统筹发展和安全愈加重要。因此，通过创新培育壮大发展新动能，有助于增强我国经济的韧性，以大国经济运行的平稳性、发展的确定性应对外部冲击的不确定性。

从中长期来看，全球步入大科学时代，新一轮科技革命和产业变革呈现广度显著加大、深度显著加深、速度显著加快、精度显著加强的特点，多领域、跨学科、群体性突破态势日趋明显，科学研究的复杂性、系统性、协同性要求越来越高。以新一代信息技术、人工智能、新能源、新材料、高端装备等为代表的新赛道新领域的竞争如火如荼，我国必须以创新思维前瞻谋划未来，以创新构建一批新的增长引擎，抢占科技革命和产业变革制高点。唯有如此，才能培育壮大发展新动能，与世界大势同行并进。

从长远来看，依靠创新培育壮大发展新动能是我国实现第二个百年奋斗目标、以中国式现代化全面推进中华民族伟大复兴的内在要求。实现经济高质量发展和人民高品质生活，必须激发新的发展动能，持续优化生产要素配置，提高全要素生产率，形成高效的产业供给体系，探索出从创新强到产业强、经济强进而实现国家强的大国成长新路径，牢牢掌握竞争和发展的主动权。未来3—5年是我国发展的关键时期，能否顺利且稳定迈入高收入国家行列，重中之重是创新能否真正激活各类新业态、新经济、新模式，形成发展新动能。

二、强化壮大发展新动能的科技支撑

发展是第一要务，科技是第一生产力，是壮大发展新动能之源。依靠创新培育壮大发展新动能，关键是激发科技创新这个核心。

坚持底线思维，打好关键核心技术"攻坚战"。完善党中央对科技工作统一领导的体制，集聚力量进行原创性引领性科技攻关。科学统筹、集中力量、协同攻坚，充分发挥政府、市场、社会三者合力，尤其是注重发挥好政府在关键核心技术攻关中的组织作用，提升"顶层设计牵引、重大任务带动、基础能力支撑"的体系化能力，布局实施一批国家重大科技项目，强化国家战略科技力量。从国家安全和经济社会发展面临的实际难题中凝练科学问题，弄通"卡脖子"技术的基础理论和技术原理，促进基础研究、应用基础研究、应用研究等融通发展。同时，锚定事关我国产业、经济和国家安全若干重点领域及重大任务，研发具有先发优势的关键技术和引领未来发展的基础前沿技术，形成非对称性竞争优势，实现高水平科技自立自强。

坚持战略思维，铸就创新企业"先锋队"。企业是科技创新的主体力量，也是壮大发展新动能的重要载体。唯创新者胜，唯创新者进，企业创新应遵循市场经济规律与创新发展规律，突出技术创新的市场导向机制，发挥企业在技术创新决策、研发投入及成果转化等方面的"先锋队"作用。当前，创新型企业必须强化目标导向，大力攻克阻碍科技进步与新动能培育的"碉堡"，有效引导创新资源向企业聚集。科技领军企业带头组建创新联合体，推进产学研深度融合，促进产业链上中下游、大中小企业融通创新，提高科技成果转化和产业化水平。无论是国有企业还是民营企业，都必须秉持长周期主义思维，持续加大研发投入，锻造长板、补齐短板、筑好底板，才能从模仿学习转向更具竞争力的内生创新，真正在市场竞争中立于不败之地，做到基业长青。未来十年，力求涌现一批顶天立地的世界一流"链主"型创新企业与铺天盖地的"专精特新"中小型创新企业，全面提升产业体系现代化水平，不断开辟更多引领未来发展的新领域新赛道，保障我国产业链供应链的安全稳定。

　　坚持历史思维，筑牢创新人才"压舱石"。人才是经济活动中最活跃、最重要的要素，也是培育壮大发展新动能的重要支撑，人才强、科技强，是产业强、经济强、国家强的前提。纵览近现代世界强国发展史，每个强国崛起壮大的背后，都是重视人才、培育人才、善用人才的结果。当今世界的竞争说到底是教育竞争、人才竞争，人才的数量和质量已成为大国角逐的焦点。一方面，全面提高人才自主培养质量，造就大批世界一流拔尖创新人才。紧扣实现科技自立自强，跻身创新型国家前列的目标不动摇，加快建设世界重要人才中心和创新高地。推进世界一流大学和优势学科建设，统筹高等教育、职业教育与继续教育的协同创新，提升各类人才创新能力，将我国现有生产可能性边界拓展到全球生产可能性边界，为壮大发展新动能增活力、添动力。另一方面，聚天下英才而用之。社会主义现代化强国必然是具有人才竞争优势的国家，加快建立一支规模宏大、结构合理、素质优良的人才队伍，造就更多大师、战略科学家、一流科技领军人才和创新团队、青年科技人才、卓越工程师、大国工匠、高技能人才，弘扬科学家精神和企业家精神，深化人才评价制度改革，激发人才创新活力，形成人才竞争的比较优势，统筹推进教育、科技、人才工作，为壮大发展新动能注入持久动力。

三、以制度创新调动培育壮大发展新动能的关键点

　　制度创新与科技创新是壮大发展新动能的"两个轮子"，科技创新是制度创新的"加速器"，制度创新是科技创新的"点火系"。但是，现有各项制度及体制机制难以适应激发创新活力的需求，为此，我们应该做到以下两点。

把制度集成创新摆在突出位置。一是摒弃"恋旧"情绪。我国经济发展函数已发生较大变化，正在突破对要素驱动与投资驱动的依赖，转向创新驱动的高质量发展之路。必须打破各种束缚创新的体制机制障碍，从改善社会心理预期入手提振市场主体的发展信心，调动起万众创新激发发展新动能的磅礴力量。二是秉持"开放"心态。在动荡变革的世界格局中，应对少数国家的"小院高墙"和"科技脱钩"，我国决不能自我隔离，而是要充分利用好全球创新资源，坚定不移走开放式创新发展之路。其实，无论是我们所倡导的自主创新还是科技自立自强，都决不是"闭门创新"，而是积极融入全球创新网络，在创新大潮中不断提升我国在全球创新格局中的地位。三是坚守"长期"主义。依靠创新培育壮大发展新动能，必须坚持久久为功，"一张蓝图绘到底"，建设高标准社会主义市场经济体制。围绕是否有利于创新发展，是否有利于壮大新动能，加快推进经济治理体系和治理能力现代化，打通审批"堵点"，消除服务"盲点"，矫正经济运行中的资源配置扭曲，破除影响平等准入的壁垒，让国有企业敢干、民营企业敢闯、群众敢首创。从制度和法律上把对国有企业、民营企业一视同仁平等对待的要求落下来，为民营企业解难题、办实事，打造市场化、法治化、国际化一流营商环境，增强民营企业长远发展的信心。

围绕创新发展深化"放管服"改革。首先，落实党的二十大报告作出的重大战略部署，深化科技体制改革，形成全民支持创新的基础制度。提升科技投入效能，深化财政科技经费分配使用机制改革，创造出有利于基础研究的良好科研生态。其次，健全创新包容的审慎监管制度，消除各类限制新技术新产业发展的不合理准入障碍，充分利用信息技术手段、创新监管手段，优化对新动能培育相关政策措施的监管机制。彻底破解成果转化中价值确定难、转化手续繁、利益分配乱等难点堵点，帮助企业解决从创新到市场的"最后一米"问题，激发科研人员开展原创性科技创新的积极性。鼓励支持高校、科研院所、企业建立健全技术转移机构，设立科技成果转化中试基地，提高科技成果转化率。最后，针对高成长科技型中小企业融资难、融资贵问题，优化金融服务政策，完善金融工具对科技创新的支持机制，提升科技金融服务机构服务能力和水平，鼓励金融机构发展知识产权质押融资、科技保险等科技金融产品，提升创业板服务成长型创新创业企业动能，推动形成"科技—产业—金融"良性循环。

樊继达，中共中央党校（国家行政学院）研究生院副院长、教授

发展新质生产力是创新命题也是改革命题

李军鹏

发展新质生产力必然要求加快推动生产关系变革，形成与新质生产力相适应的新型生产关系，通过全面深化改革破除新质生产力发展面临的各种障碍，构建适应新质生产力发展要求的制度体系与治理体系。围绕发展新质生产力，全面深化改革具有质变先导性、系统集成性和延续稳定性。全面深化改革的基本目标是构建适应新质生产力发展的现代国家治理体系，致力于形成稳步促进新质生产力发展的中国特色社会主义制度体系。对此，应进一步提升经济治理、科技治理、政府治理、环境治理的质量与水平，全面深化经济体制改革、科技体制改革、行政体制改革、环保体制改革、人才体制改革，深化制度型开放，着力解决妨碍新质生产力发展的重点难点问题，营造适应新质生产力发展的体制机制。

一、发展新质生产力要求全面深化改革

2024年3月6日，习近平总书记在看望参加全国政协十四届二次会议的民革、科技界、环境资源界委员，并参加联组会时指出，要"培

| 李军鹏 | 发展新质生产力是创新命题也是改革命题

育发展新质生产力的新动能"①。新质生产力就是符合新发展理念、以科技创新为引领，具有高科技、高效能、高质量特征的先进生产力质态。发展新质生产力，是我国社会主义现代化进入新发展阶段的必然要求，是摆脱传统发展方式与传统生产力发展路径、实现高质量发展的必由之路，也是我国建成社会主义现代化强国、实现中华民族伟大复兴的重要任务。发展新质生产力必然要求加快推动生产关系变革，通过全面深化改革构建适应新质生产力发展要求的制度体系与治理体系。

发展新质生产力，要求形成与新质生产力相适应的新型生产关系。生产力是人类物质生产实践的能力，是人类从自然界获取物质生活资料的能力。社会生产力发展是人类社会发展的根本性决定力量，是人类社会生产体系、社会结构与社会性质的决定性因素，人类的生产结构、经济结构、思想文化结构、政治结构、社会结构、治理方式与治理水平都直接或间接地受到社会生产力与物质生产方式的制约。马克思指出："物质生活的生产方式制约着整个社会生活、政治生活和精神生活的过程。"②生产力的发展主要表现为生产方式的发展演变，生产方式演变是生产力与生产关系的矛盾运动。生产力作为生产方式中最活跃、最具有革命性的因素，决定着生产关系的发展演变，人类只有在生产力发展的特定空间与可能性范围中选择生产关系的具体形式，生产力的发展演变必然要求生产关系的相应变革。习近平总书记指出："发展新质生产力，必须进一步全面深化改革，形成与之相适应的新型生产关系。"③

---

① 《习近平在看望参加政协会议的民革科技界环境资源界委员时强调　积极建言资政广泛凝聚共识　助力中国式现代化建设》，《人民日报》2024年3月7日。
② 《马克思恩格斯选集》第2卷，人民出版社2012年版，第2页。
③ 《习近平在中共中央政治局第十一次集体学习时强调　加快发展新质生产力　扎实推进高质量发展》，《人民日报》2024年2月2日。

发展新质生产力，要求破除新质生产力发展面临的各种障碍，形成适应新质生产力发展的制度体系与治理体系。生产力是不以人的意志为转移的客观物质力量，生产力系统各种要素的改造、发展与进步，使得人类物质产品、精神产品与数字产品生产的可能性范围与潜能不断扩大，从而对生产关系的变革提出了新的要求，要求建构适应新质生产力发展要求的新型生产关系。在新质生产力发展的过程中，适应传统生产力发展要求的生产关系必然会成为一种传统的、僵化的、效率低下的生产关系，这就要求对既有生产关系进行调整、改变与改革，从而创造出使新质生产力得以蓬勃发展的新型生产关系。新质生产力的发展，对传统的、僵化的生产关系必然形成严峻挑战，要求对传统的生产关系、产权关系、分配关系、消费关系、法律关系与文化关系进行深刻改革。因而，发展新质生产力，要求系统地进行所有制、科技体制、政策制定体制机制、法治、分配制度、人才体制等各方面制度与治理体系的全方位改革，从而更好地促进新质生产力的发展。

全面深化改革也是新质生产力发展的重要条件。2024年1月31日，习近平总书记在中共中央政治局就扎实推进高质量发展进行第十一次集体学习时指出："高质量发展需要新的生产力理论来指导，而新质生产力已经在实践中形成并展示出对高质量发展的强劲推动力、支撑力。"[1]中国特色社会主义进入新时代以来，我国始终坚持高质量发展的主旨，使我国的新质生产力获得了长足的发展。特别是近几年来，我国纵深推进全面改革，全面加强了全国统一大市场建设，系统清理妨碍公平竞争的政策规定，进一步完善了自由贸易试验区建设布局，深

---

[1] 《习近平在中共中央政治局第十一次集体学习时强调 加快发展新质生产力 扎实推进高质量发展》，《人民日报》2024年2月2日。

化国有企业改革，稳步促进民营企业发展壮大，出台并完善了推动新能源汽车与智能汽车发展、人工智能与量子科技发展、绿色能源发展的各项政策措施，使我国科技创新不断实现新的突破，创新驱动发展能力提升迅速，战略性新兴产业发展势头稳健，现代化产业体系建设成绩喜人，为进一步培育完善新质生产力奠定了坚实基础。根据《中华人民共和国2023年国民经济和社会发展统计公报》，2023年我国高技术制造业增加值占规模以上工业增加值的比重为15.7%，其中，新能源汽车产量944.3万辆，增长30.3%，我国新能源汽车产销量的全球占比已超过60%；太阳能光伏电池产量5.4亿千瓦，增长54.0%；服务机器人产量783.3万套，增长23.3%；水电、核电、风电、太阳能发电等清洁能源发电量达31906亿千瓦时，其中，并网太阳能发电装机容量60949万千瓦，增长55.2%。实践证明，新时代以来我国新质生产力发展的突出成就，与全面深化改革的各项创新措施具有紧密的直接联系。

二、围绕发展新质生产力，全面深化改革的基本特点与基本思路

从根本上来说，推动高质量发展、发展新质生产力要靠全面深化改革。围绕发展新质生产力，全面深化改革具有如下基本特点：

一是质变先导性。全面深化改革的特点是由新质生产力发展的特征决定的。生产力的发展从实践中看体现为连续性与阶段性相统一的特征，是量变与质变的统一。从量变的角度看，生产力的具体性质体现为生产工具的稳步发展与具体劳动方式的渐进变化，是生产规模的连续扩大与劳动生产率的稳步提升。从质变的角度看，生产工具的革命性变化往往带来生产力发展的质的变化，人类生产工具从天然工具、手工工具发展到大机器生产，是人类工业生产力或第一次现代化

生产力产生的质变；生产工具从大机器生产转向自动化机器、智能机器、数字工具生产，是人类现代生产力发展的第二次质的飞跃。从本质上看，新质生产力是一种由量变引发的质变。新质生产力的质变，必然要求全面深化改革体现出体制机制的质变，体现出质变先导性的特征。

  二是系统集成性。构建与新质生产力相适应的新型生产关系是一个系统工程，需要推进系统性、集成性的改革。新型生产关系的构建不仅涉及产业组织体系与管理方式的变革，还涉及交换关系、分配制度、劳动关系等方面的深刻变革，涉及经济体制改革、科技体制改革、行政体制改革、环保体制改革、用人体制改革与制度型对外开放等方方面面，必须统筹设计、一体推行。

  三是延续稳定性。新质生产力的发展具有延续性和稳定性，我国的全面深化改革也具有相应的连续性与稳定性。例如，我国科技投入体制的改革就具有明显的连续性。近年来，我国高度重视科技创新，科技投入特别是财政科技投入不断加大，新质生产力发展所需要的创新环境日益完善。2023年，我国全年研究与试验发展（R&D）经费支出33278亿元，占国内生产总值的2.64%，其中基础研究经费占R&D经费支出的比重为6.65%。未来我国进一步发展新质生产力，就要继续延续促进科技创新、加大财政科技投入的政策体系，并不断加大对基础研究的财政投入。

  围绕发展新质生产力，全面深化改革的基本思路主要包括以下三个方面：

  一是以构建适应新质生产力发展的现代国家治理体系为基本目标，致力于形成稳步促进新质生产力发展的中国特色社会主义制度体系。党的十九届五中全会通过的《中共中央关于制定国民经济和社会发展第十四个五年规划和二〇三五年远景目标的建议》中,"关键核心技术实现重大突破""建成现代化经济体系""基本实现新型工业化、信息化"的目标就蕴含着发展新质生产力的目标。"基本实现国家治理体系和治理能力现代化""基本建成法治国家、法治政府、法治社会""建成教育强国、科技强国、人才强国"等目标,就描述了全面深化改革各方面的目标。围绕发展新质生产力,全面深化改革基本的目标就是要形成与新质生产力发展相适应的现代国家治理体系。

二是以提升新质生产力发展的效率与质量为目标,进一步提升经济治理、科技治理、政府治理、环境治理的质量与水平。新质生产力的发展实现了劳动资料、劳动对象与劳动者等要素的优化组合与质量跃升,大幅度提高了全要素生产率,这也必然要求深入推进生产关系变革,提升生产组织效率、国家机构工作效率与公务员绩效。提高国家治理的总体效能,必须从经济治理、科技治理、政府治理、环境治理等关键领域着手,着力提升行政治理的质量,提升各级党政机关公务员的工作绩效。

三是着力解决妨碍新质生产力发展的重点难点问题,构建适应新质生产力发展的体制机制。新质生产力发展是我国经济社会发展中的新任务,围绕新质生产力发展,全面深化改革必然会面临着许多重点难点问题。在经济治理方面,还面临着部分传统生产力领域产能过剩、新质生产力发展的金融支持不足、公平竞争环境相对缺乏、营商环境一些领域负面评价依然较突出的问题;在科技治理方面,还面临着科技研发人员总数较多但人均较少、科技创新能力还不强、科技基础研究的财政投入与发达国家相比依然较低、科技创新转化能力存在明显瓶颈、原始创新能力与公民科技素养相对较低等问题;在行政治理方面,还面临着依法行政仍待深入推进、规范性文件制定等抽象行政权力监督不力、官僚主义形式主义仍然突出等问题；在环保治理方面，还面临着生态补偿机制亟待完善、环保督察机制在部分地区空转、绿色发展的各项金融与产业支持政策缺乏、新能源发展的规模增长过快与治理能力不足的矛盾突出等问题；在用人育才方面，还面临着新质生产力领域人才储备不足、传统行业领域人才储备较多但就业不足、人才引进与使用机制缺乏竞争性、人才激励机制与保障机制有待完善等问题；在对外贸易方面，还面临着涉及外资外商法律体系已完备但外资外商仍感到不到位的问题、运用最高水平国际贸易规则规范对外贸易有待深入推进的问题；等等。解决这些突出问题，必须全面推进改革开放，在关键领域、关键环节、关键点位推进关键性的改革措施。

三、围绕发展新质生产力，全面深化改革的对策与措施

培育发展新质生产力，要求针对妨碍新质生产力发展的症结与重点难点问题，全面深化经济体制改革、科技体制改革、行政体制改革、环保体制改革、人才体制改革，深化制度型对外开放，培育适应新质生产力发展的市场环境、创新环境、政务环境、绿色环境、用人环境、外部环境与国际一流营商环境。

第一，深化经济体制改革，营造新质生产力发展的市场环境。深入推进全国统一大市场建设，通过统一的公平竞争制度，为各类市场主体提供一视同仁、平等对待的无歧视环境。凡是涉及财政补贴、税收优惠、政府购买、企业倾斜政策的政府规则，都应进行公平竞争审查，防止地方恶性竞争。我国产业政策的重点要逐步地转移到新能源、新材料、先进制造、电子信息等战略性新兴产业与未来产业上来，进一步加大对先进制造业的支持力度，完善先进生产力发展的产业链与

技术链；深入推进数字经济与数字技术创新发展，健全数据基础制度体系；习近平总书记在黑龙江考察时强调："整合科技创新资源，引领发展战略性新兴产业和未来产业，加快形成新质生产力。"①进一步完善消费支持政策，特别是新能源汽车、新能源产品的财政支持措施，对原有太阳能光伏发电、风力发电补贴的历年欠费要采取发行特别绿色长期债券的方式予以解决，切实兑现政府对新能源发展强力支持的承诺，树立各级政府发展新质生产力的信用与权威。采取有力措施完善推动高质量发展的考核评价体系，将新质生产力发展状况作为高质量发展考核的主体与重点。

第二，深化科技体制改革，营造新质生产力发展的创新环境。科学技术是人类自然、科学和思维知识的总和，是人类生产实践活动中所有方法、经验、工艺、能力的总和，是现代生产力发展的决定性推动力量。马克思认为"生产力中也包括科学"②。邓小平指出："科学技术是第一生产力。"③科学技术在新质生产力发展中具有第一位的作用，现代生产实践是科学技术型的生产。发展新质生产力，就要以科技创新为抓手，不断促进生产要素的创新性配置、科学技术的革命性突破和产业体系的深度转型升级，从而厚植新质生产力发展的强劲动能。进一步完善新型举国体制，全面强化基础研究系统布局，对关键核心技术、颠覆性技术、前沿技术进行协同攻关。加快完善支持全面创新的基础制度体系，对科技评价体系、科技奖励制度、科研项目管理制度进行成果导向性改革，进一步在全部企业、研究院所普及"揭榜挂帅"机制。全面加强知识产权保护与利用，营造具有全球竞争力的创

---

① 《习近平在黑龙江考察时强调　牢牢把握在国家发展大局中的战略定位　奋力开创黑龙江高质量发展新局面》，《人民日报》2023年9月9日。
② 《马克思恩格斯全集》第46卷（下），人民出版社1980年版，第211页。
③ 《邓小平文选》第3卷，人民出版社1993年版，第274页。

新生态体系。进一步提升我国公民的科学素质，实施全民科学素质提升行动，推动全部科技场馆免费全天候开放，提升我国国家科普能力，2023年我国公民具备科学素质的比例仅为14.14%。

第三，深化行政体制改革，营造新质生产力发展的政务环境。着力提高政府效能，以更大力度反对官僚主义、形式主义，树立重实干、重实绩的用人导向，以实干和实绩促进新质生产力发展。深化财税体制改革，使财政支出结构向新质生产力发展倾斜，更好地促进新质生产力发展；增加现代化产业体制建设支出，扩大中央财政产业基础再造和制造业高质量发展专项资金支持范围，加大力度落实首台（套）重大技术装备和首批次重点新材料应用保险补偿政策、研发费用税前加计扣除及科技成果转化税收减免政策；重点增加财政基础研究投入，为国家重大科技项目与科技规划提升稳定持续的资金支持。深入推进法治政府建设，在全面规范具体行政行为的基础上，把规范性文件制定纳入行政监督、行政诉讼与司法诉讼范围，切实把好规范性文件的政策一致性审查关、合法性审查关、公平竞争审查关。

第四，深化环保体制改革，营造新质生产力发展的绿色环境。新质生产力不仅具有高科技与高质量特征，同时还具有绿色低碳发展的特征。要促进新质生产力发展，就要改革完善生态文明制度体系，完善生态保护补偿制度、生态产品价值实现机制；要进一步完善生态环境督察制度，不断完善绿色低碳产业发展的财税制度与金融支持制度，健全绿色低碳产品政府采购需求标准体系，建立健全与"双碳"目标相适应的财税政策体系，持续研发推广绿色低碳科技。

第五，深化人才体制改革，营造新质生产力发展的用人环境。随着人类社会向智能社会的发展，新质生产力的不断呈现与进步，劳动者能力中的智力因素、科学素养因素所占的比重不断增加，人才成为生产力发展的重要推动性力量。建议全面推进高水平人才高地建设，完善海外人才集聚平台，实施更加开放的人才政策。以国家战略人才开发为重点，以新质生产力领域人才培育为骨干，完善国家拔尖人才机制，形成规模宏大的一流科技领军人才队伍和创新团队、高技能人才和卓越工程师队伍。建立完善以创新能力、创新绩效为核心的人才评价、奖励体系，构建具有国际竞争力的人才制度体系。

第六，深化制度型对外开放，营造新质生产力发展的外部环境与国际一流营商环境。持续改善国际营商环境，建立基于科学民主决策体系的常态化政企沟通交流机制，面向国有企业、民营企业和外资企业建立定期"决策意见征求与政策实施反馈圆桌会议"制度。优化外贸结构，进一步升级吸引外资政策，着眼于扩大优质产品进口，进一步降低先进技术设备和资源品进口关税。全面实施自由贸易试验区提升战略，重点试验促进新质生产力发展的各项先行制度措施，在试点成功的基础上及时总结经验向全国推广。

李军鹏，中共中央党校（国家行政学院）公共管理教研部公共行政教研室主任、教授

从数字技术看新质生产力内核

徐浩然

从本质上讲,生产力反映的是人在生产过程中同自然的关系,随着人类在生产生活中逐渐对"自然"所形成的认识深化以及科学技术进步,生产力的内核也会因之发生代际变化。马克思指出,生产力,即"生产能力及其要素的发展"[①]。生产能力是人类社会发展进步的内在动力,主要体现在劳动者、劳动资料、劳动对象三个方面。科学技术是第一生产力,也是生产力系统中最为活跃和关键的构成要件。顺应新一轮科技和产业革命,数字技术已然成为新质生产力的内核,它是由云计算、大数据、人工智能、区块链、移动通信等组合而成的有机整体,由数字技术塑造的基础平台就是新质生产力的底座。推动数字技术扩散,加快形成新质生产力,增强发展新动能,是完成全面建设社会主义现代化国家的必由之路。

一、以数字化、智能化为显著特征的新型劳动者

21世纪以来,人工智能等各种智能装备在劳动过程中能广泛应用,极大拓展了劳动者的内涵和外延。智能机器人参与劳动,跻身于各行各业的作业流程中,增加了具体劳动力的种类、数量,促进了生产的

[①] 《马克思恩格斯选集》第2卷,人民出版社1995年版,第587页。

精细化、标准化、便捷化。着眼未来，智能机器人能帮助劳动者减轻重体力以及脑力劳动负担，使其从沉重危险的工作中抽身出来，向着复杂劳动或者更具创新意义的劳动方向发展，推动实现劳动就业从被迫谋生向主动需求的转变。在各种劳动场景中，劳动者与智能机器人所建立的多重关系，充分彰显了数字化劳动作为整体的智能特性。譬如无人机的迅速发展和广泛应用，在一定范围内逐渐取代人力，通过巡查检查、采取水文气象等信息来支援和保障生产过程。

基于数字化、智能化的复杂劳动拥有更高的价值创造能力。在数字经济时代，生产、分配、交换、消费四个环节的联通程度越来越高，社会化生产的系统性也越来越强，各种生产要素流通交织导致劳动者的执行任务更加复杂多变。数字化、智能化驱动下的复杂劳动相较于传统的简单劳动，更加彰显出创新性、动态性、全域性、交叉性等复杂特征。面对各种复杂任务的劳动者需要借助数据要素、数学模型等在一定劳动时间内推动大规模的物质生产以及精神生产运行，从而提升全要素生产率、促进生产力"质"的提升。工业时代，机械化生产作业在一定程度上解放了人的体力，数字时代智能技术发展将在一定程度上解放人的脑力。但这并不意味着，生产过程不需要人的体力劳动和脑力劳动，而是意味着人的体力和脑力使用出现了时空转移，如从有形的工厂转移到虚拟空间，人的复杂劳动更多地体现在创新性而非重劳作。所以，未来劳动力市场将变得更注重劳动者的复合能力，对非重复性认知技能和社会行为技能的需求必然呈现上升趋势。

通过数字教育培养智能时代亟须的复合型人才。在数字经济时代，各种先进技术快速迭代，生产体系内部相关技术之间互通性增强、技能边界趋向模糊，生产过程需要更多的复合型技术人才。培养复合型人才以及职业技能再教育离不开数字教育平台，对于青少年，要在不同教育阶段设置数字素养课程，为将来成为复合型人才锻造独立的、可持续的学习能力；对于企事业单位劳动者，要加大数字技能培训力度，利用数字教育平台实现终身教育。

数字技术推动新型劳动分工实现跨时空协同。随着大数据、物联网、移动通信等技术的发展，劳动者工作的时空界限被打破，新型劳动者的工作流程不再受限于传统的岗位和职能，更强调团队协作和跨界合作，劳动力可以在更广阔的时空范围内配置，全球劳动力的网络化水平越来越高。企业治理结构趋于扁平化、网络化、虚拟化，提高了不同部门之间的协作能力，也打破了企业与企业间、企业与产业间、产业与产业间的边界。数字技术的应用为在线协同办公提供了便捷而高效的支撑，云端服务、无界办公成为产业集群的发展方向。不同区域、不同产业链的企业机构均可虚拟集中，建立能够跨区域协作的虚拟作业环境，提高信息共享与创新发展。

二、以算法—算力为使用工具的新型劳动资料

在数字经济场景下，需要构造一个开放的技术体系，加速重构数字化、智能化新业态。这一技术体系，即是由工业互联网、工业物联网、云计算、边缘计算、移动端、中台等概念所构建的新型数字基础设施。新型基础设施主要包含信息基础设施、融合基础设施、创新基础设施。新型基础设施是新技术与新业态的融合体，通过对集成的数据进行计算、分析并且深度挖掘出一系列新需求，开拓出新市场。从政府、市场到社会逐步开展对新设施和线上平台的建设，促进电商、平台和线上经济的繁荣，推动实现消费互联网向产业互联网转型发展。

算法成为数字经济时代最主要的生产工具。劳动工具的数智化促进了全要素生产率的提升，开辟了巨大的经济增长空间。算法被广泛

应用于内容生产、商业营销、智慧政府和金融服务等多个领域，对人类生产生活都产生了深刻影响。随着人工智能时代的到来，依靠单一数据中心算力提供服务难以支撑规模化的产业发展。把计算机算法和网络技术综合集成起来，能够构建一个统一、智能、高效的网络计算体系，以满足各种复杂应用场景的需求。算网融合的实现需要借助先进的网络技术和计算技术，包括云计算、边缘计算、人工智能等。通过数实融合，形成更高效、更灵活、更智能的系统，灵活调度和优化配置计算资源，不断提高网络计算效率和质量，为各种应用场景提供高效、稳定、可靠的计算和网络服务。

算力网络是新质生产力成规模发展的战略支撑。算力是数字经济的基础设施，是多技术、多领域的交汇点。只有通过算力处理后的大数据才能为算法所用，才能释放巨大的潜在价值。随着数字产业化由规模化发展转向高质量发展，大到5G通信、卫星互联网，小到出行线路规划和外卖订单系统优化都离不开算力的支撑。当前，物联网和互联网的数据呈现几何倍数增长，算力需求更加旺盛。算力成为数字时代经济增长的重要保障。

数字孪生技术广泛应用推动数实融合、优化生产要素合理配置。数字孪生技术作为新型劳动工具，在虚拟模型和物理实体之间联动交互创造价值，减少物质资源损耗，优化生产要素配置。数字孪生技术通过先进的算法在虚拟世界重现物体在真实世界的运行轨迹，创造出全生命周期的动态虚拟模型，然后将动态仿真的数字模型与物理实体互相叠加，同步运行，实现有机融合。通过及时准确的双向反馈，实现对现实产品的更新升级，以信息流带动技术流、资金流、人才流、物资流，实现资源合理配置。随着云计算、人工智能、边缘计算等技术的跨越式发展，数字孪生技术已经应用到制造、航天航空、电力、城市治理等领域。

三、以数据作为关键生产要素的新型劳动对象

数据要素是数字时代最活跃的要素，直接作为生产要素参与价值创造和分配。数据具有非竞争性、可复制性，因此，能够突破传统生产要素的稀缺性限制，为经济持续生产提供保障。数据要素具有互补性，不同来源的数据相互融合，可以提高数据源的边际价值，增强生产要素之间的协同效应。数据要素具有外部性，数据分享有助于促进研发，改进产品和服务的质量，提高生产效率。数据要素具有指数级增殖性，数据应用过程中会产生更多新数据，实现自我增值。数据规模是经济规模的增函数，数据的指数级增殖性会推动经济的可持续发展。

数据要素正在催生新型劳动对象的非物质化趋势。劳动对象是指人们通过自身劳动进行加工，使其满足社会需要的那部分物质资料，是衡量社会生产力发展水平的重要标志。随着高新技术的发展，数据等新的劳动对象持续增长，劳动对象非物质化特征日渐突出。数据生产要素在各行各业中广泛应用，传统劳动对象呈现出高新技术化特征，转变为数字空间等非物质化的新劳动对象，推动了生产领域的变革和升级。

数据要素流动促进了新型劳动对象的动态化。由于传统的大规模生产方式无法满足市场的变化，物联网、大数据分析和人工智能等技术发展推动企业从同质化、流水线式的生产方式向柔性制造、定制生产的生产方式转变。企业可以利用网络平台持续收集用户反馈意见实现供需对接，精准匹配需求，实时更新改进产品，不断适应市场的快速变化和多样化需求。数字时代企业还通过数字化、自动化等技术手

段提升生产过程的效率和精度,缩短产品的生产周期,提供更丰富、更优质的产品。

数据要素极大提升了新型劳动对象的绿色生态化水平。数字技术推动传统产业高效绿色转型升级,有利于降低资源消耗和环境污染。数字技术应用于生态治理,既能够节约信息采集成本,提高资源配置效率,做到精准识别、及时追踪生态环保隐患问题,为科学保护、系统治理生态环境提供有力支撑,还能推动数字经济与绿色经济协同发展。企业通过有效的数据要素投入,在生产过程中能减少废弃物的产生,提升全要素生产率和资源节约率,实现绿色生态可持续发展。数据要素赋能高新技术,对传统劳动对象加以绿色化改造,能创新出绿色合成材料,拓展新能源的开发利用以替代传统能源,加快形成绿色低碳的现代化产业体系。

徐浩然,中共中央党校(国家行政学院)科学社会主义教研部教授

新质生产力的三重逻辑

张 开 高鹤鹏

科技是国家强盛之基，创新是民族进步之魂。2023年9月，习近平总书记在黑龙江考察时提出"加快形成新质生产力"[①]的新要求；2023年10月，中央金融工作会议将"科技金融"[②]放在"五篇大文章"之首；2023年11月，中央经济工作会议将"以科技创新引领现代化产业体系建设"[③]放在"九大任务"之首，同时提出"要以科技创新推动产业创新，特别是以颠覆性技术和前沿技术催生新产业、新模式、新动能，发展新质生产力"[④]；2024年1月，习近平总书记在主持召开中共中央政治局第十一次集体学习时提出："发展新质生产力是推动高质量发展的内在要求和重要着力点"[⑤]；2024年3月，《政府工作报告》着重强调"科技创新实现新的突破"[⑥]；在参加十四届全国人大二次会议江苏代表团审议时，习近平总书记强调："要牢牢把握高质量发展这个首要任

[①]《习近平主持召开新时代推动东北全面振兴座谈会强调 牢牢把握东北的重要使命 奋力谱写东北全面振兴新篇章》，《人民日报》2023年9月10日。
[②]《中央金融工作会议在北京举行》，《人民日报》2023年11月1日。
[③]《中央经济工作会议在北京举行》，《人民日报》2023年12月13日。
[④]《中央经济工作会议在北京举行》，《人民日报》2023年12月13日。
[⑤]《习近平在中共中央政治局第十一次集体学习时强调 加快发展新质生产力 扎实推进高质量发展》，《人民日报》2024年2月2日。
[⑥] 李强：《政府工作报告》，《人民日报》2024年3月13日。

务，因地制宜发展新质生产力。"[①]科技创新是我国由经济大国迈向经济强国的关键，是我国由高速发展转向高质量发展的重要驱动。经过不懈努力，我国具备了发展新质生产力的良好基础和独特优势，在数字经济、光伏领域实现换道超车，在生物医药、高端装备等领域实现重大突破，为推进现代化产业体系、新型工业化发展奠定良好基础。但是，我国依然面临核心技术"卡脖子"的问题，以集成电路为例：作为信息技术发展的基础，2023年集成电路进口数量达4796亿颗、金额达24591亿元，比2023年原油进口金额多858亿元，已经连续十年名列第一大进口商品。[②]新质生产力的提出是应对国际激烈产业竞争新环境、引领国内产业转型升级的新路径，是坚持问题导向统筹国内国际两个大局的新答案。要从生产力与生产关系的辩证统一中理解新质生产力，正确认识和把握资本的特性和行为规律，充分发挥资本在培育和发展新质生产力中的积极作用。

当前，关于新质生产力的讨论更多是从客观、物质、技术要素角度出发，需要注意的是生产力不仅包含物的因素，也包含人的因素即主观因素。本文基于马克思主义生产力理论的视角，通过总结和梳理相关学术史和研究动态，展现新质生产力的历史逻辑；通过分析生产力的主观和客观因素、社会必要劳动时间、政治经济学的研究对象及"新质资本"，展现新质生产力的理论逻辑；以平台经济为例理解"新质资本"，展现新质生产力的实践逻辑。以期对新质生产力的内涵及核心要义形成完整表述，为我国推动"新质资本"健康发展提供参考。

[①]《习近平在参加江苏代表团审议时强调　因地制宜发展新质生产力》，《人民日报》2024年3月6日。

[②]《2023年12月进口主要商品量值表（人民币值）》，中华人民共和国海关总署，2024年1月18日。

一、新质生产力的历史逻辑

中国政治经济学发展史上，一直存在对于生产力与生产关系的讨论。最著名的莫过于平心的生产力二重性理论与张闻天的生产关系二重性理论。平心认为，生产力既有物质技术属性，也有社会属性，两者共同组成生产力的动力矛盾。[①]在这两种矛盾的基础上，平心提出生产力在同生产关系的矛盾中发展，但生产力的发展并不依赖生产关系，生产力可以自己增殖。[②]张闻天则提出了"生产关系一般"和"生产关系特殊"两种概念，认为生产力和生产关系的矛盾必然转化为生产关系内部的矛盾。张闻天把这种在任何社会形态中都存在的、直接表现生产力的生产关系、劳动分工协作关系称作"生产关系一般"，把那种在一定社会形态中的生产资料和生产品的"所有关系"称作"生产关系特殊"。"生产关系一般"是内容，"生产关系特殊"是前者的形式；张闻天把通常理解的生产力和生产关系的矛盾，"内含并体现为"生产关系内部二重性之间的矛盾。[③]之后，政治经济学界对两位学者的理论展开了长期讨论。孟捷、张雪琴认为，上述二位学者对生产力和生产关系的探讨，是继毛泽东之后中国学者对历史唯物主义研究的原创性贡献。[④]

20世纪90年代以后，关于生产力的理论讨论中出现了大量"新质生产力"提法。1991年，薛永应在《中国社会生产力发展战略大思路》中提出生产力成长周期论，他将电器生产力设定为社会主义社会的生产力起点，指出"社会生产力的成长表现为由它的物质基础（生产

[①] 平心：《论生产力问题》，生活·读书·新知三联书店1980年版，第60—61页。
[②] 平心：《论生产力问题》，生活·读书·新知三联书店1980年版，第54页。
[③] 张闻天：《关于生产关系的两重性问题》，《经济研究》1979年第10期。
[④] 孟捷、张雪琴：《从生产力两重性到生产关系两重性——平心和张闻天对历史唯物主义研究的贡献》，《教学与研究》2022年第11期。

力因素）和结构基础（生产力因素组合方式）所决定的，'质、量、空、时'四态统一的性能和水平的升级换代；依次继起和绵延不断的升级换代，构成社会主义的成长史"①。他把在某种社会形态的末期，生产力发生变革后的表现形式称为"新质的生产力"，指出这种生产力发展可分为五个环节，即为"孕育—诞生—成长—成熟—蜕变"②。王克孝等指出，"新质的生产力的出现就会导致原有的旧的生产关系的否定和变革，导致与新质生产力相适应的新的生产关系的出现、形成和确立。这种在一定质的生产力即社会存在的一般自然形式基础上，所形成的与其相适应的相对稳定不变的社会生产关系，也就构成该社会存在的社会本质"③。丰子义认为，新质生产力代表生产力高起点、高水平的发展，"正是因为新质生产力或新的生产力结构的出现，形成了新的发展平台，引发了生产力的跨越发展"④。陈璋等基于新质生产力的演变，对生产力平衡结构与不平衡结构进行比较，发现新质生产力的演变表现在以下方面：一是创造出全新的产品，二是使原有的产品以更大规模产出，但必须建立在已有产品总量增大的基础上，随后同样以"孕育—诞生—成长—成熟—蜕变"五阶段，对生产力不平衡结构演变过程进行数量分析，并得出新质生产力可以提高劳动生产率和资金利润率，新质生产力不断发展的生命力来源于不断创造的新产品及新质生产力能创造出新的需求等结论。⑤

习近平总书记提出"加快形成新质生产力"之后，学术界针对新

---

① 薛永应：《中国社会生产力发展战略大思路》，人民出版社1991年版，第96页。
② 薛永应：《中国社会生产力发展战略大思路》，人民出版社1991年版，第97页。
③ 王克孝、彭燕韩、张在滋主编：《辩证法研究》，人民出版社1993年版，第275页。
④ 丰子义：《发展的反思与探索：马克思社会发展理论的当代阐释》，中国人民大学出版社2006年版，第276页。
⑤ 陈璋等：《生产力不平衡结构下宏观经济调控方法论问题研究》，中国人民大学出版社2017年版，第49—59页。

质生产力的概念、历史演进及实践路径等展开了热烈讨论。新质生产力的概念囊括新质劳动对象、新质劳动资料和新质劳动者[①]，以新技术、新经济、新业态[②]、新要素和新产业[③]为主要驱动力，以科技创新为轴心，将要素系统革新的牵引力通过技术系统这一媒介，传导至产业系统，最终实现对传统生产力的重塑[④]，对我国经济高质量发展和中国式现代化具有重要战略意义[⑤]。在具体领域，新质生产力是以新兴产业为依托[⑥]，以科技创新为核心动力[⑦]，推动全要素生产率大幅提升的生产力[⑧]。除此之外，还有研究认为，新质生产力发展应从体制机制改革[⑨]、发挥举国体制"集中力量办大事"的优势[⑩]、将人口红利转换为人才红利[⑪]、建设现代化产业体系[⑫]、发挥政府和市场的协同作用[⑬]等方面入手。概言之，学术界对新质生产力的研究主要是对特征、内涵及实现路径

[①] 赵峰、季雷：《新质生产力的科学内涵、构成要素和制度保障机制》，《学习与探索》2024年第1期。

[②] 周文、许凌云：《论新质生产力：内涵特征与重要着力点》，《改革》2023年第10期。

[③] 胡莹、方太坤：《再论新质生产力的内涵特征与形成路径——以马克思生产力理论为视角》，《浙江工商大学学报》2024年3月8日网络首发。

[④] 蒋永穆、乔张媛：《新质生产力：逻辑、内涵及路径》，《社会科学研究》2024年第1期。

[⑤] 简新华、聂长飞：《论新质生产力的形成发展及其作用发挥——新质生产力的政治经济学解读》，《南昌大学学报（人文社会科学版）》2023年第6期。

[⑥] 潘建屯、陶泓伶：《理解新质生产力内涵特征的三重维度》，《西安交通大学学报（社会科学版）》2024年1月13日网络首发。

[⑦] 余东华、马路萌：《新质生产力与新型工业化：理论阐释和互动路径》，《天津社会科学》2023年第6期。

[⑧] 黄群慧、盛方富：《新质生产力系统：要素特质、结构承载与功能取向》，《改革》2024年第2期。

[⑨] 韩喜平、马丽娟：《新质生产力的政治经济学逻辑》，《当代经济研究》2024年第2期。

[⑩] 翟青、曹守新：《新质生产力的政治经济学阐释》，《西安财经大学学报》2024年第2期。

[⑪] 张姣玉、徐政：《中国式现代化视域下新质生产力的理论审视、逻辑透析与实践路径》，《新疆社会科学》2024年第1期。

[⑫] 胡莹：《新质生产力的内涵、特点及路径探析》，《新疆师范大学学报（哲学社会科学版）》2023年11月14日网络首发。

[⑬] 周绍东、胡华杰：《新质生产力推动创新发展的政治经济学研究》，《新疆师范大学学报（哲学社会科学版）》2024年第1期。

| 张　开　高鹤鹏 | 新质生产力的三重逻辑

进行初步分析，而以马克思主义生产力理论为基础的研究凤毛麟角，相关研究仍需进一步深入；与此不同，本文接下来通过分析新质生产力的理论逻辑和实践逻辑，尝试探寻新质生产力与新质生产关系辩证统一的具体形式"新质资本"，以求扩大新质生产力研究视野。

二、新质生产力的理论逻辑

生产力是社会基本矛盾运动中最基本的动力因素，是人类社会发展和进步的最终决定力量。人类社会发展的实践证明，生产力的变革伴随着从量变到质变的过程，也就是"生产能力及其要素的发展"[1]。人类生存发展始终面临如何处理好与自然的关系，以及如何在自然界的物质交换中满足自身需求，正如马克思所言，"一个社会不能停止消费，同样，它也不能停止生产"[2]，并且"人们所达到的生产力的总和决定着社会状况"[3]。由此可见，生产力水平将会直接决定社会发展的程度。

（一）生产力的主观和客观因素

生产力理论本应是马克思主义政治经济学的核心范畴，也应是贯穿整个唯物史观的根本基础。作为人类社会发展的决定性力量，物质生产活动是人类其他一切活动开展的基本条件。如果人类通过物质生产活动获取生产物质资料的能力发生变化，则会牵动着整个社会的变化。早在1846年马克思给帕·瓦·安年科夫的信中就阐述了生产力的发展特征，提出了"新的生产力"范畴，并论证了"生产力—生产方式—生产关系"原理[4]。他指出："随着新的生产力的获得，人们便改变自己的生产方式，而随着生产方式的改变，他们便改变所有不过是这

---

[1]《马克思恩格斯选集》第2卷，人民出版社1995年版，第587页。
[2]《马克思恩格斯全集》第44卷，人民出版社2001年版，第653页。
[3]《马克思恩格斯全集》第3卷，人民出版社1960年版，第33页。
[4] 刘刚：《工业发展阶段与新质生产力的生成逻辑》，《马克思主义研究》2023年第11期。

一特定生产方式的必然关系的经济关系。"①

马克思在《资本论》中，对劳动过程的解释为"有目的的活动或劳动本身，劳动对象和劳动资料"②，劳动者、劳动工具、劳动对象三要素构成生产力。其中，劳动者有目的的活动或劳动本身是主观因素、人的因素，而统称为生产资料的劳动工具和劳动对象是客观因素、物的因素。这样一来，生产力的提高就包括人和物两个方面。

一是人的因素，包含分工与协作③。关于分工，马克思指出："一旦劳动过程的不同操作彼此分离，并且每一种局部操作在局部工人手中获得最合适的因而是专门的形式，过去用于不同目的的工具就必然要发生变化。"④分工带来的结果是熟能生巧、劳动节约，过去工人完整全面的劳动技艺被瓦解成简单的局部劳动操作；分工会带来生产力进步，也促使工人成为局部工人。关于协作，马克思谈道："单个劳动者的力量的机械总和，与许多人手同时共同完成同一不可分割的操作所发挥的社会力量有本质的差别。在这里，结合劳动的效果要么是单个人劳动根本不可能达到的，要么只能在长得多的时间内，或者只能在很小的规模上达到。这里的问题不仅是通过协作提高了个人生产力，而且是创造了一种生产力，这种生产力本身必然是集体力。"⑤协作带来的结果是产生一种集体力或结合劳动力，这种劳动社会生产力不费资本家分文，却表现为资本内在固有的力量，表现为"资本力"而被资本所占有。

---

① 《马克思恩格斯选集》第4卷，人民出版社2012年版，第410页。
② 《马克思恩格斯全集》第44卷，人民出版社2001年版，第208页。
③ 当前，部分论文在讨论马克思分工理论时，误将 division of labour 翻译成 "劳动分工"，这种理解是错误的。division 意为 "分割、分配"，labour 意为 "劳动"，但是 "工" 就是 "劳动"，因此 "劳动分工" 这一用法是对语义的重复翻译。
④ 《马克思恩格斯全集》第44卷，人民出版社2001年版，第395—396页。
⑤ 《马克思恩格斯全集》第44卷，人民出版社2001年版，第378页。

二是物的因素，就是生产资料的集中。从生产资料或劳动条件来讲，随着资本雇佣劳动人数的增多，规模庞大的工人并入生产过程之后对生产资料的共同使用、交替使用、共同消费，都会"在劳动过程的物质条件上引起革命"[1]。一方面，"生产资料的交换价值，丝毫不会因为它们的使用价值得到某种更有效的利用而有所增加"[2]。另一方面，随着生产规模增加，资本家需要预付的不变资本价值的绝对量会增加，但分摊或转移到更大产品量上的不变资本的价值量会相对减少，"不变资本的价值组成部分降低了，而随着这部分价值的量的减少，商品的总价值也降低了"[3]。因此，"利润，可以通过劳动的共同条件使用上的节约而增加"[4]。生产资料的集中，带来劳动条件的节约，也会提高生产力。上述"人"（主观）和"物"（客观）两方面因素就是生产力理论最基本的表达。

（二）生产力进步中的社会必要劳动时间

在商品生产社会中，生产力通过社会必要劳动时间来体现，单个资本或企业不断使其个别劳动时间低于社会必要劳动时间。马克思在《资本论》中，对社会必要劳动时间的概念表述为"社会必要劳动时间是在现有的社会正常的生产条件下，在社会平均的劳动熟练程度和劳动强度下制造某种使用价值所需要的劳动时间"[5]。从内涵上看，社会必要劳动时间由主观和客观因素两方面组成，主观因素包括劳动熟练程度和劳动强度，客观因素包括生产条件。在这里，"社会必要劳动时间"概念，与前文所指的生产力的主观和客观因素严格对应。由于

---

[1] 《马克思恩格斯全集》第44卷，人民出版社2001年版，第376—377页。
[2] 《马克思恩格斯全集》第44卷，人民出版社2001年版，第377页。
[3] 《马克思恩格斯全集》第44卷，人民出版社2001年版，第377页。
[4] 《马克思恩格斯全集》第38卷，人民出版社2019年版，第139页。
[5] 《马克思恩格斯全集》第44卷，人民出版社2001年版，第52页。

生产条件的所有权归属私人，而生产条件不同、等级不同，导致劳动者的劳动生产率也有所差别。与较好生产条件相结合的劳动会有较高的劳动生产率并且同样的时间内会形成较多价值，反之则会形成较少的价值[1]。一方面，从"劳动"的质的规定性看，私有制条件下等价交换中的"劳动"是形成价值的抽象的一般人类劳动，即社会必要劳动，是价值的实体；这是私人劳动转化为社会劳动的唯一可能形式。另一方面，从"劳动"的量的规定性看，同等条件下的等价交换中决定价值量的是社会必要劳动时间，不是个别劳动时间。马克思认为，资本在生产价值或剩余价值时，有这样一种趋势："就是要把生产商品所必需的劳动时间，即把商品的价值，缩减到当时的社会平均水平以下。力求将成本价格缩减到它的最低限度的努力，成了提高劳动社会生产力的最有力的杠杆。"[2] 同时，"当新的生产方式被普遍采用，因而比较便宜地生产出来的商品的个别价值和它的社会价值之间的差额消失的时候，这个超额剩余价值也就消失。价值由劳动时间决定这同一规律，既会使采用新方法的资本家感觉到，他必须低于商品的社会价值来出售自己的商品，又会作为竞争的强制规律，迫使他的竞争者也采用新的生产方式"[3]。

在《劳动与垄断资本》中有一个典型的例子：1903年，福特汽车公司成立，工人来自密歇根州和俄亥俄州的那些在自行车厂和四轮马车厂受过训练的手工艺人，最终装配工作环节，是一项高技术工作，每辆汽车在一个固定位置由一些"全能机工"来完成装配。1908年，福特公司开始生产T型车，原有的"全能机工"仅负责有限的一些操作。T型车需求很大，公司采用不断运转的传送带，上面放着要装配车

---

[1] 张开：《"两种市场价值理论"评析》，《经济学家》2013年第9期。
[2] 《马克思恩格斯全集》第46卷，人民出版社2003年版，第997页。
[3] 《马克思恩格斯全集》第42卷，人民出版社2016年版，第324页。

辆的各个部件，当它们经过固定工作站时，就由那里的工人完成简单的操作。1914年，T型车的装配耗时减少到最初的十分之一；1925年，一天所生产的T型车数量，和最初一年的产量相当。①资本家的目的不仅是为了追求使用价值和个人享受，"作为价值增殖的狂热追求者，他肆无忌惮地迫使人类去为生产而生产，从而去发展社会生产力，去创造生产的物质条件；而只有这样的条件，才能为一个更高级的、以每一个个人的全面而自由的发展为基本原则的社会形式建立现实基础"②。因此，经济的逻辑就是生产力进步的逻辑，生产力进步的逻辑在资本主义社会中通过社会必要劳动时间体现，每一个资本都会拼命地使个别劳动时间低于社会必要劳动时间，使个别价值低于社会价值，其手段就是生产力进步。

（三）政治经济学的研究对象不能缺少生产力

马克思在《资本论》第一卷第一版序言中指出："我要在本书研究的，是资本主义生产方式以及和它相适应的生产关系和交换关系。"③恩格斯也指出："经济学研究的不是物，而是人和人之间的关系，归根到底是阶级和阶级之间的关系。"④马克思在《资本论》中的一个脚注里，特别引用了1847年《雇佣劳动与资本》中的著名文字："黑人就是黑人。只有在一定的关系下，他才成为奴隶。纺纱机是纺棉花的机器。只有在一定的关系下，它才成为资本。脱离了这种关系，它也就不是资本了。……资本是一种社会生产关系。它是一种历史的生产关系。"⑤绝大部分学者把"生产关系"视作政治经济学研究对象，丢掉了"生产力"，

---

① 〔美〕哈里·布雷弗曼著，方生等译：《劳动与垄断资本——二十世纪中劳动的退化》，商务印书馆1979年版，第132—133页。
② 《马克思恩格斯全集》第44卷，人民出版社2001年版，第683页。
③ 《马克思恩格斯全集》第44卷，人民出版社2001年版，第8页。
④ 《马克思恩格斯文集》第2卷，人民出版社2009年版，第604页。
⑤ 《马克思恩格斯全集》第44卷，人民出版社2001年版，第878页。

将生产力视作马克思主义哲学的研究对象；还有部分学者主张"生产方式"是政治经济学研究对象，但他们忽视了资本获取利润的方法。资本对利润的渴望是以生产力进步为手段实现的，要想获得更多利润，就必须不断地推动生产力进步。在过去很长一段时间内，对资本的解释多是站在"资本就是逐利的"这一条线索上，忽视了对资本逐利所采取的各种手段进行分析，造成了政治经济学"宏大叙事风格"。这种解释将具体劳动或使用价值生产过程中能够提高生产力的种种新技术、新方法、新分工、新协作等置之不理，相当于在马克思资本理论研究中，抛弃了马克思视为理解政治经济学枢纽的"劳动二重性"，进而出现逻辑链条紊乱的现象。[①] 缺失了劳动二重性的逻辑，政治经济学的研究对象将会变得不完整，我们也就不能正确认识资本二重性。具体来看，具体劳动体现生产力属性，是人和自然之间的物质变换过程，是使用价值的生产过程；抽象劳动体现生产关系属性，是价值或剩余价值的生产过程，蕴含生产者之间的社会关系及其劳动比较。以劳动二重性、商品二因素为基础的资本也具有二重性，资本的逐利性是通过生产力进步来实现的，依旧不能脱离生产力理论的分析框架[②]。

因此，在政治经济学的研究中，不能缺少对生产力的分析。单个资本通过推动自身生产力进步，使自己的生产力水平高于社会平均水平，以更廉价的方式生产同种商品，在市场竞争中获取竞争优势。这种以自身生产力进步来获取利润或超额利润的行为会逐渐扩散到整个社会，从而提高社会生产力平均水平。这会导致一个总体性后果：社会总资本平均有机构成提高，机器排挤、代替工人，长期的社会平均利润率表现为一个趋向下降的总体趋势。马克思将之界定为资本主

---

① 张开：《今天我们为何要重读〈资本论〉》，《秘书工作》2022年第5期。
② 张开：《如何理解资本二重性——兼论新型政商关系的政治经济学基础》，《教学与研究》2020年第9期。

生产方式基本矛盾："生产资料的集中和劳动的社会化,达到了同它们的资本主义外壳不能相容的地步。"①物的因素(生产资料的集中)和人的因素(劳动的社会化)两个方面的结合过程日益具有社会性质,这就是生产的社会化或社会化大生产,就是马克思的生产力概念。没有离开生产力的生产关系,也没有离开生产关系的生产力,我们需要在二者的辩证统一、相互作用中来理解政治经济学研究对象,来理解资本二重性。用"生产力—生产关系论"代替传统政治经济学"生产关系论",可以为我们今天更好理解新质生产力提供重要理论前提。新质生产力不会孤立存在,新质生产力需要与之相配套的新质生产关系,新质生产力与新质生产关系的辩证统一,就是"新质资本"。

(四)"新质资本"的发展逻辑

马克思指出:"手工磨产生的是封建主为首的社会,蒸汽磨产生的是工业资本家为首的社会"②,并且"各种经济时代的区别,不在于生产什么,而在于怎样生产,用什么劳动资料生产。劳动资料不仅是人类劳动力发展的测量器,而且是劳动借以进行的社会关系的指示器"③。生产力本身就是处在不断新质化运动过程中,这种生产力的运动,根本上讲存在于劳动过程中。就像保罗·斯威齐在《劳动与垄断资本》的前言中说的那样,"《资本论》把对劳动过程的分析第一次置于真正科学的基础之上。马克思提供了所有的重要概念和方法"④。生产力本身就是一个改造自然并进行物质资料生产的复杂系统,是劳动者在生产过程中体现出的生产能力。

---

① 《马克思恩格斯全集》第44卷,人民出版社2001年版,第874页。
② 《马克思恩格斯全集》第4卷,人民出版社1958年版,第144页。
③ 《马克思恩格斯全集》第44卷,人民出版社2001年版,第210页。
④ 〔美〕哈里·布雷弗曼著,方生等译:《劳动与垄断资本——二十世纪中劳动的退化》,商务印书馆1979年版,第3页。

"新质资本"既包含新质生产力也包含新质生产关系,其发展逻辑是在市场竞争中,通过缩短单一产品的劳动时间,从而获得更大利润。新质生产力的"新"和"质"集中体现在技术进步和要素升级,关键在于科技创新引领,直接结果是整体生产力质的提升和满足人民群众对美好生活的需要。马克思曾鲜明指出:"生产力中也包括科学"[1],科技创新不仅作为单一要素发挥作用,更重要的是要作为渗透性要素融入生产力发展的各部分,使劳动过程中的劳动者之间结合方式发生变化,新的"分工—协作"会产生新的社会生产力,新的社会生产力不断推进生产社会化发展,使生产资料"从个人的生产资料变为社会化的即只能由一批人共同使用的生产资料"[2],"生产本身也从一系列的个人行动变成了一系列的社会行动"[3]。一般情况下,随着分工的不断扩大及深化,劳动者的劳动过程会更加"精细化生产",并会产生一些新产品、新部门,从而引发生产力的量变。在以分工为基础的协作中,可以摆脱单一劳动者的生产局限性,从而提高生产要素的配置效率,发挥劳动者种属能力,创造出"社会的劳动生产力"[4]。在《资本论》中,马克思还对工厂协作化的工作制度与手工工场单一技能操作进行比较,并将工厂这种"共同劳动"制的生产方式比喻成一个乐队,负责管理、监督和调节的资本就会担任乐队指挥,尽可能多地自行增值也就是生产更多剩余价值及剥削劳动力。[5]自工业革命以来,劳动过程一直在发生变革。从工场手工业阶段到机器工业阶段再到福特主义大规模生产阶段,最后是后福特制大规模弹性生产阶段,生产的组织管理模式不

---

[1] 《马克思恩格斯全集》第46卷(下),人民出版社1980年版,第211页。
[2] 《马克思恩格斯全集》第26卷,人民出版社2014年版,第286页。
[3] 《马克思恩格斯全集》第25卷,人民出版社2001年版,第397页。
[4] 《马克思恩格斯全集》第44卷,人民出版社2001年版,第382页。
[5] 《马克思恩格斯全集》第44卷,人民出版社2001年版,第384页。

断发生变革。①大规模多样化的生产方式正逐渐进入我们的生活,"虚拟车间""无人工厂"等重塑劳动过程,数字化劳动过程中的生产组织形式越来越趋向于协同化、网络化、生态化发展,资源配置效率得到大幅度提升。这些新型业态的出现,归根结底都是在传统生产力的基础上,通过"新"和"质"的提升对整个生产力系统进行重塑,最终实现新质生产力与新质生产关系的辩证统一。

三、新质生产力的实践逻辑

习近平总书记指出:"科技创新能够催生新产业、新模式、新动能,是发展新质生产力的核心要素。"②当今世界正在经历百年未有之大变局,我国也面临内部经济增速换挡、外部打压遏制上升的局面。只有加快实现高水平科技自立自强,打好关键核心技术攻坚战,才能培育发展新质生产力的新动能。新质生产力存在于各个领域,可以在各行各业涌现,因为整个经济社会是一个由社会分工决定的大系统,在每一个细分领域和细分环节新质生产力都会扮演提高经济效率的角色,有的是在生产过程、有的是在流通过程,甚至有些存在于消费过程。在当前数字经济纵深发展过程中,有一个炙手可热的例子可以为我们更好理解"新质资本"提供参考,那就是平台资本。平台资本就是在流通领域,通过缩短流通时间和减少流通费用来提高生产效率为主要发展方式的"新质资本"。

(一)平台资本的具体表现形式

平台资本的出现并非偶然显现,而是资本伴随时代进步遵循历史

---

① 谢富胜:《资本主义的劳动过程:从福特主义向后福特主义转变》,《中国人民大学学报》2007年第2期。

② 《习近平在中共中央政治局第十一次集体学习时强调 加快发展新质生产力 扎实推进高质量发展》,《人民日报》2024年2月2日。

逻辑与现实逻辑的必然结果。之所以平台能够备受资本青睐，是因为平台在买方与卖方之间起到了"中间人"的作用，不同群体通过平台得以聚集。平台资本是以先进网络技术为手段，通过打破时空限制、降低交易成本的方式，从而协调与整合交易市场，属于数字时代的新型商业资本。①关于平台资本的分类，当前学术界还没有形成统一的分类方式，但结合马克思关于商业资本与货币经营资本的论述，以及平台在交易商品中发挥的中介作用，我们可以将其分为商品平台、服务平台、货币平台与广告平台四类。具体来看，商品平台的获利方式是通过促进商品交易来收取其中的交易费；服务平台的获利方式是通过促进网约车、酒店预订与旅游服务等订单交易的完成，收取相应的中介服务费；货币平台的获利方式是以便捷高效的支付方式促进交易达成，收取手续费；广告平台的获利方式是以平台规模为基础，通过"定制性""精准性"的广告投放引导消费者购买商品，间接促进商品的流通。

平台资本流通效率提高，可以间接性提高产业资本效率，综合来看就是社会总资本生产力的提高。资本既可以促进流通领域快速发展从而推动生产领域生产力不断进步，也会谋求垄断地位满足自己逐利本性，不断获取垄断利润，甚至利用在流通领域的垄断地位压榨生产领域，获取更多利润，其特性符合前文所述"新质资本"的逻辑，具有资本二重性。

（二）平台资本的二重性

与传统产业资本相比，平台资本作为数字时代的新型商业资本，主要表现在通过缩短流通时间和成本，使得"资本在流通中的形态变化越成为仅仅观念上的现象"②，促进了生产效率的提高，从而参与创造

---

① 谢富胜、江楠、吴越：《数字平台收入的来源与获取机制——基于马克思主义流通理论的分析》，《经济学家》2022年第1期。

② 《马克思恩格斯全集》第45卷，人民出版社2003年版，第142页。

社会总的价值和剩余价值，并按一定的比例获取利润，具体体现在上文所述的四类平台资本的运行中。

一是商品平台的二重性。商业平台的运营逻辑，是通过减少流通时间和费用来提高流通效率。以亚马逊为例，平台抓住了消费者追求高效、快速且个性化的需求，利用大数据分析等数字技术打破时空障碍，并与移动支付终端合作，使消费者可以随时随地进行"定制化"购物，极大缩短交易时间。平台的正常运行，除了要有技术手段外，用户的数量也是不可忽视的问题。对于消费者来说，通常以"货比三家"的形式来进行购物，商品在该平台的价格越低，越容易达成这笔交易。但平台通过价格低廉吸引用户的方式并不长久，资本不可能长期处于亏损状态。因此，商品平台在积累了一定用户数量之后，会利用垄断地位谋取利润。用户如果想继续享受低廉的价格和优质的服务就必须开通平台会员，开通会员后用户便可继续享受价格优惠以及快速高效的物流配送业务，这些业务反过来为会员保有率提供保障。并且，供应商为了提升品牌知名度，会向平台支付一定的广告费，这就导致了用户在搜索商品时，一些有广告投入的商品会显示在前列。商品平台一方面在用户身上获取利润，另一方面又通过供应商的广告费获取利润。

二是服务平台的二重性。服务平台的运营逻辑，是通过整合社会上的房屋、汽车等闲置资源，来提高其使用效率并从中抽取一定的服务费。以打车软件Uber为例，平台会利用移动端卫星定位确定用户位置，从而匹配距离相近的车辆，解决了打车难的问题，并且平台会通过云计算对车辆的行驶路径进行规划，用户可以通过平台追踪车辆运行动态，防止因绕路引起的价格纠纷。在初始运营阶段，由于平台用户数量较低，导致司机无法与消费者进行匹配。这时，Uber采取发放

"打车券"的形式来吸引消费者入驻，以赠送司机手机的形式吸引服务者入驻。但同样的平台不可能长期处于亏损状态，在奠定了一定用户基础之后，Uber开始在消费者所支付的车费中抽取一定量的服务费，组成平台的主要收入来源。并且，平台还通过开通外卖服务及其他交通业务，对其他商家抽取服务费，从而获得更多利润。要注意的是，服务平台一般没有自己的运营车辆及空闲房屋，只是利用社会闲置资源为用户提供匹配业务，提高流通效率。

三是货币平台的二重性。货币平台的运营逻辑，是通过提供一定的支付担保，解决交易过程中的信任问题、提高交易效率、降低交易成本，并从中收取一定的交易手续费。以支付宝为例，在数字经济发展的萌芽时期，用户在淘宝网等平台进行网购时，支付是较为繁琐的流程，通常需要借助银行"令牌"等工具，直接进行银行间的转账业务。支付宝诞生以后，买家只需要将钱转入平台虚拟账户中，并以此进行网络购物，当消费者完成购物过程并确认收货以后，平台会将买家支付资金转到卖家虚拟账户中，并且虚拟账户中的资金可以随时提取至银行账户中，但这个步骤需要缴纳一部分手续费。平台通过此类交易担保，极大促进了交易效率，降低了交易成本。平台还会通过发布货币基金等方式使用户产生黏性，用户将闲置资金转入虚拟账户并购买指定的货币基金来获取一定的收益，这部分资金可以随用随取，门槛低至1元。除此之外，平台还推出了生活服务缴费、付款码和收款码等服务，平台同样会在这类服务中提取一定的手续费。而后，支付宝又推出了蚂蚁金服业务，用户可以使用平台虚拟账户中的资金用于购买理财、金融产品等，但这种趋于金融化的发展很有可能已经脱离服务实体经济的本质。

四是广告平台的二重性。广告平台的运营逻辑，是利用平台用户的使用数据,投放"定制化"的广告,从中收取一定的广告费。以国外社交平台Facebook为例,用户会在平台发布自己生活动态以满足自身社交分享需求,平台通过分析用户发布动态中的关键词及对其他用户的评论和点赞,掌握用户感兴趣话题,并以点赞及评论的火爆程度为依据优先向他人展示。平台通过算法监视用户在网络上的一举一动,从而不定期地向用户推送广告,以此产生利润。

总体来讲,平台资本具有生产力和生产关系的二重属性,可以提高社会总资本的生产力;同时平台资本也会参与创造社会总的价值和剩余价值,按比例获取一定利润。平台通过数字技术的分析掌控用户的使用习惯,尽可能使用户对平台产生依赖,获取更大利润,进而就有可能会出现垄断、杀熟等现象。因此,必须要发挥资本作为生产要素的积极作用,有效控制其消极作用,防止资本野蛮生长。

(三)要以生产力进步的原则规范"新质资本"治理

习近平总书记高度重视平台资本垄断问题,多次强调要"强化反垄断和防止资本无序扩张"[1]及"促进各类资本规范健康发展"[2]。同时,习近平总书记也强调资本问题研究的紧迫性与重要性,指出"要加强新的时代条件下资本理论研究。在社会主义制度下如何规范和引导资本健康发展,这是新时代马克思主义政治经济学必须研究解决的重大理论和实践问题","在社会主义市场经济体制下,资本是带动各类生产要素集聚配置的重要纽带,是促进社会生产力发展的重要力量,要发挥资本促进社会生产力发展的积极作用"[3]。

---

[1] 《中央经济工作会议在北京举行》,《人民日报》2020年12月19日。
[2] 《在高质量发展中促进共同富裕 统筹做好重大金融风险防范化解工作》,《人民日报》2021年8月18日。
[3] 《依法规范和引导我国资本健康发展 发挥资本作为重要生产要素的积极作用》,《人民日报》2022年5月1日。

马克思《资本论》中的资本，是以推动生产力进步来获取利润的标准情况。当前，我国仍处于社会主义初级阶段，社会主义初级阶段的各类资本（国有资本、集体资本、非公资本），是马克思"资本二重性内在矛盾"在我国社会主义初级阶段的"创造性转化形式"。由资本主义生产方式所固有的资本形态，过渡到社会主义初级阶段的"新资本形态"；"资本"存在，其自身固有的"资本二重性内在矛盾"就不会消失。因此，要科学把握"资本二重性"，发挥好公有资本的主体作用，鼓励非公有资本发挥积极作用、限制其消极作用，正确认识和把握社会主义市场经济条件下资本的特性和行为规律，"一旦我们认识了它们，理解了它们的活动、方向和作用，那么，要使它们越来越服从我们的意志并利用它们来达到我们的目的，就完全取决于我们了"[1]。

在现实经济系统中，存在凭借构筑特殊生产条件或流通条件，"不劳而获型、割韭菜类型"的资本。为促进"新质资本"的健康发展，防止其成为"不劳而获的资本"，我们应该坚持生产力进步原则。一是防止过度金融化，掏空实体经济。金融体系是促进扩大再生产的重要组成部分，但却容易引发危机。党的二十大报告指出："深化金融体制改革，建设现代中央银行制度，加强和完善现代金融监管，强化金融稳定保障体系，依法将各类金融活动全部纳入监管，守住不发生系统性风险底线。"[2]促进金融服务实体经济和防范化解重大金融风险，是我国建设现代化经济体系的必然要求。二是防止资本以流通领域中的垄断来压榨生产领域，进行无序扩张。随着当今世界数字化进程不断深入，平台的崛起在政治、经济、文化、社会等领域都已经发生重大变革，对企业和国民经济都带来了不可忽视的影响。因此，必须强化我

---

[1] 《马克思恩格斯全集》第25卷，人民出版社2001年版，第408页。
[2] 习近平：《高举中国特色社会主义伟大旗帜　为全面建设社会主义现代化国家而团结奋斗——在中国共产党第二十次全国代表大会上的报告》，《人民日报》2022年10月26日。

国数字经济的反垄断，规范资本健康发展。总体来讲，"新质资本"应围绕服务国家总体安全、国家重大战略、优化生产力布局、科技自立自强、优化创新链产业链供应链和人民需要而规范健康有序发展，必须助推社会生产力进步，聚焦社会主义生产目的。

四、结语

在漫长的历史长河中，从农耕文明到工业社会，从马尔萨斯人口陷阱到东西方文明大分流，人类文明总是伴随着一系列的标志性事件发生进步。科学，作为"最高意义上的革命力量"，将生产力的发展又一次推向新高度。在马克思主义经典作家的论述中，未来社会应当以"生产力的巨大增长和高度发展为前提"。新质生产力的提出，是对生产力理论体系的继承和发展，是马克思主义中国化时代化的具体体现，是新发展阶段的重要战略任务，也是高质量发展和实现中国式现代化的重要物质技术基础。本文写作目的，希望通过新质生产力研究，重新重视生产力在经济学研究中的重要性，政治经济学的研究不能离开生产力，要以"生产力—生产关系论"代替传统的"生产关系论"。塑造与新质生产力相适应的生产关系，加快培育、推动"新质资本"健康发展，在以中国式现代化推动中华民族伟大复兴的征程中不断孕育新质生产力，展现人类文明之新曙光。

张开，中共中央党校（国家行政学院）经济学教研部教授；高鹤鹏，中共中央党校（国家行政学院）经济学教研部博士生

论新质生产力

蔡之兵

新质生产力是习近平总书记针对我国发展阶段和发展环境的变化，结合我国发展实际所提出的重大战略。习近平总书记关于新质生产力的一系列重要论述不断拓展和深化新质生产力的理论内涵和实践要求，为我国的经济社会高质量发展提供了科学指引、擘画了发展蓝图。

新质生产力是新的发展能力。在马克思主义哲学理论中，生产力的本质是人类改造自然的能力。在现代经济体系下，这种改造自然的能力代表的就是一个国家或地区的发展能力，体现了一个国家的综合实力和发展水平。长期以来，伴随着经济发展的巨大进步，我国的发展能力逐步增强，已经成为全球实体经济规模最大、产业门类最多、生产能力最强的国家。然而，面对新一轮工业革命蓄势待发、全球各国竞相角力新产业的新趋势，传统的发展模式和现有的发展能力已经难以有效应对这种挑战。在这种背景下，新质生产力的提出，既要求延续我国在传统优势产业的领先优势，夯实我国的发展基础，也要求加快推动战略性新兴产业和未来产业的发展，抢占新一轮工业革命的先机，为发展能力的增强指明了更为清晰的方向。

新质生产力是新的发展理论。党的二十大报告指出高质量发展是全面建设社会主义现代化国家的首要任务，坚持高质量发展也是新时代必须遵循的"硬道理"。然而，由于高质量发展是一项复杂和长期的过程，推动高质量发展会面临如优质生产要素的供给、关键核心技术的攻克、可持续发展能力的培育等各种不同类型的难题，这无疑会对各地推动高质量发展进程提出巨大挑战。实际上，对很多地方而言，想要全面、准确、完整地领会高质量发展的要求并探索出适合自身的高质量发展模式，就必然要以新的发展理论作为指导。新质生产力理论，源于我国的高质量发展实践，既与马克思主义生产力理论一脉相承，也充分体现了我国的发展现实与特征，高度契合与深度内生于我国的发展道路和发展模式，能够为各地有效推动高质量发展提供科学指导。

新质生产力是新的发展模式。从本质看，新质生产力是符合新发展理念的先进生产力质态，这对发展模式的转型提出了更为清晰的要求。在创新发展上，新质生产力要着力实现科技自立自强，不断增强我国产业体系的生产能力和竞争能力，确保我国在全球产业格局中的领先地位。在协调发展上，新质生产力要求实现全国统一大市场，发挥我国超大规模市场优势，为经济发展提供源源不断的动能。在绿色发展上，新质生产力是支撑"绿水青山"转变为"金山银山"的根本前提，也是实现人与自然和谐共生的必要条件。在开放发展上，新质生产力高度依赖高水平对外开放，将形成具有全球竞争力的开放创新生态，为全球企业和人才带来发展红利。在共享发展上，新质生产力高度重视劳动、知识、技术、管理、数据和资本等各类传统和新型生产要素的作用，确保各类生产要素的收益能够实现共同增长。

新质生产力是新的发展改革。生产力与生产关系，是马克思主义政治经济学中的两个核心概念。两者的相互作用和相互影响，是推动生产力和生产关系不断上升到更高水平的根本动力。因此，发展新质生产力，就必然要求形成与之相适应的新型生产关系，也就必然需要进一步全面深化改革。在宏观层面，要坚持和完善社会主义市场经济体制，发挥市场配置资源的决定性作用和更好发挥政府作用，建立统一开放、竞争有序的市场体系，为新质生产力的发展提供制度保障。在中观层面，要加快推动产学研协作体制改革，畅通教育、科技、人才的良性循环，加快建立以企业为创新主体的创新生态，让人才、资金等各类创新要素向企业聚集，为新质生产力的发展提供体制保障。在微观层面，要着力推动要素的市场化配置体制改革，着力破除阻碍要素自主有序流动的体制机制障碍，实现各类生产要素的自由充分流动，全面提高要素协同配置效率，为新质生产力的发展提供要素保障。

蔡之兵，中共中央党校（国家行政学院）经济学教研部教授

正确认识和把握新质生产力

周跃辉

"积极培育新能源、新材料、先进制造、电子信息等战略性新兴产业，积极培育未来产业，加快形成新质生产力，增强发展新动能。"[①] 习近平总书记在黑龙江考察调研期间，提到一个令人耳目一新的词汇——新质生产力。新质生产力作为一个新的经济学概念，引起了理论界和政策界的高度关注。如何理解新质生产力的内涵和外延，把握新质生产力的本质，以及促进新质生产力提升的政策选择，是理论和实践必须回答的问题。

一、深刻认识新质生产力的内涵和外延

生产力是马克思主义政治经济学的一个核心范畴，其基本含义为人们征服自然、改造自然的能力，表示人们在生产过程中对自然界的关系，它和生产关系是社会生产不可分割的两个方面。

马克思主义政治经济学基本原理认为，生产力一般包括两个方面最重要的要素：一是具有一定科学技术知识、生产经验和劳动技能的劳动者，二是同一定的科学技术相结合的、以生产工具为主的劳动资

---

① 《习近平主持召开新时代推动东北全面振兴座谈会强调 牢牢把握东北的重要使命 奋力谱写东北全面振兴新篇章》，《人民日报》2023年9月10日。

料。由此可见，生产力可以再进一步区分为三个更为基本的要素：劳动者、科学技术以及生产工具。尤其是科学越来越广泛运用于人类的生产，通过对生产力各个要素的作用，促进或决定生产力的发展。从这个意义上讲，科学技术是第一生产力。正如马克思所强调的：生产力是社会生产中最活跃、最革命的因素。

那么，何为"新质生产力"？《辞海》对"新"字的解释为初次出现的，与"旧"相对，此外还有一种含义，为"改旧"或"更新"之意。"新质"是否可以这样理解——与原来截然不同的性质。由此，我们可对"新质生产力"下一个定义，即与原来性质截然不同的改造自然的能力。

这种能力来自与原来截然不同的劳动者、科学技术和劳动工具。这里的劳动者是指掌握了现代科技技能，及具有高水平人力资本积累的现代生产者；这里的科学技术是指能够极大促进人类改造自然能力的新知识、新技巧、新工艺、新方法等；而劳动工具则是指能够显著提高社会生产力的新机器、新设备等。当然，"新质生产力"这三大要素，起主导作用的是科学技术，科学技术的载体需要依赖劳动者本身，科学技术的运用必须要有劳动工具的参与。

纵观人类历史，科学技术始终是促进生产力产生和发展的关键变量，进而不断催生新兴产业，成为世界各国经济和综合国力竞争的关键角逐点。从发展演进来看，蒸汽技术革命、电力技术革命和数字技术革命是动力源头。从底层逻辑上讲，大力发展新质生产力与"科学技术是第一生产力"的论断是一致的。因此，世界各国特别是大国之间的竞争，归根到底是科学技术的竞争，或者说是在生产力发展方面的竞争。

由此，我们可以得出结论，新质生产力"新"在依靠与以往截然不同的科学技术，依靠具有更高人力资本积累的劳动者，依靠能够显著提高生产力的新机器、新设备。综合具备这些特征的生产力，正是包括新能源、新材料、先进制造、电子信息等战略性新兴产业，以及生命科学、航空航天、量子信息等未来产业，这些产业将会极大地解放和促进人类生产力的发展。

二、把握好与科技、人才、产业的关系

生产力作为推动社会进步最活跃、最革命的因素，其中，科技、人才、产业是最为关键的要素。这里的产业，就是指广泛使用新机器、新设备，能够极大推动社会生产力发展的行业，比如战略性新兴产业、未来产业等。

科技进步是实现新质生产力提升的关键。科技创新是世界百年未有之大变局中的一个关键变量，谁牵住了科技创新这个"牛鼻子"，谁走好了科技创新这步"先手棋"，谁就能占领先机、赢得优势；反之，则会造成发展动力衰减。党的十八大以来，以习近平同志为核心的党中央把科技创新摆在国家发展全局的核心位置。新时代新征程，我们要坚持把国家和民族发展放在自己力量的基点上，充分认识实现高水平科技自立自强对增强我国发展竞争力和持续力的决定性意义。科技自立自强不仅是发展问题，更是生存问题，以高水平科技自立自强的"强劲筋骨"支撑民族复兴伟业，这是面向未来的必然选择甚至是不二选择。

高素质人才是实现新质生产力提升的支撑。当前，世界产业能力竞争、高科技能力竞争、市场能力竞争空前激烈，国际政治形势也更加复杂，而应对这一系列时代挑战的决定性力量就是人才的力量。在新科学、新技术革命、新型城市化、新全球格局出现的条件下，人才

的竞争成为时代的主旋律。在中国人民全面建成小康社会，取得世界瞩目的伟大成就，开始进入国际发展的前沿阵地，向高科技驱动、高质量发展、创造高生活水平的新标准进行冲刺的时候，要想实现新质生产力新的跃升，人才为本、人才驱动、人才引领的重要性就更加凸显出来。

战略性新兴产业和未来产业是实现新质生产力提升的抓手。科技革命是产业革命的基础，产业革命反过来又促进科技革命的演化。科技创新的广度、深度、速度和精度不断深入，由此带来战略性新兴产业和未来产业的快速跃升。我们可以看到，颠覆性创新不断涌现，各国竞相布局新领域新赛道，围绕未来科技制高点的竞争空前激烈。比如，在量子信息、干细胞、脑科学、类脑芯片等未来创新和产业方向，我们必须取得一批具有国际影响力的重大原创成果，才有可能实现新质生产力的全面提升。当然，这需要我们统筹基础研究、应用基础研究、技术创新、成果转化、产业化、市场化全链条各环节，为构建现代化产业体系注入强大活力。

三、加快提升新质生产力的四个举措

第一，加快原创性技术策源地建设。加强战略规划计划统筹，对科技发展战略目标、重大政策、重大工程、中长期和年度工作安排等作出科学部署，一张蓝图绘到底；加强科技创新资源统筹，在创新主体、创新资源、创新环境等方面持续加大统筹力度，加强科技资金、人才队伍、科研基础设施的统筹，提升国家创新体系整体效能；加强科技政策统筹，聚焦科技自立自强，把党中央关于科技工作的决策部署细化实化为具体政策举措，形成系统完整的科技政策体系；注重发挥国家实验室引领作用、国家科研机构建制化组织作用、高水平研究

型大学主力军作用和科技领军企业"出题人""答题人""阅卷人"作用；强化企业科技创新主体地位，支持企业更大范围参与国家重大科研攻关任务，提高科技成果转化和产业化水平，为提升新质生产力打下坚实的科技基础。

第二，深入实施人才强国战略。要坚持尊重劳动、尊重知识、尊重人才、尊重创造，实施更加积极、更加开放、更加有效的人才政策，着力形成人才国际竞争的比较优势；加快建设国家战略人才力量。深化人才发展体制机制改革，把各方面优秀人才集聚到党和人民事业中来；坚持以人民为中心发展教育，加快建设高质量教育体系，发展素质教育，促进教育公平。加快义务教育优质均衡发展和城乡一体化，优化区域教育资源配置，强化学前教育、特殊教育普惠发展，坚持高中阶段学校多样化发展，完善覆盖全学段学生资助体系。推进教育数字化，建设全民终身学习的学习型社会、学习型大国；中国发展需要世界人才的参与，中国发展也为世界人才提供机遇。必须着眼高精尖缺，坚持需求导向，用好全球创新资源，精准引进急需紧缺人才，加快建设世界重要人才中心和创新高地。

第三，加快发展战略性新兴产业和未来产业。加快人工智能、生物制造、物联网、车联网、绿色低碳等战略性新兴产业创新发展，做好前沿技术研发和应用推广，不断丰富和拓展新的应用场景，培育一批新的增长引擎；实施先进制造业集群发展专项行动，在重点领域培育一批各具特色、优势互补、结构合理的先进制造业集群；研究制订未来产业发展行动计划，加快谋划布局人形机器人、元宇宙、量子科技等未来产业；围绕制造业重点产业链，找准关键核心技术和零部件薄弱环节，深入实施关键核心技术攻关工程，完善"揭榜挂帅"等市场化机制，集中优质资源合力攻关，加快突破一批产业链短板瓶颈；扎实开展强链补链稳链行动,坚持全国一盘棋,促进产业链上下游、大中小企业协同攻关,不断丰富产业生态,促进全产业链发展。

第四,实行新一轮更高水平的对外开放。我们必须树立全球视野,全面谋划全方位对外开放大战略,以更加积极主动的姿态走向世界,坚持实施更大范围、更宽领域、更深层次对外开放,以国际循环提升国内大循环的效率和水平,以国外先进生产力的科技和人才,助推中国更高水平的经济发展。具体而言,既要持续深化商品、服务、资金、人才等要素流动型开放,又要稳步拓展规则、规制、管理、标准等制度型开放,还要利用好国内国际两个市场两种资源,加强联动效应,使国内市场和国际市场更加联通、国内外资源更优配置,提升企业的全要素生产率和国际竞争力,以更好地促进中国新质生产力提升。

周跃辉,中共中央党校(国家行政学院)经济学教研部副教授

增强发展新质生产力的新动能

徐晓明

2023年的《政府工作报告》强调，大力推进现代化产业体系建设，加快发展新质生产力。充分发挥创新主导作用，以科技创新推动产业创新，加快推进新型工业化，提高全要素生产率，不断塑造发展新动能新优势，促进社会生产力实现新的跃升。新兴产业和未来产业是现代化产业体系中最具领先优势和发展潜能的重要组成部分，积极培育新兴产业和未来产业新增长引擎，促进战略性新兴产业融合集群发展，不断增强发展新质生产力的新动能。

实施国家科技重大项目和重大科技攻关。未来制造、未来信息、未来材料、未来能源、未来空间、未来健康等六大重点方向，涵盖了未来社会发展的核心领域，要集中优势资源，加大对关键技术领域的研发投入，推动相关领域的科技突破和创新成果转化应用，这对于提升国家科技创新能力、引领产业发展具有重要意义。

在推动前沿技术产业化的过程中，充分发挥国家实验室、全国重点实验室等创新载体的重要作用。创新载体拥有丰富的科研资源和领先的技术平台，可以为前沿技术的研发提供良好的科研环境和支持条件。政府可以通过加大对这些实验室的支持力度，提升其在前沿技术领域的科研水平和创新能力，进一步促进前沿技术的产业化进程。同时，鼓励成立科技创新联合体，以集聚产业链上下游的资源和力量，共同开展前沿技术的研发和应用探索。这种联合体模式有助于整合各方优势，避免资源分散和重复投入，提高技术攻关的效率和成果转化的可能性。为保障联合体模式更好发挥作用，给予相关政策支持和财政补贴，鼓励各主体加大在前沿技术领域的投入和创新实践，以科技创新引领产业创新，推动产业技术的快速升级和产业结构的优化升级。

加强国际合作也是推动前沿技术产业化，布局新兴产业和未来产业的重要方式之一。积极开展国际科技合作项目落地，吸引国际顶尖科研机构和企业参与国内前沿技术的研发和应用，借鉴和吸收国际先进技术和管理经验，提升国内前沿技术的创新能力和竞争力。通过抓住科技创新这一关键环节，结合国家重大项目和攻关计划的实施，发挥创新载体和企业联合体的作用，加强国际合作等多方面措施，可以有效推动前沿技术产业化，为未来产业发展奠定坚实的科技基础。

为了实现前沿技术产业化，持续培育新兴产业和未来产业，具备精准识别技术前沿的能力、及时跟踪科技创新趋势和动态至关重要，这需要建立起一套完善的瞭望机制和跟踪体系。

首先，打造未来产业瞭望站是实现精准识别技术前沿的重要方式。瞭望站集成各类信息资源，包括但不限于学术论文、专利数据、行业报告、科技新闻等，通过人工智能、大数据分析等先进技术手段，对这些信息进行深度挖掘和分析，从中提炼出重点领域科技发展的前沿动向和热点问题。

其次，及时跟踪重点领域科技发展动向，制订未来产业发展规划。跟踪科技前沿发展动向是保持未来产业瞭望站敏锐性和有效性的关键。例如，开辟量子技术、生命科学等新赛道，并以此创建一批未来产业先导区。针对不同的行业和领域，可以设立专门的跟踪团队，及时收集整理相关信息，定期发布技术报告和分析，为政府决策、市场和企业提供战略参考依据。

同时，还可以利用先进计算技术建立起模型和算法，对技术发展趋势进行预测和评估，提前发现潜在的突破点和机遇。利用人工智能、先进计算等技术，精准识别具备高水平技术突破、高潜能产业化前景的技术创新。通过构建知识图谱、建立智能推荐系统等方式，将海量的技术信息和市场需求进行匹配和分析，发现技术与市场之间的契合点，为技术转化和产业化提供支持和指导。同时，还可以借助先进的数据挖掘技术，对技术创新进行评估和筛选，确保资源的有效配置和利用。

推动前沿技术产业化，不仅需要精准识别和跟踪技术前沿，还需要提高科技成果转化效率，逐步实施产业创新工程。建立科技成果转化平台，包括定期发布前沿技术推广目录、建设未来产业成果"线上发布大厅"以及搭建产业创新技术交流等。这类平台可以为技术开发者、投资者、企业提供一个信息共享和交流的平台，促进科技需求与供给的对接，提供精准对接服务，通过专业的技术评估和需求匹配，帮助技术开发者和需求方找到最合适的合作伙伴，加速科技成果的转化和产业化过程，为实施产业创新工程夯实基础。

高效整合创新优势资源，建设未来产业先导区。巩固扩大智能网联新能源汽车等产业领先优势，加快前沿新兴氢能、新材料、创新药等产业发展，积极打造生物制造、商业航天、低空经济等新增长引擎。高效整合创新优势资源，包括人才、资金、技术、市场等资源，促进科技成果的落地和转化。通过建立产学研合作机制、设立科技转化基金、支持科技创业等方式，为前沿技术布局新兴产业和未来产业提供有力支持。

通过加强科技创新，做到精准识别技术前沿的发展趋势和动态，提高成果转化效率、实施产业创新工程，促进战略性新兴产业融合集群发展等措施，推动前沿科技加快产业化进程，畅通科技创新到产业赋能的转化路径，持续培育新兴产业和未来产业，加快催生新质生产力，为经济社会高质量发展注入活力和动力。

徐晓明，中共中央党校（国家行政学院）习近平新时代中国特色社会主义思想研究中心研究员

系统谋划新质生产力的产业布局

刘海军

新质生产力是以科技创新为核心要素，摆脱传统经济增长方式和生产力发展路径的先进生产力质态，具有高科技、高效能、高质量特征。习近平总书记强调，要及时将科技创新成果应用到具体产业和产业链上，改造提升传统产业，培育壮大新兴产业，布局建设未来产业，完善现代化产业体系。要围绕发展新质生产力布局产业链，提升产业链供应链韧性和安全水平，保证产业体系自主可控、安全可靠。加快发展新质生产力，必须系统谋划新质生产力的产业布局，不断释放发展新动能、构筑发展新优势。

新质生产力由技术革命性突破、生产要素创新性配置、产业深度转型升级而来，以劳动者、劳动资料、劳动对象及其优化组合的跃升为基本内涵，具备不同于传统生产力的新特点。科技成果产业化是科技创新的重点目标，推动产业结构调整是建设现代化产业体系的重要举措。科技创新会催生更多新产业、新模式、新动能，要着眼未来、立足长远，做好顶层设计和远景规划，统筹推进传统产业升级、新兴产业壮大、未来产业培育。一是加快传统产业升级。要以科技创新为引领，广泛应用数智技术、绿色技术，加强科技创新和产业创新深度融合，用企业数字化转型撬动产业升级，巩固传统产业领先地位。二是优先培育和大力发展一批战略性新兴产业集群。统筹基础研究、前沿技术和工程技术研发，扩大高技术产业和战略性新兴产业投资，围绕产业链部署创新链、围绕创新链布局产业链，推动先进产业集群向产业链集群转变，形成更多新的增长点、增长极。三是加快未来产业布局。未来产业既有通过新技术迭代产生的，也有通过数实融合转型而来的。要在夯实现有优势产业的前提下，长远规划设计未来产业发展路线图，循序渐进、由点到面、量力而行、分步实施，促进创新链落地和价值链升级，用原创性技术保证产业体系自主可控，用颠覆性技术激发产业创新能级跃升，强化创新能力与发展优势，打通产业增值新通道。四是加快数实融合步伐。目前，数字经济加快发展，数据要素得到更广泛应用、作用进一步凸显。加快数字经济与实体经济深度融合，催生出数实融合新业态。要把握数字化、网络化、智能化融合发展的契机，以信息化、智能化为杠杆培育新动能，推进互联网、大数据、人工智能同实体经济深度融合，打破科技创新的领域隔阂、时空限制，形成多学科、跨地域、全周期的创新资源分布格局，推动制造业产业模式和企业形态转变，促进我国产业迈向全球价值链中高端。

新质生产力是符合新发展理念的先进生产力质态，本身就是绿色生产力。系统谋划新质生产力的产业布局，要抢抓机遇以科技创新开辟新领域新赛道，坚定不移走生态优先、绿色发展之路。加快先进绿色科技推广应用，综合考量技术的适用性、成熟度和体系化，优先选用新能源、新材料及低功耗、可复用的绿色科技产品，解决技术嵌入业务、场景的适配难题，提高技术兼容性和利用率；加快构建绿色低碳循环经济体系，按数据流转路径增加相应绿色节点，把低碳循环经济扩大到整个产业链系统，以优质要素加速流动助力全要素生产率提升；优化支持绿色低碳发展的经济政策工具箱，既通过顶层设计完善法律法规，又鼓励各地先行先试、总结提炼具体经验，不断完善绿色发展政策体系。

新质生产力的快速发展，需要新型生产关系与之相适应，从而确保各类先进优质生产要素顺畅流动、优化配置。在系统谋划新质生产力产业布局的过程中，需深化各领域各方面体制机制改革，着力解决制约科技创新和成果转化等方面的痛点、堵点和卡点问题，努力营造有利于新质生产力发展的良好氛围和制度环境。一是畅通教育、科技、人才良性循环。通过培育和集聚创新人才，着力推动关键核心技术攻关，以新技术突破带动产业变革。二是完善先进优质生产要素配置机制。加快数据要素基础制度落地见效，逐步扩大公共数据授权、数据交易监管等的适用范围，及时出台对生成式人工智能、算力网络、元宇宙等新技术的管理办法，充分释放各类先进优质生产要素潜能。三是打造共建共治共享生态系统。在制度创新和技术革新的共同作用下，更好体现知识、技术、人才的市场价值，更好激发劳动、知识、技术、管理、资本和数据等生产要素的活力，不断汇聚发展新质生产力的强大合力。

刘海军，中共中央党校（国家行政学院）习近平新时代中国特色社会主义思想研究中心研究员

发展新质生产力要坚持从实际出发

李 莹

发展新质生产力是推动高质量发展的内在要求和重要着力点。习近平总书记在参加十四届全国人大二次会议江苏代表团审议时强调，各地要坚持从实际出发，先立后破、因地制宜、分类指导，根据本地的资源禀赋、产业基础、科研条件等，有选择地推动新产业、新模式、新动能发展，用新技术改造提升传统产业，积极促进产业高端化、智能化、绿色化。

从2023年9月在黑龙江考察时提出"新质生产力"，到在中央经济工作会议上强调"发展新质生产力"，到中央政治局集体学习时作出系统阐述，再到此次参加江苏代表团审议时强调因地制宜发展新质生产力，习近平总书记关于新质生产力的重要论述、重大部署，深刻回答了"什么是新质生产力、为什么要发展新质生产力、怎样发展新质生产力"的重大理论和实践问题，为发展新质生产力提供了基本遵循、指明了方法路径。

新质生产力提出以来，受到社会各界高度关注。各地区各部门纷纷谋划布局，加快形成和发展新质生产力，推动高质量发展向"新"出发。发展新质生产力是一项系统工程，不能盲目跟风、一哄而上，不能急于求成，更不能简单复制粘贴一种模式，必须坚持从实际出发，

| 李　莹　发展新质生产力要坚持从实际出发

从新质生产力的形成条件入手，考虑周全、谋定后动。

科学认识和把握"新"与"旧"、新质生产力与传统产业的关系。新质生产力既是传统产业的升级改造，也是战略性新兴产业的培育壮大和未来产业的前瞻谋划。发展新质生产力并非忽视或放弃传统产业，而是用新技术改造提升传统产业，积极促进产业高端化、智能化、绿色化，统筹推进传统产业升级、新兴产业壮大、未来产业培育。否则，不仅会"把手里吃饭的家伙先扔了"，还会"什么热门就投什么"或毫无重点地"撒胡椒面"，造成资源浪费和新的过剩产能。在新的经济增长模式尚未完全建立的情况下，不能脱离实际、急功近利，也不能因循守旧、故步自封，而是要在稳定经济增长的同时，积极推进新质生产力的发展。只有确保新旧动能有序转换，才能避免经济出现大的波动，实现平稳健康发展。

制定符合自身特点的发展策略，充分激发内生动力。各地资源禀赋、产业基础、科研条件千差万别，发展过程中不能一刀切、齐步走，要立足差异化创新能力和产业需求，统筹推进科技创新和产业创新。科研基础雄厚、创新能力强的地区，应紧跟全球科技发展趋势，聚焦人工智能、大数据、云计算、生物技术等前沿领域，加大研发投入，突破核心技术。以传统产业为主导的地区，要注重改造提升，加快汇聚产学研用资源，推动创新链、产业链"共融共舞"。同时，加强区域合作，实现资源共享、优势互补，共同打造具有国际竞争力的产业集群。

针对不同地区、不同行业、不同企业进行分类指导，实现精准施策。不同地方的发展阶段不同，新质生产力发展也会呈现不同的区域特征。实现加快形成和发展新质生产力的目标，要根据实际情况和具体问题，因地制宜地采取相应的措施和方法，科学选择发展新质生产力的路径和方式。东部地区经济基础较好，应鼓励其发挥示范引领作用，加大科技创新力度，发展高端制造业和现代服务业。注重提升传统产业，推动传统产业升级改造，实现新旧动能有序转换。中西部地区资源禀赋各异，产业基础相对薄弱，应鼓励其立足自身实际，发挥比较优势，发展特色产业和优势产业。注重引进先进技术和管理经验，提升产业层次和竞争力，实现跨越式发展。

李莹，中共中央党校（国家行政学院）报刊社网络和新媒体中心主任、副编审

新质生产力的政治经济学逻辑

毕照卿

习近平总书记指出:"面对快速变化的世界和中国,如果墨守成规、思想僵化,没有理论创新的勇气,不能科学回答中国之问、世界之问、人民之问、时代之问,不仅党和国家事业无法继续前进,马克思主义也会失去生命力、说服力。"[①]在新一轮科技革命和产业变革深入发展,特别是新旧生产力阶段转换之际,习近平总书记在新时代推动东北全面振兴座谈会上强调,要积极培育新能源、新材料、先进制造、电子信息等战略性新兴产业,积极培育未来产业,加快形成新质生产力。[②]作为习近平经济思想的新范畴,新质生产力以马克思主义政治经济学的创造性运用,创新发展了中国特色社会主义政治经济学的研究内容、视域、方法,实现了马克思主义政治经济学的"术语革命",为新时代推进和拓展中国式现代化指明了前进方向。

一、新质生产力是马克思主义政治经济学理论发展的最新成果

政治经济学的研究对象是马克思主义政治经济学区别于其他政

[①] 《习近平谈治国理政》第4卷,外文出版社2022年版,第30页。
[②] 《习近平主持召开新时代推动东北全面振兴座谈会强调 牢牢把握东北的重要使命 奋力谱写东北全面振兴新篇章》,《人民日报》2023年9月10日。

治经济学理论的标志，也是马克思主义政治经济学最基础的问题。马克思在长期的探索后，在《资本论》第一卷德文第一版的序言中提出："我要在本书研究的，是资本主义生产方式以及和它相适应的生产关系和交换关系。到现在为止，这种生产方式的典型地点是英国。"[1]在此意义上，"生产方式"即为马克思主义政治经济学研究的关键问题。

运用马克思主义政治经济学分析中国问题、中国实际首先也会面对研究对象的问题。以生产方式为切入点，新质生产力的提出深化了马克思主义政治经济学理论对生产力范畴的理解，加深了对生产力结构要素关系的认识。马克思主义政治经济学认为，生产力主要包括劳动者、劳动资料和劳动对象这三个基本要素，强调"生产力，生产能力及其要素的发展"[2]。中国式现代化进程中构建的新质生产力，突破了传统生产力范畴，进一步强调了各类生产要素的积极作用，特别是劳动者、劳动资料、劳动对象的优化组合对于生产力的提升作用，使得生产力的内涵和外延得到了进一步的拓展和深化，以此深化了对生产力的认识。在此意义上，新质生产力的提出将科技创新、数字经济等新兴领域纳入政治经济学的研究范畴，极大丰富了对生产方式的认识，扩展了马克思主义政治经济学的研究领域，开辟了马克思主义政治经济学理论新视域。

二、新质生产力深刻体现进一步解放和发展社会生产力的时代要求

物质资料生产是人类社会发展的历史起点，也是各类社会生产关

---

[1] 《马克思恩格斯全集》第42卷，人民出版社2016年版，第14页。
[2] 《马克思恩格斯选集》第2卷，人民出版社1995年版，第587页。

系形成的根基，因而是马克思主义政治经济学研究的逻辑起点。马克思指出："一定的生产方式或一定的工业阶段始终是与一定的共同活动方式或一定的社会阶段联系着的，而这种共同活动方式本身就是'生产力'；由此可见，人们所达到的生产力的总和决定着社会状况，因而，始终必须把'人类的历史'同工业和交换的历史联系起来研究和探讨。"① 生产力是推动社会进步的最活跃、最革命的要素。生产力的发展状况是社会历史发展的物质基础，是推动社会形态演进的决定性因素。立足新时代新阶段新任务，习近平总书记指出："实现社会主义现代化，实现中华民族伟大复兴，最根本最紧迫的任务还是进一步解放和发展社会生产力。"② 解放和发展社会生产力是建设社会主义的根本任务，是社会主义本质的首要内容，也是中国式现代化形成、推进和拓展的关键所在。

新质生产力的提出顺应了新时代进一步解放和发展社会生产力的时代要求，突出强调了处理新旧生产力关系的科学方法。正如马克思所言"生产力是人们应用能力的结果，但是这种能力本身决定于人们所处的条件，决定于先前已经获得的生产力，决定于在他们以前已经存在、不是由他们创立而是由前一代人创立的社会形式。后来的每一代人都得到前一代人已经取得的生产力并当作原料来为自己新的生产服务"③，人们不能自由选择自己的生产力，而是要在前人基础上推动生产力发展。新质生产力不是对生产力的随意选择，而是强调了因时制宜、因地制宜、因势利导地推动生产力发展。因此，新时代进一步解放和发展社会生产力，不仅要着重发展新质生产力，而且要以新技术带动传统生产力，在妥善处理前沿与传统生产力的关系中实现生产力

---

① 《马克思恩格斯选集》第1卷，人民出版社2012年版，第160页。
② 《习近平著作选读》第1卷，人民出版社2023年版，第181页。
③ 《马克思恩格斯全集》第47卷，人民出版社2004年版，第440页。

的总体跃升。

三、新质生产力准确把握人类社会生产力的发展趋势

马克思在《资本论》中明确指出："劳动生产力是由多种情况决定的，其中包括：工人的平均熟练程度，科学的发展水平和它在工艺上应用的程度，生产过程的社会结合，生产资料的规模和效能，以及自然条件。"①在这些生产条件中，马克思尤为看重科学技术对于生产力的推动作用，认为"劳动生产力是随着科学和技术的不断进步而不断发展的"②，得出"生产力中也包括科学"这一创见。随着中国式现代化的推进和拓展，习近平总书记指出："面对新一轮科技革命和产业变革浪潮，我们要着眼长远、把握机遇、乘势而上，推进数字化、智能化、绿色化转型发展，共同强化科技创新和成果转化，推进数字经济和实体经济深度融合。"③明确科技在新质生产力中的核心地位，强调原创性、颠覆性科技创新对于发展生产力的重要作用，准确把握了人类社会生产力发展的内在趋势，回答了新时代推进中国式现代化需要发展什么样的生产力。

一是数字化。进入21世纪，数据作为新的生产力要素已被反复论证。"信息时代"和"智能时代"的时代背景下，数据的要素作用正在逐步扩大。互联网、云计算、大数据、人工智能等不断成为新的生产力要素推动各个行业及各个领域的发展，改变人的生产和生活方式。数据要素不仅作为劳动资料和劳动对象成为新型生产力要素，而且作为影响因素对劳动者、劳动资料、劳动对象三要素进行质量提升和优

---

① 《马克思恩格斯选集》第2卷，人民出版社2012年版，第100页。
② 《马克思恩格斯选集》第2卷，人民出版社2012年版，第271页。
③ 《习近平在亚太经合组织第三十次领导人非正式会议上的讲话》，人民出版社2023年版，第4—5页。

化组合。在此意义上，新质生产力是以数据等为核心的科技创新对生产力要素的发展，实现了以科技进步为基础，将数据作为生产要素纳入生产力之中。

二是智能化。历史唯物主义认为，生产力是人类改造自然、征服自然的能力，是推动人类文明不断向前发展的决定力量和动力源泉。回顾人类历史，现代化的标志在于使用机器作为推动生产力的关键要素。第一次工业革命使用机器推动了工业的机械化，第二次工业革命以电气化为基础推动了工业的自动化，第三次工业革命则以微电子技术为基础推动了工业的信息化。随着科学技术的进步，人工智能已经出现并应用于从工业制造到日常生活的各类场景之中。在此背景下，人工智能明确指向了产业发展的智能化，进而逐渐产生对生产方式的颠覆。

三是绿色化。自然条件往往被视为生产发展的客观条件，以至引起人类的过度开发。恩格斯针对人与自然关系指出："我们不要过分陶醉于我们人类对自然界的胜利。对于每一次这样的胜利，自然界都对我们进行报复。"[1]立足当前现代化发展的新特征、新趋势，习近平总书记指出："绿色发展是高质量发展的底色，新质生产力本身就是绿色生产力。"[2]明确界定新质生产力本身等于绿色生产力，为马克思主义政治经济学关于生产力理论的创新发展提供了新的思路和方向。在此意义上，作为绿色生产力的新质生产力也是实现中国式现代化人与自然和谐共生的中国特色的实践基础与本质要求，为把握人与自然的关系提供了全新维度。

综上可见，新质生产力理论的形成，紧紧抓住数字化、智能化、

---

[1]《马克思恩格斯选集》第3卷，人民出版社2012年版，第998页。

[2]《习近平在中共中央政治局第十一次集体学习时强调　加快发展新质生产力　扎实推进高质量发展》，《人民日报》2024年2月2日。

绿色化的发展方向，准确反映了人类社会发展的时代特征，科学把握了人类经济发展的未来前景，推动了人类社会的科技进步和产业升级，为新时代经济社会发展指明了前行方向。

四、新质生产力始终坚持以人为出发点和落脚点

马克思主义认为，劳动者始终是生产力的核心因素。马克思指出："不论生产的社会的形式如何，劳动者和生产资料始终是生产的因素。"[①]劳动者和生产资料的结合才能进行现实的生产活动，因而是生产力的关键构成。如果说生产资料随着科学技术的进步体现了物的因素对于生产力的作用，那么劳动者的体力因素、智力因素的发展变化则突出了人的因素对于生产力的影响。人是生产力中最活跃的因素，人才资源是一个国家最宝贵的战略性资源。新质生产力是以劳动者、劳动资料、劳动对象及其优化组合的跃升为基本内涵，劳动者或人的因素始终是发展新质生产力的关键，体现为人始终是生产力发展的出发点和落脚点。

一方面，高素质劳动者是形成新质生产力的首要资源。科技是第一生产力，人才则是首要资源。新质生产力的形成关键在科技，而科技进步归根到底在于人。习近平总书记指出："要根据科技发展新趋势，优化高等学校学科设置、人才培养模式，为发展新质生产力、推动高质量发展培养急需人才。"[②]在此意义上，高素质人才队伍是形成生产力的坚实基础，也是建设新质生产力的劳动主体。新质生产力的提出深刻体现了对生产力系统中劳动者要素的理论认识与实践取向。

另一方面，人的全面发展是构建新质生产力的根本目标。马克思、

[①] 《马克思恩格斯选集》第2卷，人民出版社2012年版，第309页。
[②] 《习近平在中共中央政治局第十一次集体学习时强调 加快发展新质生产力 扎实推进高质量发展》，《人民日报》2024年2月2日。

恩格斯在《共产党宣言》中描绘未来社会时提出："将是这样一个联合体，在那里，每个人的自由发展是一切人的自由发展的条件。"①实现劳动解放、推动人的自由全面发展的实现，成为马克思主义所设想的未来社会的终极目标。然而，资本主义发展历程没能实现每个人的全面发展，反而是加深了人类的异化。这种异化的加深甚至以科技进步为基础。针对科技与人类的关系，恩格斯在《德法年鉴》中指出："科学又日益使自然力受人类支配。这种无法估量的生产能力，一旦被自觉地运用并为大众造福，人类肩负的劳动就会很快地减少到最低限度。"②推动人的全面发展是马克思主义的本质要求，也是社会主义现代化的价值旨归。习近平总书记强调，"现代化的本质是人的现代化"③，"现代化的最终目标是实现人自由而全面的发展"④。以新质生产力发展推进中国式现代化指向了实现人自由全面的发展，体现了人在现代化建设中的目的性，从而以新质生产力厚植中国式现代化物质基础。

---

① 《马克思恩格斯选集》第1卷，人民出版社2012年版，第422页。
② 《马克思恩格斯选集》第1卷，人民出版社2012年版，第39页。
③ 《习近平关于城市工作论述摘编》，中央文献出版社2023年版，第98页。
④ 习近平：《必须坚持人民至上》，《求是》2024年第7期。

第二部分

中央党校专家解码

新质生产力

形成新质生产力需要破除体制机制障碍

中央经济工作会议提出，要以科技创新推动产业创新，特别是以颠覆性技术和前沿技术催生新产业、新模式、新动能，发展新质生产力。

新质生产力提出的背景是什么，内涵是什么？如何加快形成新质生产力？新质生产力对于当前的中国经济意味着什么？政府在助力产业形成新质生产力的过程中应如何发挥作用？

近期，澎湃新闻就上述问题专访了中共中央党校（国家行政学院）中国式现代化研究中心主任张占斌。

张占斌表示，新质生产力这一特别的概念，提示全党、全国人民站在更高的视角上看待生产力，从竞争的制高点上来思考中国的发展，盯紧最前沿的技术、最可能影响中国未来发展动能的技术进行思考。

他指出，新质生产力的形成，更需要破除体制机制的障碍，更大地解放思想，融入波澜壮阔的市场经济大潮中，才会有更多的企业愿意投入去进行创造，才会涌现更多的人才。

一、从竞争的制高点上来思考中国的发展

澎湃新闻： 2023年9月，习近平总书记在黑龙江考察时提出新质生产力，后多次提出要加快形成新质生产力，中央经济工作会议中重提

这一表述。新质生产力提出的背景，是否与我国目前的经济发展阶段、产业发展情况有关？

张占斌：党的十八大以来，习近平总书记特别重视经济问题，提出中国经济发展进入新常态，具有趋势性的变化和趋势性的特征，要求各级干部要认识到这种变化和特征。这里面包括，经济增长由过去的高速或超高速增长向中高速增长转变，目前由中高速向高质量发展转变。增长的动力由过去的要素驱动转向创新驱动。经济结构也需要调整，产业由中低端向中高端攀升。

在这样的背景下，要有新的作为，就需要新的战略部署，对发展阶段有新的认识，同时也要求经济增长要更好地满足人民对美好生活的需求，这实际上对产业也提出了很高的要求。产业不能长期在中低端徘徊，也要向中高端甚至高端进攻，抢占制高点，在世界舞台、国际分工上占据有利地形，而且中国要有重要的一席之地，这样才能拥有发展的主动权。习近平总书记用"新质生产力"这样一个特别的概念提示全党、全国人民站在更高的视角上看待生产力，从竞争的制高点上来思考中国的发展，盯紧最前沿的技术、最可能影响中国未来发展动能的技术进行思考。

澎湃新闻：发展新质生产力，对于当前的中国经济意味着什么？

张占斌：对中国经济实现高水平的自立自强、构建新发展格局来说，加快形成新质生产力非常重要。特别是在美国"卡脖子"的背景下，高水平的自立自强在很大程度上是呼唤这种新质生产力的，需要新质生产力的助推助攻，才有可能抢占制高点。

另外，颠覆性技术和前沿技术，需要与产业结合，即科技革命和产业革命要融合，双轮驱动。产生的技术如果都在专利馆里，获得知识产权证书就结束了，这肯定不行。因此，最近这几年国家一直强调如何将这些先进技术与市场化、商业化的进程紧密结合，形成真正的生产力。

近代科技革命、工业革命没有在中国爆发，是有历史性的遗憾的，也因为这个历史性的遗憾造成了很多苦难，因此我们对科技竞争、产业竞争有刻骨铭心的认识。新质生产力的提出，相当于振臂一呼，把最重要的概念讲出来了，让大家将更多的精力关注到这个问题，重点围绕这个方向展开。

澎湃新闻： 如何理解新质生产力的"新"与"质"？

张占斌： 新质生产力的"新"，我认为应该是指由新技术、新能源、新业态等产生的新产业、新方式、新模式，培养一批新的技术人才，掌握新的技术，产生新的动能、新的领域、新的赛道，推动生产力上更高层次，更好地解放发展生产力，推动全社会更大程度的生产能力的提高。

"质"，我认为应该是指品质、质量、本质，包括拥有新技术的新劳动者，出现新的劳动资料、新的劳动工具，逐渐催生新的产业、战略性新兴产业或未来产业。这需要我们下更大的功夫，对于经济迈上新台阶、真正实现高水平的自立自强特别重要。新质生产力与整个国家的安全发展、高水平发展有关联。

澎湃新闻： 习近平总书记在黑龙江考察时提出新质生产力这一概念，有何重要意义？

张占斌： 在东北提出，寄托了习近平总书记对东北振兴的期望，但同时这个讲话不仅仅限于东北，也是面向全国，起到号召引领、振臂一呼的作用，让大家的精力往这个方向聚焦，争取在这个层面有所作为。提出这个概念，体现了对科技创新的极端重视，体现了对科技自立自强的期盼。在中国式现代化的进程中，也需要新质生产力有大的突破，中国实现现代化才能行稳致远。

二、新质生产力的形成，更需要破除体制机制的障碍，更大地解放思想

澎湃新闻：中央经济工作会议在提到发展新质生产力时，特别提到了"以颠覆性技术和前沿技术催生新产业、新模式、新动能"。是否可以理解发展新质生产力总体分为两步：第一步是产生颠覆性技术和前沿技术，第二步是这些颠覆性技术落地产业化？

张占斌：实际上这两步，很难分得很细。有的技术一出来可能就和产业结合上了，有的技术诞生很久，都没能与产业进行很好的结合，比较复杂。如果假设是两步的话，实际上都与政府、市场有关系，政府和市场都要覆盖这个问题。

政府得坚定地捍卫市场经济，让市场配置资源发挥决定性作用，让创新型人才脱颖而出，这样企业才愿意去创新、愿意冒风险。这就需要市场化、法治化、国际化的营商环境，鼓励创新型人才的脱颖而出，才能创造新技术。而这些新技术诞生后落地产业化的过程，也要政府发挥更好的保护作用，如捍卫市场规则、保护知识产权、建立各种标准等。

在新技术的应用中，也需要更好的舆论环境、更好的保护措施。政府能做的事很多，但也要注意，这不意味着政府替代企业干活，政府过多地干预和打扰可能会压抑企业的创新热潮。因此，还是将创新创造的空间交给企业，政府营造良好的市场经济环境，鼓励人才、技术、企业的发展与壮大，同时在科技体制方面做好相应的配合。

澎湃新闻：颠覆性技术需要创造力，甚至需要的是类似天才的人物，那么如何呵护这些人才的创造力？技术催生新产业、新模式、新动能的过程，政府和社会应当提供怎样的氛围？可以提供怎样的帮助？

张占斌：不能说中国的土壤出现不了颠覆性的原创技术，出现不了类似天才的人物，但是有一个判断，从以往的经验看确实挺难的。这需要政府反思：如何尊重科技、尊重科学人才、尊重创新。对科学创新规律性的认知，还需要政府继续学习、提高认识。

40多年前的改革开放，是中国共产党人的一次伟大觉醒。今天这个时代，对这些新规律的认识，也需要党和政府更加觉醒，要站在一个时代高度看这些问题。否则面多了加水、水多了加面，折腾来折腾去，政府和市场搅在一起，都得不到好处。市场经济的原则得体现市场的意志才行，不能用政府的意志代替市场的意志，不能用政府的指挥棒来干扰市场。

过去中国经济高速发展，很重要的内容就是不断突破计划经济的束缚，推进市场经济，这是"放"的过程，不断"放"，让大家有活动空间。邓小平说，四川农民一小块水田种不上，晚上会睡不着觉，第二天自己就会去继续种。怎么种水田，不用把这些农民都集中起来，给他讲种水田的重要性，种水田的十大关系、若干原则。我理解，这就是把常识教给了人民群众。我感到，马克思主义要飞到寻常百姓家的话，就是把常识教给人民群众。

管得过多、干预过多，层层下指令、层层要结果、层层要报表、层层要留痕，形式主义、官僚主义会导致很多干部躺平，积极性无法完全调动出来。

包括民营经济的发展，事实上也就是创造好的市场环境，尊重市场经济的规则。很多企业家说，不需要特殊优惠政策，甚至也不需要补贴，就公开、光明正大地竞争，一视同仁就可以。因此，得坚定地捍卫市场经济。没有市场经济的波澜壮阔，中国经济怎么能够进一步前行，怎么能够发展新质生产力。将来，需要更大的思想解放，有更大的创新空间。如果都没有活动空间，事事需要请示、报告，没有批示、文件、表态就不能动，那就没有活力了。市场经济和打仗一样，有时候也是瞬息万变，不能敌人都攻上来了报告还没批回来，就坐这里等着，还是得有敢闯的精神。

社会上有时会出现一些言论，对市场经济指指点点、指桑骂槐，甚至为计划经济叫好。中央也要求加强经济舆论引导，需要澄清一些错误认识，要旗帜鲜明地表明我们的态度，旗帜鲜明地捍卫市场经济。我们的新闻舆论部门要旗帜鲜明地站在这个问题的时代前列，要理直气壮地为社会主义市场经济鼓与呼。

新质生产力的形成，更需要破除体制机制的障碍，更大地解放思想，融入波澜壮阔的市场经济大潮中，才会有更多的企业愿意投入去进行创造，才会涌现更多的人才，新质生产力才能形成、培育、成长。

三、在开放中提高新质生产力，加强合作

澎湃新闻：在新质生产力形成的过程中，自主创新和技术引进分别扮演什么样的角色，分别发挥怎样的作用？

张占斌：自主创新和技术引进，这两者是不排斥的。改革开放以后，我国有一部分技术是从国外引进的，有些也是我们自己创新的。但当时引进的多一些，创新的相对少一些，核心竞争力有时体现不出来。但经过这40多年的追赶，一边引进，一边创新，实际上我们现在已经有了比较好的基础。

我们要自立自强，但不是关起门来搞建设，不是坐井观天、做井底之蛙，我们可以和更多的国家来建立合作关系，合作的方式有多种，

可以购买先进技术或者学习先进技术。确实买不到的，需要我们自己创新的，就得下功夫研究。自立自强、自主创新和引进吸收再创新是联系在一起的，没有改革开放多年来的吸收引进的创新，何谈现在的自立自强。通过互相的合作学习，产生了市场经济大批的企业家、技术人才，他们在努力创造创新，在这一过程中，我们就知道前沿技术在哪儿，产业方向在哪儿，这很重要。因此，这两者不矛盾，而是相互促进的。

世界很大，我国在科技创新合作上也是有战略纵深的。全部都是中国人原创、最先掌握最有发言权，这当然最好，但也有些理想化，全世界有这么多的人，有这么多的国家，其他国家也都在努力创新，技术在不同的国家都生长起来了，我们在技术创新方面不能搞重复建设。近代以来我们落后了，西方已经走在前面了，有的已经创造出来，我们必须要正视、要学习，在学习的基础上去赶超。我们有些领域是有弱项的，必须努力，补足这个短板和痛点、堵点。

因此，人类文明需要交融，一个国家不可能垄断所有的技术，也没这个能力，一定要开放、合作；中国这艘大船也一定要在人类文明的公海上航行，越开放越交流，才能知道自己的强项、弱项在哪儿。在开放中学习人类的先进理念、先进技术，通过比赛知道水平有差距，抓紧学习，这就是文明进步的过程、比学赶超的过程，也是中国为人类文明作贡献的过程。

新质生产力也得在开放中合作、在相互交融中取得更大的发展。中国必须得把开放这项事业进行到底，并且提高到制度性层面。在开放中提高新质生产力，加强合作，在开放中、在跑动中，我们就有机会。

从实际操作来说，"卡脖子"的技术有很多，需要在终端产业上进一步提高水平，但并不意味着要中国完全自己解决，有些是能够通过国际合作解决的。因为创新需要高投入，需要大量的成本，但也可能失败，所以就得有所为有所不为。针对自身的特点来进行国际合作，这样才能够把我们的比较优势和相对优势彰显出来。

从政府来说，抓住大的方向即可，给社会留点空间，让社会更有活力，特殊人才有特殊对待，给予信任。如果信任度不够，仅靠一批行政人员签字盖章，创造垃圾文件，这是不可取的。还是要给予一定空间，才会有活力，才能有创造力。

四、要形成尊重人才的制度

澎湃新闻：对于传统行业来说，是否也可以因为产业深度转型升级而发展出新质生产力？

张占斌：从产业发展的历史来看，从国际的历史眼光来看，人类生产力的发展或者设备产品的供给不一定都是顶尖的，也有很多日常生活用品，也需要有一些中低端的产业继续发展。改革开放40多年来，我们在中低端产业发展及相关产品的供给上作出了努力和贡献。如果中国市场饱和了，中低端产业的企业可能就没有太大的竞争力了，因为劳动力成本高导致价格高，这样产业会转移到东南亚甚至非洲去，往要素成本低的地方转移。如果既不提升技术，又不转移，企业就可能面临淘汰。因此，提升的过程，就可能发展出新质生产力，比如，用新材料做产品可能就比原来的好，用新能源就可能更节约。

另外，传统产业在转型升级的过程中，会引入自动化设备，会数字化转型，应用机器人、传感器等，带动其他产业的设备、软件硬件提升。传统产业，一方面自己要技术创新，另一方面会应用产生的新技术、新设备，让新质生产力的产品也有落地应用的场景。

形成新质生产力需要破除体制机制障碍

澎湃新闻：政府在助力产业形成新质生产力的过程中，应如何发挥作用？

张占斌：需要我们有一个大的、好的环境，除了号召还得不断创造好的环境，进行体制机制的突破，尊重科学、尊重科学家、爱惜人才。对于掌握技术的人才，可以有更加灵活的机制，合法取得更多收益，从法律制度中对人才有更好的激励。尊重人才的制度形成，人才会无穷无尽地生长出来。

让科学家真正踏踏实实地做研究，让他们生根开花结果，有好的结果产出，就会有越来越多的科学家、科技工作者投入这块土壤中来，形成人才的集群，更好地推动创新和突破，形成互动循环。我们应该创造这样的环境。中国的发展阶段迫切需要这些人才，又有这么大规模的市场，有志者就可能在这个舞台上创造出万紫千红的春天。

这一过程中，法治化很关键。改革开放以后我们认识到法治的重要性，一步一步艰难地修改宪法、民法、商法等。但中国缺少法治传统，真正建设一个法治国家，还有漫长的路要走，法治建设还有很大的提升空间。关键不在于制定多少法，而是要有深入骨髓的法治观念，执法人员、所有的法律工作者，甚至全社会，都要捍卫人权，捍卫产权，捍卫市场经济。我认为中国的社会主义市场经济风雨兼程地向前走，我们的法治建设能够及时地跟上，这就是我们国家的福分。

发展新质生产力要因地制宜，
政府既要有为也别越界

"新质生产力"已然成为当下的时髦词。

这一概念引发广泛的讨论，而如何科学地发展新质生产力，最大程度地激发社会创新潜能的同时避免无效投入及资源浪费，也成为重要议题。

2024年3月5日，习近平总书记在参加他所在的十四届全国人大二次会议江苏代表团审议时强调，要牢牢把握高质量发展这个首要任务，因地制宜发展新质生产力。

习近平总书记指出，发展新质生产力不是忽视、放弃传统产业，要防止一哄而上、泡沫化，也不要搞一种模式。各地要坚持从实际出发，先立后破、因地制宜、分类指导，根据本地的资源禀赋、产业基础、科研条件等，有选择地推动新产业、新模式、新动能发展，用新技术改造提升传统产业，积极促进产业高端化、智能化、绿色化。

如何理解传统产业和新质生产力之间的关系？如何避免大而全的"新质生产力"相关的产业规划？怎样防止"一哄而上、泡沫化"？发展新质生产力的过程中，政府如何做到既"有为"又不"越界"？

近期，澎湃新闻就上述问题专访了中共中央党校（国家行政学院）

中国式现代化研究中心主任张占斌。

一、传统产业和新质生产力不是矛盾对立的

澎湃新闻：最近，新质生产力成为非常热的一个词，各行各业都在讨论，包括白酒企业也说，在加快培育新质生产力上勇争先、善作为。此次习近平总书记在参加江苏代表团审议时强调，"发展新质生产力不是忽视、放弃传统产业"。如何理解这句话？

张占斌：传统产业包括白酒业在生产中也有技术进步、新的劳动者进步的问题，也有一个不断提高的过程，也不可能一成不变。产业的劳动者、劳动工具、劳动对象都可能会随着时代的变迁发生变化。另外，围绕生产力的体制机制各方面也都可能有创新点，有改进的空间。

"新质生产力"引起两会和全国的高度重视，这是好事。但也要看到，各行各业，不是一提新质生产力，传统产业就不做了，或者把不需要新质生产力的传统行业全部推翻，不是这样，而是需要稳中求进、以进促稳、先立后破。传统产业和新质生产力不是矛盾对立的，发展新质生产力不是忽视、放弃传统产业，我们要更加妥善地去处理这两者之间的关系。

这个概念的提出，能够至少让各个地方进行对标，看看自己有没有这种潜力来发展新质生产力。我们需要有这种意识和行动，用新的技术来改造传统产业，通过改造促进产业向上发展，走向高端化、智能化、绿色化，整个产业都有一个大的提升。

发展新质生产力，在很大程度上也离不开中国的实际情况，还是要根据自己的实际情况，解决实际问题，实事求是；做到因地制宜，结合自己的情况展开，有所为有所不为，发挥各自的比较优势，或者

在某些小问题上有所突破，也是很大的贡献，也是发展的进步。

二、科学做基础，因地制宜，实事求是

澎湃新闻：我们关注到，如部分城市在做产业规划时，大而全，将人工智能、云计算、大数据、高端软件和信息技术服务、5G通信与新一代物联网、集成电路、产业互联网等都作为重点发展领域。您认为这样大而全的规划背后形成的原因和机制是什么？对此您有什么建议吗？

张占斌：过去有这种现象。中国有些地方有时候有这种情况，与地方过去有一种热情有关系，将中央提出的要求作为唯一标尺，觉得中央一提什么就都想干，有条件要上，没有条件创造条件也要上。

发展新质生产力也要有一个引领，不能都一拥而上，大而全，包打天下。比如，北京、上海、江苏这些高校科技基础比较好的地方，发展新质生产力的能力就强一些；西部省份要全面开花就比较难，没有这样的人才、人力资本积累，也没有大的要素资源能够大投入，包括资金、重点实验室、国家大科学装置等。如果在本身资源不充足的情况下进行大投入，那么很有可能是投入很大、下了很大功夫，最后还办不成事，容易造成新的浪费。

当下对新质生产力的广泛讨论是好事，能让大家重视，凝聚共识，都往这个方向去琢磨、去努力。但实际在做的时候，要科学合理地评估，找到自己擅长的领域，按照自己的比较优势来。就像建设体育强国，不能大家都去短跑，得看自己适合铅球还是体操、跳水，实在干不了这些，做一个啦啦队队员也是好的，要发挥自己的优势才行。

新质生产力在很大程度上是需要讲究科学性的，科学做基础，实事求是。光喊口号不行，要有科学的精神和科学的评估，以科学、人

才为基础，需要实实在在做事，将各种因素考虑进去。

澎湃新闻：当下也存在一些现象，比如，有些县城的数字经济支持政策对于数字经济企业和项目落地等均有财政补贴，缺乏对于区域数字经济发展的规划，容易使地方政府在招商引资中进行过度竞争导致资源浪费。对于这样的现象，您如何看待？

张占斌：部分地方是有这种紧迫感的，觉得自己不参与就落后。从重视的角度讲，这是好事情，大家由过去不重视或者不怎么重视，到高度重视。但确实得因地制宜，得实事求是。

高新技术在部分县城里可能比较难做得好，很多都集中在大城市中。根据经济增长极理论，生产力、资源密集的地方更有可能出现高端技术，然后逐步向外扩散。这并不意味着，县城都无法发展高科技，只是说得量力而行，有多大的能力吃多大的饭，而且要看准才能做。

很重要的是，要处理好政府和市场的关系，不能政府包办一切，还是要让市场、企业主体发挥更大的作用，激发创新。企业如果有能力，认为这确实是前沿技术且有效率，就可能会认认真真去研究去做事儿，投入真金白银。而政府要做的就是，创造一个好的环境，保护这种创新机制，保护公平的市场交易规则、透明公开公正的机制，而不是一味拿出更多的资金不断给补贴，还是得调动市场的积极性，让市场发挥决定性作用。

在创造力方面，政府并不是特别擅长，要让企业去更多地识别。要相信市场、企业更能够去发现市场机会，而且这也正是它们自身的方向和优势。政府不能以为，只要一号召，就能移山填海。尤其在当前的财政状况下，更不能气壮如牛。地方政府创造了好的环境，才会有更多的企业去创业。

三、既要"有为"又要不越界

澎湃新闻：发展新质生产力，还是需要有为政府和有效市场。但既要"有为"又要不越界，政府的"有为"不以牺牲市场的"有效"为代价，在这个前提下，应如何把握"有为"的度？

张占斌：确实，有些道理我们讲能够讲得明白，但在实际运行的时候就可能越界。总体上还是有规律的，让市场发挥配置资源的决定性作用，政府要做的是捍卫市场经济，这样的政府就是一个有为政府。如果由政府代替市场来配置资源，那就回到计划经济了。怎么样能够捍卫市场经济，捍卫市场经济的尊严、规则、标准，捍卫市场主体的权利，这些是政府要做的事情。

澎湃新闻：具体来说，有些地方政府在人才的优惠补贴政策上的力度非常大，也有些地方政府会设计产业投资基金来支持高端产业的发展。这类对人才、资金等资源的配置，是否属于越界呢？怎么去判断和评价这类措施方式，是否属于正常范围？

张占斌：对于一些风险比较大、投资回报周期比较长的领域，一般企业不愿意进入。在这种情况下，政府想办法组织，引领性地形成产业投资基金，或者调动相关方面的主体来投入，也不乏企业愿意主动参与投入。如果政府看得准，也有好的规划，又能组织起来，是好事情，但是在操作的过程中，还是应该将产业方向和自己的能力结合起来，要把自身的优势摸清楚想清楚，在一个点上有突破，这样就有可能化小胜为大胜，推动自己上一个台阶。

科技创新，一般来说是需要很大投入的，前期成本很高。这么多年发展下来，我国的科技水平也在逐步提升，但也要本着有所为有所不为的原则，在比较优势上下功夫、做文章。搞产业基金也得根据自身的实际情况，从有比较优势的地方来推动发展。如果盲目设置产业基金，把所有的战略性新兴产业和未来产业都同时推进，没有重点也就不会有突破，不仅打仗不能这样打，市场经济也不能这样搞，新质生产力也不能这样搞。

澎湃新闻： 有些地方政府做产业规划和执行时，也摸索和掌握了一套方法。比如，招商工作人员对产业特性、规律，包括本地拥有的产业优势资源，掌握得比较深入专业。但一些地方，这方面的专业水平和素质相对薄弱。您是否会认为，地方在发展新质生产力时，政府相关工作人员自身的专业素养、观念方法是尤为重要的因素？

张占斌： 是的。现实中有很多例子可以佐证这一点。我去安徽合肥参观全国最早的创新馆时也有这样的感受。合肥有中国科技大学，有好的科教基础，合肥市委、市政府这些年解放思想，研究自己的优势也研究得比较好，市领导一任接着一任干，整个合肥的产业有明显的提升和突破发展。

下功夫研究很重要。在深刻的研究之后，持之以恒地追求，在研究的基础上打有准备之仗，而不是打无准备之战。因此有的地方政府要向人家学习，提高干部队伍的素质。而且，要扎实去研究，比如，什么叫新质生产力？前沿在哪里？和别的地方比自身产业有什么优势？哪些地方有可能有突破？对这些得研究得很清楚。

举个例子，同样是做汽车，地方政府要研究，我在哪个板块有优势，甚至要细到我是做轮胎有优势，还是做玻璃有优势，这样才有可能将来在竞争中有一席之地，否则就是费时、费工、费力，又不讨好，劳民伤财，光图热闹。还得是务实做实事。

地方政府如果研究好、设计好，有优势的话，有的企业愿意去搞创新。有些地方不具备这种优势，短期内就难以改变，硬要上的话，就可能面临很大的风险。但这并非说，有风险就都不干，而是还得量力而行。不量力而行，将来就有可能很尴尬，投入大量资金该做的事没做成，不该做的花了一大堆钱，无法交代。现在政府的每一分钱都得花好才行。

四、改善生产关系，也是在为发展新质生产力做实际工作

澎湃新闻：从过去的经验教训的角度，对于新质生产力的发展，怎么理解要"防止一哄而上、泡沫化"？

张占斌：发展新质生产力，地方政府如果不深入研究、不以当地禀赋为依据，一哄而上，很可能导致烂尾或停滞，造成资源浪费并且没有收益，甚至形成"拖欠企业账款"的恶果。政府要讲公信力、讲公平，否则，这不利于民营经济的发展，不利于市场主体的健康成长。因此，一定要因地制宜。不能提出这个概念后大家全部都一哄而上，形成泡沫化。而是要从全国市场来考虑，不能搞"盲盒经济"。

习近平总书记的这个担忧、提醒是好的。有的地方只有积极性，打个比方，一年财政收入100元，却敢拿出50元去干，最后干不成了，地方说我是好心，是在响应中央的号召。

所以这个提醒是必要的，担心也是必要的。提醒我们，推动形成新质生产力的时候，还得从长计议，稳稳当当地做才行。针对前沿技术、颠覆性技术，别说一般县城，整个国家有的领域都还没有突破或提升，需要大量的资金、人才，而且是长期的投入，短期可能光投入没产出。将来如果一窝蜂地上，很可能撞得头破血流。因此，还是要提醒一下大家。

比如，在一个县城中，发展新质生产力不一定能做那么颠覆性的技术，但可以通过教育改革、人才体制改革、科技体制改革，释放大家创新的积极性，这也在落实发展新质生产力的精神。通过改善和完善生产关系，为生产力的迅猛发展扫除障碍，让生产力跑得更快，跑得心情愉快。这其实也是很多地方能做的事情。

生产力的水平在各地方表现的是不一样的，并且各地方的生产力也都在不断地变化，因此，要因地制宜地发展，在这个过程中找准能够克服或突破的地方。比如，哪个地方有瓶颈了就改进一下，哪条路不行了就修一修，各种堵点、痛点打通了，也是为生产力创造条件，开辟道路。其实各地方能做的事还是比较多的，并不都是要一窝蜂地投钱。

新质生产力，涉及很多改革的内容，科技创新、体制创新、发展方式创新，这些创新本身改得好还能省钱，还不需要投钱。推动科技创新，以科技创新推动产业创新，推动发展方式创新，推动体制机制创新，深化人才工作机制创新，这些都是跟发展新质生产力联系在一起的。在哪一个点做得好，都是为生产力发展争取上了一个台阶。全国各地如果都能上一个台阶，中国人民就上了一个大台阶。因此，这个提醒还是非常有必要的。

澎湃新闻：部分地方没有相应的条件与能力去发展尖端科技的话，其实可以把痛点堵点、市场经济存在的障碍拆除或改进。

张占斌：对。马路修得平一点，设置科学合理的红绿灯，交通秩序好一点，有利于畅通，这样来发展生产力、改善生产关系，也是在为发展新质生产力做实际工作。

发展新质生产力还有一个很重要的内容，就是必须全面深化改革，要形成与之相适应的新型生产关系。我理解，这不亚于新质生产力的重要性，等于为党的二十届三中全会的进一步深化改革吹响了号角，要求我们在这方面有更大的作为，才能够为整个新质生产力创造好的国际国内环境。通过经济改革、科技改革、人才体制改革来打通阻碍新质生产力的各种堵点痛点，创造一个好的市场环境，让各种要素能跑得快，配置得效率高，新质生产力就能顺利地向前推动。我感到全社会确实希望能够有更大量级的改革举措来改善市场预期，让新质生产力迅猛奔跑，推动经济向前发展。

比如，新质生产力需要人才，但把人才管得死死的，就难以发挥更大作用。建设人才强国，需要一步一步地进行体制突破，把人才的积极性真正调动起来。放开思想可能会有更好的创造，因为有积极性。宽容比砸钱还重要，提倡全社会要有一种宽松的氛围，发展新质生产力才舒心愉快；得创造良好的环境，宽容失败，尊重人才价值，给人才更多的空间。

新质生产力和新型生产关系同等重要

加快发展新质生产力，对推进中国式现代化具有重大的战略意义。中共中央党校（国家行政学院）中国式现代化研究中心主任、国家社会科学基金经济学评审组专家张占斌在接受《经济》杂志记者专访时表示，发展新质生产力要把握好若干重大关系，包括把握好新质生产力与高质量发展的关系，处理好新质生产力与新型生产关系的关系，处理好政府顶层设计和市场实践探索的关系，处理好传统产业和新兴产业的关系，处理好科技创新与体制创新的关系，处理好自立自强与对外开放的关系。

一、既要高度重视，也要准确判断

《经济》：2023年9月7—8日，习近平总书记在黑龙江考察时提出"新质生产力"的概念。当前我国正处于中国式现代化快速发展时期，在您看来，"新质生产力"这一概念的提出，有何重要的深刻含义和时代意义？

张占斌：习近平总书记在黑龙江考察时提出"新质生产力"这一概念，引起广泛关注。实际上更早时期习近平总书记在四川考察时就曾提出过这个概念，黑龙江考察时两次提到"新质生产力"算是首次公开报道。我在查阅习近平总书记讲话时了解到，习近平总书记在一次讲话中说："去年7月以来，我在四川、黑龙江、浙江、广西等地考察调研时，提出要整合科技创新资源，引领发展战略性新兴产业和未来产业，加快形成新质生产力。"[①]不管是在四川首提，还是在黑龙江首次公开报道，"新质生产力"这个概念都是具有全国意义的，甚至具有国际意义。特别是从新的生产力的角度来思考问题，非常务实，具有鲜明的问题导向和强烈的历史责任感。习近平总书记登高远望，振臂一呼，提醒党、人民和我们国家，要把焦点放在发展新质生产力上来，这对于我们凝聚共识、凝聚力量，组织资源干最重要的事、最关键的事，是非常必要的。

这一概念的提出是习近平总书记基于我国所处发展阶段作出的重大思考。中国的现代化进程进入特别重要的发展时期，把这个最大的政治办好，就必须找到新的动力来推动国家奋勇向前。从经济角度来看，中国经济回升向好、长期向好的基本趋势没有改变，要有信心、有底气，但是同时推动经济回升向好需要克服一些困难和挑战，如有效需求不足、部分行业产能过剩、社会预期偏弱、风险隐患仍然较多、国内大循环存在堵点、外部环境复杂性严峻性不确定性上升，等等，确实要求我们增强忧患意识，有效应对和解决这些问题。要解决这个问题，那就得有真功夫，有真办法。这个真功夫就需要通过发展新质生产力来锤炼。

这一概念的提出是对马克思主义政治经济学的创新和发展，也是对习近平经济思想的创新和发展。生产力是人类社会发展的根本动力，是一切社会变迁和政治变革的终极原因。马克思在100多年前看到科学技术的重要性，把生产力、生产关系作为一对特别重要的概念来加以

[①] 习近平：《在二十届中央政治局第十一次集体学习时的讲话》，《中办通报》2024年第4期。

新质生产力和新型生产关系同等重要

对待，他发现生产力的发展是推动社会前进变革的重要力量，提出"科学技术是生产力"[①]。毛泽东也讲科学技术在生产力中的重要性，提出"不搞科学技术，生产力无法提高""科学技术这一仗，一定要打，而且必须打好"[②]。邓小平提出"科学技术是第一生产力"[③]，进一步发展了马克思主义的观点。习近平总书记关于新质生产力的重要论述，是对马克思主义政治经济学的创新发展和重要贡献，拓展了马克思主义政治经济学的研究对象，丰富和深化了生产力与生产关系的理论。新质生产力就是先进生产力的科学论断，为我们进一步解放和发展生产力指明了方向；用新质生产力作为推动中国式现代化的强大引擎，为我们应对时代之变、世界之变擘画了中国方案。

加快形成新质生产力是推动我国经济社会高质量发展的强劲动力。随着中国经济发展进入新常态，出现了很多重大的趋势性变化，过去传统的以低成本的生产要素为基础的比较优势正在逐步消减，迫切需要我们实现要素配置、增长动力、产业结构和发展方式的深刻转型。那么，解决好增长速度换挡、结构调整阵痛、改革攻坚克难叠加的这些问题，就需要新的推动力量和引擎。这个新引擎在很大程度上就是新质生产力。

加快形成新质生产力是满足人民日益增长的美好生活需要的时代呼唤。党的十九大以来，我们党对社会主要矛盾进行了新的判断，当前社会主要矛盾变成人民日益增长的美好生活需要和不平衡不充分的发展之间的矛盾，要解决这个矛盾，让人民生活美好、人民心情愉快，就需要进一步发展和解放生产力，发展新的生产力。如今科技变革速度在不断加快，信息化、网络化、智能化加快发展，这些重大的历史

---

① 转引自《邓小平文选》第3卷，人民出版社1993年版，第275页。
② 《毛泽东文集》第8卷，人民出版社1999年版，第351页。
③ 《邓小平文选》第3卷，人民出版社1993年版，第274页。

性突破极大地改变了人类社会的生产方式、生活方式和交往方式，在某种意义上减少了对资源的浪费，为消费者提供了个性化、多元化、差异化甚至定制化的这种服务，在生产方面通过机器替代的方式保障了生产安全，这对人民美好生活的实现是一个重要的支撑。

加快形成新质生产力是提升国际竞争和合作能力的重大举措。中国要想在国际舞台发挥作用，担起更大的国际责任，推动构建人类命运共同体，推进共建"一带一路"高质量发展，就需要有新的生产力来支撑，让中国在国际合作竞争中有更大的能力。从世界大国发展和崛起的经验看，新技术的产生和产业化变革确实是非常重要的，所以我们要注意以新的技术和产业的融合来推动国家经济的进步。从另外一个角度讲，现在地缘政治和国际形势发生了很多变化，我们要把发展的安全和主动权掌握在自己手里，努力实现高水平的科技自立自强。

加快形成新质生产力是建成社会主义现代化强国的战略支撑。党的二十大阐明了新时代新征程上中国共产党人的使命任务，进一步明确了"全面建成社会主义现代化强国"的目标。强国是方方面面的强，首先应该是经济强国，有了经济强国，就可以更好地支撑其他方面的强，但是要建成经济强国，就必须有强大的生产力，那么就必须发展先进的生产力，也就是新质生产力。从世界经验看，世界强国之所以能处在领先地位，在很大程度上是他们在技术变迁、产业进步方面走在前、走得快、走得远，或者说在发展战略性产业和未来产业方面走得快、走得远，所以我们只有在生产力出现重大突破的推动下，才能解决支撑超大规模经济体更可持续发展的问题，这些都对我们加快发展新质生产力提出了时代呼唤。

加快发展新质生产力是构建人类命运共同体、推动世界和平发展的责任担当。只有加快发展新质生产力，创造更好的经济社会发展效益，使中国式现代化更加有制度上的优势，才能更好地捍卫科学社会主义的尊严，才能为更多的发展中国家探索发展道路提供中国智慧和中国经验，也才能更好地推进构建人类命运共同体的进程，才能为推动世界和平作出我们的贡献。

二、既要向"新"而行，也要整旧如新

《经济》：2024年3月5日，习近平总书记参加他所在的十四届全国人大二次会议江苏代表团审议时强调，要牢牢把握高质量发展这个首要任务，因地制宜发展新质生产力。那么，"因地制宜"的具体要求是什么，主要抓手有哪些？

张占斌：习近平总书记一方面强调发展新质生产力的重要性，提醒我们要抢抓机遇，增强对发展新质生产力的时代意义和战略价值的认识，强调发展新质生产力和高质量发展的方向是一致的，要求大家在这方面要多动脑筋、多想办法；另一方面进一步要求我们要在提高认识的基础上判断准确，要因地制宜，避免有的地方不顾实际情况搞形式主义、空喊口号或者一哄而上搞成泡沫，避免好心办坏事儿，没有取得实际成效。

地方贯彻"因地制宜"的精神，就需要做好分析。习近平总书记强调，各地要坚持从实际出发，先立后破、因地制宜、分类指导，根据本地的资源禀赋、产业基础、科研条件等，有选择地推动新产业、新模式、新动能发展，用新技术改造提升传统产业，积极促进产业高端化、智能化、绿色化。经济大省、科教强省要多作贡献，走在前作示范；经济发展相对弱一点的省份不是说不能发展新质生产力，但是要结合自身优势量力而行，不能都比着跟人家个头一边高。特别是有些落后地区，也不一定非得发展新的生产力，可以把生产关系搞好，

改善生产关系，放水养鱼，慢慢地水好了，鱼可能也就来了。各个地方之间有差异，要根据差异来选择自己的发展方向和努力方向。发展新质生产力，不一定非要搞得轰轰烈烈、目标很大，在某个区段、某个节点上有突破，就非常好。

地方贯彻"因地制宜"的精神，还需要改善生产关系。发展新质生产力需要各方面的配套。从抓手来看，一是要把技术变迁和产业融合结合起来。新质生产力的发展需要进行系统的配合，不是说科学家研究出科研成果就行，如果没有和产业融合起来，对整个社会的影响还是有限的。二是要做好配套服务。1978年3月，在全国科学大会开幕式上，邓小平说："我愿意当大家的后勤部长，愿意同各级党委的领导同志一起，做好这方面的工作。"[1] 如今，如果有更多的领导干部愿意做好"后勤工作"，实际上就是愿意改善生产关系，创造新型的生产关系，就会让生产力跑得快、跑得远，更有活力、有积极性。这就需要更多地尊重市场经济原则，尊重市场主体的积极性，让市场主体发挥积极作用，去试错，去发展，政府做好配套服务，不能包办代替。

因此，我们把关注点放在习近平总书记提出的"新质生产力"上的同时，也要聚焦习近平总书记提到的"新型生产关系"，这两个"新"从某种意义上讲同等重要，提出了下一阶段如何进一步深化改革为新的生产力打开前进通道的重大问题。只有让新型生产关系和新质生产力互相配套、互相促进，才能跑得愉快、跑得有积极性。在发展新质生产力上，如果有的地方找不到发力点、做不了运动员，那么找好自身发展位置、当好啦啦队，这也是一种进步。

《经济》：从产业布局维度来看，战略性新兴产业和未来产业为中国经济发展创造了广阔的空间。我们该如何判断并协调传统产业和新

---

[1] 《邓小平文选》第2卷，人民出版社1994年版，第98页。

兴产业之间的发展关系？如何实现"新"与"旧"的融合互促？

张占斌：这个问题确实也很重要，发展新的生产力，要把主攻方向放到战略性新兴产业和未来产业上，因为这些产业代表着科技发展的方向，它是潮头，也是战略制高点，所以我们要努力克服困难，积极为之，在这方面争取有更大的进展。但是，我们的政策讲求稳中求进、以进求稳、先立后破，对于新质生产力也有一个认识过程和发展过程。所以在发展过程中，也要充分调动过去的一些传统产业的积极性，不能把钢铁、石化、有色、建材等这些传统产业都等同于夕阳产业、落后产业，觉得这些没用就不管了、不要了，肯定不行。因为中国制造业中传统产业占80%，"一锅端"会导致经济出大问题，所以要把传统产业稳定和巩固下来，让老树开新枝，通过技术改进、流程创新、供应链调整来跟上时代步伐，用新的生产力进行改造升级。因此，发展传统产业和新兴产业可以互相促进，传统产业稳得住、提升得好，我们发展新质生产力就能更从容、更有底气。

三、既要把"车"开快，也要把"路"修好

《经济》：从区域发展维度来看，中国是一个产业非常发达的国家，各个城市都有自己独特的产业优势。如何促进新质生产力在区域之间、城乡之间多层次布局和协同发展？

张占斌：这个问题我们要从区域经济学和产业经济学的角度来进行分析。习近平总书记说要更好发挥经济大省对区域乃至全国发展的辐射带动力，实际上也是讲到了经济大省如何更好发挥产业优势，像江苏、上海、北京、广东这些经济大省和超大型城市，有能力在新质生产力发展方面作出表率，带动区域的发展。

经济学里有一个增长极理论，认为经济增长通常是从一个或数个

"增长中心"逐渐向其他部门或地区传导。因此，应选择特定的地理空间作为增长极，以带动经济发展。经济增长也是在一个核心增长极爆发，然后慢慢向外扩散。这些经济大省应该在扩散方面作出贡献，带动其他方面的区域发展和城乡发展。

我们要进行适当的顶层设计和责任分工，不能全面铺开一哄而上，而是要在几个核心的点上组织好，通过重点区域带动周围地区，一些落后地区要想进一步发展，可以先进行教育改革、人才培养改革、科技体制改革等各方面的改革，把"路"修得多一点、平一点、好一点，让"车"跑得过来、跑得快、跑得好，这也是新的生产力。

《经济》：从政策支持维度来看，政策部门和地方都围绕新产业、新模式、新动能给予了政策支持。在您看来，"新"政策的发力点需要聚焦哪些方面？

张占斌：发展新质生产力最显著的特点就是要创新，科技创新能够催生新产业、新模式、新动能，是发展新的生产力的核心要素。这就要求加强科技创新，特别是原创性、颠覆性科技创新，加快实现高水平的科技自立自强。实施科教兴国战略、人才强国战略、创新驱动战略，充分发挥新型举国体制，也是希望打好关键核心技术攻坚战，使原创性、颠覆性科学技术成果竞相涌现。

发展新质生产力，相关政策一定要有助于战略性新兴产业和未来产业的发展，相应的财政政策、税收政策、人力资源政策、社会市场推广政策等都要有一些支持。

《经济》：如今，"新质生产力"已经成为一个热词，引起了全社会的高度关注和广泛讨论。刚才您也说到，对于新质生产力，我们既要高度重视，也要准确判断。那么，如何避免其概念化，真正赋能高质量发展？

新质生产力和新型生产关系同等重要

张占斌：习近平总书记提出这个重要概念，提出发展新质生产力重大任务，是立意深远的，提醒我们全党各级干部要重视这个事、研究这个事，并且争取办好这个事。"新质生产力"成为热词，也说明大家在积极响应习近平总书记和党中央的号召，响应《政府工作报告》中关于发展新质生产力的号召，表达了大家对这个事情的关切，也表达了大家推动经济高质量发展的迫切心情和迫切愿望，这是好的。在实际工作中，把这些好的愿望和认识变成现实，确实需要我们保持头脑清醒，实事求是，不能把新质生产力当成一个筐、什么都往里装，而是要认真地做一些分析、做一些研究。各级政府都要对自身整体状况有一个客观评价和分析，找到自己的比较优势，扬自己所长，有所为，有所不为。同时，也要量力而行，不能把所有的资金、资源、精力都放在落实这个任务上，而忽视其他的工作任务。因此，我们要有全局观念，稳步推进，把好事做好。

加快发展新质生产力

2023年7月以来，习近平总书记在不同场合多次提及"新质生产力"。习近平总书记在主持二十届中央政治局第十一次集体学习时强调，发展新质生产力是推动高质量发展的内在要求和重要着力点，必须继续做好创新这篇大文章，推动和促进新质生产力加快发展。新质生产力的提出，界定了新时代新一轮经济发展的决定力量，指明了下一阶段中国经济高质量发展的突破方向。那么，新质生产力的提出是基于什么样的现实背景？新质生产力的科学内涵是什么？新质生产力的理论创新和战略意义体现在哪些方面？新质生产力的实践路径是什么？我们应如何调整生产关系，不断提升新质生产力，进一步促进生产力高质量发展？针对这些问题，福建《领导文萃》特约记者采访了中共中央党校（国家行政学院）中国式现代化研究中心主任张占斌教授，请他作了相关阐述。

一、新质生产力的科学内涵和战略意义

《领导文萃》：2023年7月以来，习近平总书记在多个重要场合提出并深入论述"新质生产力"概念，引起国内外的热烈反响，那么，什么是新质生产力？其科学内涵是什么？

张占斌：自2023年7月以来，习近平总书记在四川、黑龙江、浙

江、广西等地考察调研时,提出要整合科技创新资源,引领发展战略性新兴产业和未来产业,加快形成新质生产力。2023年12月在中央经济工作会议上,习近平总书记又提出要以科技创新推动产业创新,特别是以颠覆性技术和前沿技术催生新产业、新模式、新动能,发展新质生产力。2024年以来,在二十届中央政治局第十一次集体学习和第十二次集体学习中都提到了加快发展新的生产力的问题。特别是在2024年的两会上,习近平总书记参加江苏省代表团审议时,围绕着加快发展新质生产力又作出了重要的指示。在李强总理的《政府工作报告》中10项任务的第1项,就是大力推进现代化产业体系建设,加快发展新质生产力。所有这些,引起参加两会人大代表和政协委员的热议,通过媒体的采访和报道,"新质生产力"这个概念在全国成为一个热词,为大家广泛关注和讨论,反响非常强烈。

什么是新质生产力?其科学内涵是什么?确实需要我们进行认真讨论,以提高认识。应当说,关于生产力和生产关系的问题是马克思主义理论中的一个基础概念,也是一个核心概念,以往学术界也有人围绕着生产力和生产关系作过研究或者是比较深入的研究。习近平总书记在思考什么是新质生产力以及它的科学内涵的时候,也注意到了学术界的一些研究成果。习近平总书记说他之所以提出新质生产力这个概念和发展新质生产力这个重大任务,主要考虑是生产力是人类社会发展的根本动力,也是一切社会变迁和政治变革的终极原因。高质量发展需要新的生产力理论来指导,而新质生产力已经在实践中形成并展示出对高质量发展的强劲推动力、支撑力,需要我们从理论上进行总结概括,用于指导新的发展实践。习近平总书记对新质生产力进行了概括,他认为新质生产力是创新起主导作用,摆脱传统经济增长方式、生产力发展路径,具有高科技、高效能、高质量特征，符合新发展理念的先进生产力质态。它是怎么来的呢？是由技术革命性突破、生产要素创新性配置、产业深度转型升级而催生，以劳动者、劳动资料、劳动对象及其优化组合的跃升为基本内涵，以全要素生产力大幅提升为核心标志，特点是创新，关键在质优，本质是先进生产力。

《领导文萃》：生产力是指人类在生产实践中形成的改造和影响自然的能力，作为马克思主义理论最基本的范畴，新质生产力的理论创新意义体现在哪些方面？

张占斌：在马克思主义政治经济学理论中，生产力是一个核心的概念，生产力理论的提出也是马克思历史唯物主义思想确立的重要标志。马克思主义认为生产力是人类对自然的改造和征服能力，它构成了人类社会和历史发展的根基，是推动人类文明进步的根本动力，也是人类社会不断发展的动力源泉。马克思曾指出，生产力即生产能力及其要素的发展。在马克思看来，"生产力的这种发展，归根到底总是来源于发挥着作用的劳动的社会性质，来源于社会内部的分工，来源于智力劳动特别是自然科学的发展"[1]。马克思主义认为科学技术是生产力的一部分，生产力中包含着科学的论断，科学技术是生产力和社会发展的强大动力。中国共产党的领导人都对生产力高度重视。在社会主义建设探索时期，毛泽东就指出："资本主义各国，苏联，都是靠采用最先进的技术，来赶上最先进的国家，我国也要这样。"[2] 在改革开放新时期，邓小平强调指出："科学技术是生产力，这是马克思主义历来的观点。"[3] "马克思说过，科学技术是生产力，事实证明这话讲得很对。

---

[1] 《马克思恩格斯选集》第2卷，人民出版社1995年版，第411页。
[2] 《毛泽东文集》第8卷，人民出版社1999年版，第126页。
[3] 《邓小平文选》第2卷，人民出版社1994年版，第87页。

加快发展新质生产力

依我看，科学技术是第一生产力。"[①] 中国特色社会主义进入新时代，习近平总书记提出新质生产力的概念，而且认为新质生产力是创新起主导作用，具有高科技、高效能、高质量特征，符合新发展理念的先进生产力质态。这些重要思想继承了马克思主义政治经济学生产力的理论，同时也大大地推进创新了马克思主义政治经济学生产力的理论。这是习近平新时代中国特色社会主义思想的创新和发展，特别是习近平经济思想的创新和发展。

新质生产力的理论创新意义体现在哪些方面？我理解，主要体现在以下四个方面。一是拓展了马克思主义政治经济学的研究对象。政治经济学的研究对象是马克思主义政治经济学区别于其他政治经济学理论的标志，也是马克思主义政治经济学最基础的问题。马克思将"生产方式"视为政治经济学研究的核心问题。新质生产力作为当前时代前沿生产方式，扩展了马克思主义政治经济学的研究对象，开辟了马克思主义政治经济学理论的新视域。二是丰富了马克思主义政治经济学生产力理论。新质生产力的提出，深化了马克思主义政治经济学理论中对生产力范畴的理解，体现在对生产力结构要素的新认识、进一步突出科学技术对于生产力的重要意义、明确界定新质生产力本身等于绿色生产力，以此拓展和深化了生产力概念的内涵和外延。三是深化了马克思主义政治经济学生产关系理论。马克思主义认为，生产力与生产关系的矛盾运动构成了社会基本矛盾的运动。强调与新质生产力适应的新型生产关系，突出深化经济体制、科技体制等改革对于新的生产关系的本质关联，极大扩展了对生产关系的认识，并在实践中以教育、科技、人才的良性循环深刻把握一系列生产关系的本质关联。四是发展了马克思主义政治经济学关于物质生产历史作用的认识。生

---

① 《邓小平文选》第3卷，人民出版社1993年版，第274页。

产力的尺度是马克思主义政治经济学考察经济社会发展的基本依据，也是衡量现代化发展水平的根本尺度。新质生产力理念为解决当前世界面临的重大经济问题提供了新的思路，为马克思主义政治经济学的创新发展提供了新的思路和方向。

《领导文萃》：新质生产力的提出，是基于什么样的现实背景？如何理解中国现代化对新质生产力的时代呼唤呢？具有什么战略意义呢？

张占斌：中国特色社会主义进入新时代，以习近平同志为核心的党中央在推进中国式现代化的历史进程中，敏锐地把握住"两局"和"两新"，作出了世界百年未有之大变局和中华民族伟大复兴战略全局的研断，提出以新质生产力发展和新型生产关系保障为推动力，为我们探索中国式现代化的新动能指明了前进方向。

在世界正处于百年未有之大变局、全球正在发生的新一轮科技革命和产业革命交织的背景下，新质生产力的提出是符合大趋势和大逻辑的自然演进，是中国特色社会主义新时代的必然需求。其中，外因是加速器，根本在于高质量发展的内在要求。

一方面，新质生产力是我国应对新国际形势的主动选择、主动出击。当前国际经济、政治、文化、安全等发生深刻调整，一些国家保护主义和单边主义盛行，民粹主义、种族主义等思潮活跃，美国作为守成大国，为维护其世界霸权和领导地位，采取多种措施企图遏制中国发展，不断对中国进行政治误导、战略遏制和全面施压，对我国社会主义现代化建设带来不利影响。我们在一个更加不稳定、不确定的世界中谋求发展，特别是在美国"卡脖子"背景下，需要加速推进高水平的自立自强，依靠新质生产力的助推助攻能够有效改变我国制造业在国际分工中处于"微笑曲线"底部的情况，推动抢占新一轮科技革命和产业变革的制高点。

另一方面，大力发展新质生产力是推动高质量发展的内在要求。首先，新旧动能转换需要我们发展新质生产力。当前，我们在生产要素供给方面的低成本优势正在丧失，人口红利逐步式微，人口老龄化日益加剧，资源环境已无法承受旧的粗放式增长，若不积极主动调整旧的生产模式，提高全要素生产率，将经济发展动力及时转换到创新上来，就有跌入中等收入陷阱的风险。只有推动新旧动能转化，加快形成新质生产力，大力发展新质生产力，才能拓展经济发展之源，赢得发展主动权。其次，新质生产力正在对高质量发展发挥重要促进作用。党的十八大以来，我国经济社会快速发展，产生了巨大的量的积累，正在发生从高速度向高质量的转型升级，这种转型升级离不开已经萌发的新质生产力的推动。数据显示，电动汽车、锂电池、光伏产品"新三样"出口增长近30%，新能源汽车产销量占全球比重已超过60%，国产大飞机C919已投入商业运营，国产大型邮轮已成功建造。正如习近平总书记所指出的，"新质生产力已经在实践中形成并展示出对高质量发展的强劲推动力、支撑力"[1]，推动我国产业向中高端甚至高端迈进，在世界舞台和国际分工中占据一些有利阵地。未来，我们要深入学习贯彻习近平总书记关于新质生产力的重要论述，在发展新质生产力上取得更大作为。

在新时代面对世界百年未有之大变局和中华民族伟大复兴战略全局的大背景下，党领导人民不断推进和拓展了中国式现代化。如今，中国式现代化破浪前行进入到一个十分关键的阶段，如何理解中国式现代化对新动能的时代呼唤呢？

---

[1] 《习近平在中共中央政治局第十一次集体学习时强调　加快发展新质生产力　扎实推进高质量发展》，《人民日报》2024年2月2日。

其一，这是加快构建新发展格局，推动高质量发展的时代呼唤。党的十八大以来，习近平总书记高度关注中国经济发展的时代特征和趋势性变化，提出了中国经济从高速增长转为高质量发展的重大时代课题，并提出了创新、协调、绿色、开放、共享的新发展理念，以供给侧结构性改革与深化扩大内需战略紧密结合起来，建设现代化产业体系，建立有效市场和有为政府的一系列重要精神，提出要构建新发展格局，构建以国内大循环为主体、国内国际双循环相互促进的新发展格局，把发展的主动权和安全掌握在自己手里，实现高水平的自立自强。所有这些，都是对中国式现代化新动能的呼唤。

其二，这是建成社会主义现代化强国，推进人类文明新形态的时代呼唤。党的十八大以来，以习近平同志为核心的党中央带领人民不断推进中国式现代化的伟大事业，在全面建成小康社会之后，决定分两步走实现社会主义现代化，到2035年基本实现现代化，到本世纪中叶把我国建设成为社会主义的现代化强国。而且提出了制造强国、质量强国、航天强国、交通强国、网络强国、农业强国、海洋强国、教育强国、科技强国、人才强国、文化强国、体育强国、金融强国以及数字中国、健康中国、美丽中国、法治中国、平安中国等一系列发展战略部署。这些靠什么呢？应当说是需要有新的动能，需要有新的推动力。

其三，这是努力破解社会主要矛盾，满足人民美好生活需要的时代呼唤。党的十八大以来，以习近平同志为核心的党中央带领人民在探索中国现代化的进程中，对我国社会主要矛盾进行了再认识，提出我国社会主要矛盾是人民日益增长的美好生活需要和不平衡不充分的发展之间的矛盾。那么，如何不断满足人民对美好生活的向往、不断追求更高品质的生活摆在了我们面前，要求我们必须破解主要矛盾，必须更加关注发展问题，特别是经济和社会的发展问题。把握好了这个问题，也就把握好了以人民为中心的发展思想，也就是体现了我们共产党的初心和使命。

其四，这是推进世界和平发展，构建人类命运共同体的时代呼唤。中国式现代化是走和平发展道路的现代化，我们希望通过努力跟世界上更多的国家和人民进行友好合作，在合作中实现共赢，共同成长，共同进步，推动构建人类命运共同体。我们也意识到打铁必须自身硬，只有我们本身有真功夫，才能更好地推动"一带一路"高质量发展，在整个世界经济的合作中才能更好地引领世界潮流，更好地站在世界正确一边，才能够有更大的国际影响力和国际带动力。

二、新质生产力的实践路径

《领导文萃》：当前，新质生产力的国内发展现状如何？与发达国家相比，我国新质生产力发展有哪些方面的不足和短板？我国具有哪些方面的发展优势？

张占斌：在习近平总书记关于新质生产力的重要论述中，我们注意到强调的重点是发展战略性新兴产业和未来产业；要以科技创新引领现代化产业体系建设，以科技创新推动产业创新，特别是以颠覆性技术和前沿技术催生新产业、新模式、新动能，发展新质生产力。所有这些，都为我们建设现代化产业体系指明了正确的方向。以往虽然没有新质生产力这个概念，但是从全国各地的情况看，也都在谋划发展壮大战略性新兴产业和未来产业。特别是一些超大规模城市和特大型城市都在这方面积极布局，努力探索，已经有了一定的实践基础。国家"十四五"规划中提出要着眼于抢占未来产业发展先机，培育先导性和支柱性产业，推动战略性新兴产业融合化、集群化、生态化发展，战略性新兴产业增加值占GDP比重超过17%。涉及具体问题的时候，讲到了发展壮大战略性新兴产业，主要是聚焦新一代信息技术、生物技术、新能源、新材料、高端装备、新能源汽车、绿色环保以及航空航天、海洋装备等战略性新兴产业，加快关键核心技术创新应用，增强要素保障能力，培育壮大产业发展新动能。提出要推动生物技术和信息技术融合创新，加快发展生物医药、生物育种、生物材料、生物能源等产业，做大做强生物经济。提出要深化北斗系统推广应用，推动北斗产业高质量发展。提出深入推进国家战略性新兴产业集群发展工程，健全产业集群组织管理和专业化推进机制，建设创新和公共服务综合体，构建一批各具特色、优势互补、结构合理的战略性新兴产业增长引擎。在国家"十四五"规划前瞻谋划未来产业中，强调在类脑智能、量子信息、基因技术、未来网络、深海空天开发、氢能与储能等前沿科技和产业变革领域，组织实施未来产业孵化与加速计划，谋划布局一批未来产业。在科教资源优势突出、产业基础雄厚的地区，布局一批国家未来产业技术研究院，加强前沿技术多路径探索、交叉融合和颠覆性技术供给，实施产业跨界融合示范工程，打造未来技术应用场景，加速形成若干未来产业。

与发达国家相比，我国新质生产力发展在以下方面存在一些不足和短板：一是核心技术创新能力不足。尽管我国在一些领域取得了显著的技术进步，但在许多关键领域，如人工智能、生物技术、新材料、高端装备制造等，与美国等发达国家相比仍存在一定的技术差距。这导致我国在国际竞争中处于劣势，难以引领产业发展。近年来出现的美国在高技术领域对我国"卡脖子"问题就是一个实实在在的需要破解的重大难题。像华为、中兴通讯受到美国的打压就是一个典型的例子。二是产业链、供应链不够完善。尽管我国是制造业大国，但在一些关键环节，如芯片、高端机床、精密仪器等领域，自给率较低，这影响了我国制造业的进一步升级。这种情况下就容易受制于人，使我们产业链和供应链发生波动。三是企业规模偏小。与国际大型企业相比，我国大多数企业规模偏小，抗风险能力较弱，创新能力也相对较弱，而且品牌建设滞后。我国企业在品牌建设方面相对滞后，许多国内品牌在国际市场上缺乏竞争力，这影响了我国产品的国际形象和市场地位。四是高技术人才短缺。随着产业升级，我国在关键核心技术领域的高层次人才短缺问题变得更加突出。以人工智能领域为例，当前我国人工智能人才缺口高达500万人。按照赛迪智库发布的《中国集成电路产业人才白皮书（2019—2020年版）》和《关键软件领域人才白皮书（2020年）》预测，当前我国集成电路产业技术人才缺口接近25万人，到2025年，关键软件领域人才新增缺口将超过80万人。领英公司发布的《全球AI领域人才报告》显示，在全球人工智能领域190多万技术人才中，有85万人在美国，而我国只有5万人左右。这在一定程度上影响了我国产业的竞争力。应当说，高技术人才安全是国家总体安全观的一个重要组成部分。当前全球高技术人才竞争日趋激烈，我国引进人才外部环境形势严峻，美国限制打压我国学生学者成为常态，赴美学习交流阻力重重。美国围猎破坏华裔高科技人才事件频发，海外高技术人才回流困难加剧，美国实施对华高科技产业脱钩遏制，也破坏了人才发展的载体。所有这些，都给我们培养高科技人才增加了不少的困难，所以我们要统筹国家人才安全和发展规划，健全引育协同的人才保障制度，强化海外引才法律制度研究，构建维护国内产业安全的长效机制，完善国家高技术人才安全保障制度。

与发达国家相比，我国发展新质生产力具有以下发展优势：一是制度优势。我国在中国共产党的领导下，坚定不移地走中国式现代化道路，具有社会主义市场经济的体制优势，这种体制能够集中力量办大事，有利于在新技术领域组织突破并形成对新技术需求的统一市场。此外，我国的制度体系与新质生产力具有很好的契合性，能够最大限度地释放制度优势，促进新质生产力的发展。二是大市场优势。中国式现代化的一个突出特点，就是人口规模巨大的现代化。我国人口众多，产业丰富，具有极大的市场容量，可以容纳大量创新型企业。我国人均GDP已超过1.2万美元，中等收入群体已有4亿多人，全球规模最大而且还不断增加，这些都构成了一个规模巨大、增长性强的国内市场，将为各国企业提供广阔的市场空间和合作机会。这种超大规模国内市场的需求优势正在逐步地显示出来，也正在逐步地被释放出来，这是我国发展新质生产力的重要支撑。三是产业配套优势。我国是全世界唯一拥有联合国产业分类中所列全部41个工业大类、207个工业中类、666个工业小类的国家，具有非常强的产业配套能力和集成优势。我国产业体系配套完整，有利于形成新型产业集群，为新质生产力的发展提供有力的产业支撑。四是人才综合优势。我国的人口红利在释放的同时，正在形成新的人才综合红利。我国拥有大量高素质劳动者，他们是新质生产力发展的重要推动力量。同时，我国的高等教育、职业教育等体系也在不断完善，为培养更多高素质人才提供了有力保障。综上来看，我国在制度、市场、产业配套和人才等方面都具有明显的发展优势，这些优势为我国发展新质生产力提供了有力支撑。

《领导文萃》：新质生产力理论创新对社会实践具有重要的指导意义，那么，新质生产力的实践路径有哪些？要处理好哪些重大关系？

张占斌：按照马克思主义生产力理论和新质生产力理论要求，加快培育新质生产力要把握好三点：一是要打造新型的劳动者队伍，包括能够创造新质生产力的战略人才和能够熟练掌握新质生产资料的应用型人才，也就是这些人要受过专业化、知识化的培养和训练。二是用好新型生产工具。现在我们的时代和过去所用的生产工具大不一样了，特别是要掌握关键核心技术赋能，在发展新兴产业技术层面要补短板助长板，重视通用技术产业层面要巩固战略性新兴产业，提前布局未来产业，改造传统产业。三是要塑造适应新的生产力的生产关系，也就是说新质生产力的发展需要新型生产关系与它配套配合，相向而生、相向而行，这也就意味着要通过改革开放，着力打通束缚新的生产力发展的堵点、痛点和卡点，让各类先进优质生产要素向发展新质生产力顺畅流动和高效配置。

具体来说，有以下六个方面的实践要求：一是要畅通教育、科技、人才的良性循环。教育、科技、人才是全面建设社会主义现代化国家的基础性、战略性支撑，必须坚持科技是第一生产力、人才是第一资源、创新是第一动力。把真正的人才发现出来、使用起来、培养起来，很好地弘扬科学家精神和企业家精神，营造鼓励大胆创新的良好氛围。二是要围绕核心技术攻关加快完善新型举国体制。要加强党对科技创新的领导，要发挥我们政府能够办大事的优势，要弘扬"两弹一星"精神，同时，我们要在全球化的背景下，海纳百川，胸怀天下，要坚守社会主义市场经济原则，让市场在配置资源中发挥决定性作用，不能搞"小圈子"、搞"窝里斗"。三是要围绕着发展战略性新兴产业和未来产业加速布局。我们必须在高技术领域抢占世界的制高点，在世界舞台上要有自己的一席之地。瞄准世界前沿技术和颠覆性技术，激励企业加快数字化转型，推动实体经济和数字经济的深度融合。四是要加快建设全国统一的大市场。坚持"两个毫不动摇"，鼓励国有经济顶天立地，创造世界一流企业，鼓励民营经济上层次上台阶，发挥自身的特点和优势，真正发挥出超大规模市场的应用场景，丰富和创新收益放大的独特优势。五是要健全要素参与收入分配机制。激发劳动知识技术管理数据和资本等生产要素活力，更好地体现知识技术人力资本导向。六是要更高水平地扩大开放。要从过去的商品要素型流动性开放向规则、标准、规制、管理等制度型开放转变，不断改善营商环境，加强知识产权保护，更好地吸引外商，形成具有全球竞争力的开放创新生态。

我们要准确把握好新质生产力的科学内涵，在理论上和实践上处理把握好若干重大关系：

一是要处理好新质生产力与高质量发展的关系。当下推动高质量发展已经成为经济社会发展的主旋律。那么，靠什么来实现高质量发展？我们理解在很大程度上是靠新质生产力。习近平总书记指出，发展新质生产力是推动高质量发展的内在要求和重要着力点。有了新质生产力的发展，有了更多的颠覆性技术和前沿技术，就有可能更好地建设现代化产业体系，就能产生新的产业、新的动能、新的业态，就能够为高质量发展提供强劲的推动力和支撑力。我们要搞清楚新质生产力和高质量发展的内在关系，用新的生产力理论指导新的实践，推动高质量发展行稳致远。

二是要处理好新质生产力与新型生产关系的关系。在马克思主义理论中生产力和生产关系是一对核心的概念。习近平总书记讲话中提到了新质生产力，也提到了新型生产关系，这两个"新"都特别重要。生产关系必须与生产力发展相适应，发展新质生产力，也必须有新型的生产关系与之配套，这也就提出了要进一步全面深化改革的重大命题，要求我们在全面深化改革上有更大的创新和更大的作为，通过新型生产关系的构建来更好地服务新质生产力。这就涉及深化经济体制、科技体制、教育体制和人才体制改革等方面，要打通束缚新质生产力的各种堵点、痛点和卡点，调动新质生产力的积极性，让新质生产力"心情愉快"，为新质生产力的迅猛奔跑开辟广阔的道路和空间。

三是要处理好政府的顶层设计和市场的实践探索的关系。各级政府要积极发展新质生产力，搞好战略规划，搞好顶层设计，把发展新质生产力的路线图、未来蓝图清晰勾画出来，凝聚人心、凝聚力量、凝聚资源。经济比较发达的大省，应该走在前面作示范，成为发展新质生产力的重要阵地，对全国产生更大的辐射带动作用。各级政府要本着实事求是的原则，要根据地方的要素禀赋、产业基础、科研条件等方面情况有所为有所不为，先立后破、因地制宜、量力而行、分类指导，不能图热闹、空喊口号、搞形式主义、做表面文章，不搞一哄而上，不搞泡沫化，也不能搞成一种模式，要在取得真正的实效上下功夫。要更多地尊重市场经济原则，尊重市场主体的积极性，创造市场化法治化国际化的营商环境，让市场配置资源发挥决定性作用，让市场主体发挥积极作用。

四是要处理好传统产业和战略性新兴产业、未来产业的关系。发展新质生产力肯定是要把重点放在战略性产业和未来新兴产业上，因为这些产业代表着技术发展的前进方向，是潮头，是战略制高点，要积极为之。但也不能因此忽视甚至放弃了传统产业。从我国处在发展中国家的实际情况看，这方面要给予特别关注，要想办法通过发展新质生产力来改造传统产业，使其不断地转型升级。在育新枝栽新苗的同时，也离不开老树发新芽。一方面新兴产业要培育壮大，在新赛道上奋力奔跑；另一方面传统产业也需要聚焦高端化、智能化、绿色化进行提升。

五是要处理好科技创新与体制创新的关系。发展新质生产力最显著的特点就是要创新，科技创新能够催生新产业、新模式、新动能，是发展新的生产力的核心要素。这就要求加强科技创新，特别是原创性、颠覆性科技创新，加快实现高水平的科技自立自强。要实施科教兴国战略、人才强国战略、创新驱动战略，充分发挥新型举国体制优势，打好关键核心技术攻坚战，使原创性、颠覆性科学技术成果竞相涌现。同时，我们要特别注意到，推动科技创新是离不开体制机制创新的，比如科技体制、教育体制、人才体制等方面的配合，只有畅通教育、科技、人才的体制机制并形成良性循环，才能够增强新质生产力的动能，才能把人才的积极性调动起来，把真正的人才红利发挥好。新质生产力里边，人的作用、人才的作用相当重要。

六是要处理好自立自强与对外开放的关系。要实现高水平的自立自强，自己要有真功夫，要在发展新质生产力方面走在世界前列，真正突破"卡脖子"技术。现在全球化速度和全球技术变革加快，给我们提供了一个技术赶超的重要历史机遇，自立自强不是关起门来搞建设，不是闭门造车、当井底之蛙，而是要胸怀天下、海纳百川、有容乃大，要实施更加开放包容互惠共享的国际科技合作战略。我们要通过开放"强身健体"，在"奥林匹克运动场"上争先创优，取得最好的成绩。新型举国体制一个很重要的内容，就是要开放，国内国外都要开放，发挥市场在资源配置中的决定性作用。这方面，我们还有很大的改进和提升空间。

《领导文萃》：生产力和生产关系是相互促进的关系，我们应如何通过改革创新构建与新质生产力发展相适应的生产关系，释放创新活力和潜能，推动产业升级和经济高质量发展？

张占斌：发展新质生产力不仅仅是一个个科学家从事科技研究、科技发明和科技创新的问题，这需要很多配套的条件，比如说科技成果的转化，转化成现实的生产力。比如说如何推动绿色发展，真正让绿水青山变成金山银山。这就需要更好地推进体制机制创新，更好地深化人才工作机制创新，也就是说要更好地改革和完善生产关系，使生产关系与生产力发展要求相适应。就是通过生产关系的不断改善，创造一个好的氛围，让生产力有积极性，让生产力跑得快、跑得远、跑得稳。大家想想看，如果新质生产力跑得快、跑得远、跑得稳，那我们国家经济社会发展就会有强大的动力，也就能够更好地推进中国式现代化这艘历史巨轮破浪前行。

习近平总书记提出发展新质生产力必须进一步全面深化改革，形成与之相适应的新型生产关系。这提出的不是一个"新"，是两个"新"。新型生产关系就要求我们在深化经济体制改革、科技体制改革、教育体制改革、人才体制改革等方面，要敢于打破束缚新的生产力发展的堵点、痛点和难点，创新生产要素配置方式，让各类先进优质生产要素向发展新质生产力顺畅流动。另外，我们还要注意到建立新型生产关系是一个非常复杂的系统工程，我们还要进一步扩大高水平对外开放，在全球配置先进优质生产要素，为发展新质生产力营造良好的国际环境。我们改善生产关系，建立新型生产关系，也要把全球化和高水平对外开放更好地结合起来。我们注意到中央正在研究新一轮深化改革开放的重大战略举措。我们期待着在完善新型生产关系方面，有更大的作为、更大的进步，来更好地引领市场和社会预期，调动市场和社会各方面的积极性。

加快发展战略性新兴产业和未来产业

习近平总书记强调，高质量发展需要新的生产力理论来指导，而新质生产力已经在实践中形成并展示出对高质量发展的强劲推动力、支撑力，需要我们从理论上进行总结、概括，用以指导新的发展实践。"大力推进现代化产业体系建设，加快发展新质生产力"居于2024年政府十大任务之首，将在全国全面铺开实践。

中共中央党校（国家行政学院）中国式现代化研究中心主任张占斌教授指出，习近平总书记对"新质生产力"这一概念的提出和阐释，是对马克思主义生产力理论的重要创新，是马克思主义政治经济学理论的重要发展，为我们整合科技创新资源，引领发展战略性新兴产业和未来产业，增强发展新动能、构筑经济发展新引擎、塑造高质量发展新优势提供了重要指引。

《民生周刊》：习近平总书记在中央政治局集体学习时指出，发展新质生产力是推动高质量发展的内在要求和重要着力点。如何理解高质量发展和新质生产力的关系？

张占斌：两者关系十分密切，其具体表现：一方面，新质生产力是推动高质量发展的核心动力，高质量发展则是新质生产力的具体体现和必然结果。发展新质生产力是高质量发展的一个重要内容，因为高质量发展所体现的创新、协调、绿色、开放、共享的新发展理念也

加快发展战略性新兴产业和未来产业

是新质生产力所注重的。高质量发展要通过传统产业的升级、新动能的培育才能实现，而这又有赖科技创新和进步，只有这样才能够推动整个经济的高质量发展。正如习近平总书记所言："发展新质生产力是推动高质量发展的内在要求和重要着力点，必须继续做好创新这篇大文章，推动新质生产力加快发展。"[①]

另一方面，高质量发展是发展新质生产力的必然要求。因为只有真正实现高质量发展，才能满足人民日益增长的美好生活需要，提高人民获得感、幸福感，才能够解决我国经济社会发展不平衡不充分问题，为可持续发展创造必要条件。

可见，新质生产力与高质量发展之间是相互促进、互相支撑的关系。一方面，新发展理念引领下的新质生产力为高质量发展提供有力支撑和源源不断的动能。另一方面，高质量发展也必将为新质生产力创造更加广阔的市场空间。因此，将两者结合起来形成良性互动就特别有意义，这也是中央为何在高质量发展阶段如此重视加快发展新质生产力的原因。从某种意义上看，高质量发展阶段也就是加快发展新质生产力的阶段。

《民生周刊》：传统产业是形成新质生产力的基础。如何在发展传统产业过程中催生出新质生产力？

张占斌：传统产业和新质生产力并非矛盾对立的关系。习近平总书记在参加江苏代表团审议时强调，发展新质生产力不是忽视、放弃传统产业。要坚持从实际出发，先立后破、因地制宜、分类指导，根据本地的资源禀赋、产业基础、科研条件等，有选择地推动新产业、新模式、新动能发展，用新技术改造提升传统产业，积极促进产业高

---

① 《习近平在中共中央政治局第十一次集体学习时强调　加快发展新质生产力　扎实推进高质量发展》，《人民日报》2024年2月2日。

端化、智能化、绿色化。

事实上,传统产业未必就是夕阳产业、落后产业。特别是对于我们这样一个传统产业占比很高的国家,以制造业为例,80%的都是传统产业,如果把它丢了将来我们吃饭都会成为问题,所以一定要按习近平总书记所说的那样,坚持先立后破,先把传统产业稳住,同时用新技术改造提升传统产业,积极促进产业高端化、智能化、绿色化,实现"老树发新芽",使传统产业焕发新的青春。

传统产业的发展过程中也有技术水平和劳动者素质提高的问题,也是一个不断进步的过程。在这一过程中,传统产业的企业为了提高产品的市场竞争力,势必需要引进新技术、新工艺、新设备,或者进行技术创新和科技成果转化,加大新产品研发。这就是用新质生产力对传统产业进行改造来实现转型升级,否则,在市场竞争中势必走向没落,成为真正的夕阳产业,最终被历史所淘汰。

传统产业要实现转型升级,提高产业竞争力,取得更好的发展、更大的进步,还有一个优化产业结构、健全产业链、完善配套的问题。传统产业要发展,加强人才培养特别重要,比如,通过培训提高人才技能水平和综合素质。传统产业要实现转型升级,既事关传统产业向上发展的基础和空间,也事关就业这个民生大问题。对于我们这个传统制造业占80%的人口大国,既是一个经济问题,也是一个重大的政治问题。

在促进传统产业转型升级过程中,各级政府可以有针对性地出台一些政策,为企业提供财政和税收支持服务,促进传统产业和新质生产力的融合,比如,支持企业进行绿色改造、利用清洁能源、发展循环经济等方式,助力传统产业实现绿色转型。

总之,传统产业与新质生产力之间不能简单地理解为相互排斥关系，而应努力使其形成相互促进的良性互动。千万不能因为发展新质生产力就把传统产业都给忘了、丢了、不管了，假如这样，新质生产力就失去了基础，很可能都搞不好。这就要求地方在发展新质生产力的时候要从各自实际情况出发，特别要明确自己传统产业的优势或者是比较优势在哪里，并通过有针对性的举措来促进传统产业的改造提升。

《民生周刊》：如何理解全面深化改革与发展新质生产力之间的关系？

张占斌：发展新质生产力，除了要在生产力的组成要素——劳动者、生产资料、劳动对象——上做文章，还有一个很重要的内容，那就是要建立与新质生产力相适应的新型生产关系，也就是习近平总书记在2024年1月31日中共中央政治局第十一次集体学习时的讲话所指出的，"发展新质生产力，必须进一步全面深化改革，形成与之相适应的新型生产关系"[①]。实际上习近平总书记提出了两个"新"的问题，值得我们高度关注。

生产关系必须与生产力发展要求相适应。当生产关系适合生产力发展的客观要求时，它对生产力的发展起推动作用；当生产关系不适合生产力发展的客观要求时，它就会阻碍生产力的发展。发展新质生产力，本身就隐含着一个特别重要的问题，那就是改革与之不相适应的旧的生产关系，建立与之相适应的新型生产关系，而这只能通过全面深化改革才能实现。

发展新质生产力，自然提出了全面深化改革的要求。因为马克思主义认为生产力和生产关系是矛盾统一体，二者对立统一、不可分割。

[①] 《习近平在中共中央政治局第十一次集体学习时强调　加快发展新质生产力　扎实推进高质量发展》，《人民日报》2024年2月2日。

我们必须通过深化包括经济体制、科技体制、教育体制、人才体制等在内的全面改革，破除制约生产力发展的体制机制障碍，把生产力的潜能释放出来。

从生产力对生产关系起决定作用以及生产关系对生产力的能动反作用的这种关系可以看出，全面深化改革是促进新质生产力发展的主动作为，目的是不断推动社会生产发展，进而推动整个社会逐步走向高级阶段。各级党委、政府都要有这种自觉性，按照中央要求，结合各地实际不断深化经济体制、科技体制等改革，着力打通束缚新质生产力发展的堵点、卡点，建立高标准市场体系，创新生产要素配置方式，让各类先进优质生产要素向发展新质生产力顺畅流动。

《民生周刊》：发展新质生产力，对于提升城市功能品质、改善生态环境、增加民生福祉有何作用？

张占斌：新质生产力是生产力现代化的具体体现，相比于传统生产力，其技术水平更高、质量更好、效率更高、更可持续。这些特点决定了其对于社会治理、生态环境改善、民生福祉的增加都有直接或间接的促进作用。

新质生产力所具有的更高的技术水平，能够推动城市经济结构、产业结构优化升级，提高城市竞争力，提供更多高薪工作岗位，进而提升群众的收入和生活水平。更高的技术所创造的更高生产效率和经济效益，可以增加城市的财力，自然可以提升医疗、教育、文化等公共服务水平和覆盖面，最终惠及更多的人。

新质生产力所体现的新技术，特别是数字技术和人工智能用于智慧城市建设，对于城市基础设施的完善、管理水平的提升具有非常直接而明显的作用，这自然而然地提高了群众的安全感、幸福感。

从环境角度看，发展新质生产力所要求的绿色、低碳、清洁、可再生循环经济，能够更好地实现生态修复、碳中和，进而直接起到保护生态环境的目的，提高城市的宜居性。

总之，发展新质生产力所创造的更大的发展成果，最终都惠及全体人民，或者说由全体人民共享发展新质生产力的成果，这也是贯彻新发展理念的具体体现。

《民生周刊》： 全国各地生产力发展水平差距很大，您对不同地区发展新质生产力有哪些建议？

张占斌： 习近平总书记在参加江苏代表团审议时强调因地制宜发展新质生产力，要防止一哄而上、泡沫化，也不要搞一种模式。各地要坚持从实际出发，先立后破、因地制宜、分类指导，根据本地的资源禀赋、产业基础、科研条件等，有选择地推动新产业、新模式、新动能发展，用新技术改造提升传统产业，积极促进产业高端化、智能化、绿色化。

习近平总书记在这里已经说得很明白了，就是提醒各地要根据自己的实际情况来发展适合自己的新质生产力。首先要认清自己的特点和条件，找准自己的强项和弱项，根据这些来思考自己能发展什么，不能发展什么，有所为、有所不为，经济发达地区和欠发达地区、东部地区和中西部地区、南方和北方、城市和农村，肯定不能按照一模式、一种思路来发展。无论是培育壮大新兴产业，还是超前布局建设未来产业，无论是完善现代化产业，还是用新技术改造提升传统产业，都要依据自己的实现情况来决定，既不能好高骛远，也不能消极保守。应该说，在发展新质生产力方面，都有自己的比较优势，无论哪个地区都有值得做、可以做的文章，当地党委、政府领导要有这个态度和能力。

《民生周刊》： 发展新质生产力，如何培养出与产业发展需要相适应的人才队伍？

张占斌：生产力包括三个组成要素，即劳动者、生产资料与劳动对象，劳动者是其中最活跃和最富有创造性的要素。发展新质生产力，必须首先要有新型劳动者，也就是新型人才。

我国一直高度重视人才工作，且重视程度还在不断增强，很早就推出人才强国战略，在党的二十大报告中还特别提到要加快建设教育强国和人才强国，就是希望能够培养出更多高素质人才。

在建设与发展新质生产力相适应的新型人才队伍上，可以从以下四个方面着手：一是着力推进人才市场体系建设，发挥市场在人才资源配置上的决定性作用。积极完善人才市场服务功能，畅通人才流动渠道，建立政府部门宏观调控、市场主体公平竞争、中介组织提供服务、人才自主择业的人才流动配置机制。人才是第一资源，同样需要发挥市场在配置上的决定性作用。二是切实改进政府人才管理方式，围绕用好用活人才健全完善政府宏观管理、市场有效配置、单位自主用人、人才自主择业的人才管理体制。政府要把工作重点转移到创造良好发展环境、提供优质公共服务、维护社会公平上来。三是优化人才培养、评价标准体系。尊重人才成长规律，适应发展新质生产力的多样化需求，不拘一格培养人才，不拘一格选拔人才，既要重视高等教育也要重视职业教育，创造公平竞争的就业环境，让每个人都能够在发展新质生产力的过程中有用武之地，找到自我实现的发展方向。四是大力倡导新型就业观念。在通过市场为人才定价的同时，也要运用政策奖励、荣誉激励等方式在社会上营造既尊重知识又尊重技能、既鼓励创新精神也鼓励工匠精神的氛围，形成"人人都可成才、人人都是人才、人人都能为发展新质生产力尽展其才"的生动局面。

高质量发展是什么样的发展？如何实现？

中国网：高质量发展是全面建设社会主义现代化国家的首要任务，是中国式现代化的本质要求。这就要求我们在现代化建设中，完整、准确、全面地贯彻新发展理念，加快构建新发展格局，建设现代化经济体系，坚持以高质量发展推进中国式现代化。那么，我国在现代化建设的过程中为什么如此强调发展的质量？高质量发展是怎样的发展？有哪些特点？追求发展的质量是否意味着发展速度的必然下降？就相关问题，中国网《中国访谈》栏目特别邀请中共中央党校（国家行政学院）马克思主义学院院长牛先锋教授进行分析解读。

中国网：我们知道实现高质量发展是中国式现代化的本质要求，而2023年底的中央经济工作会议也提出必须要把坚持高质量发展作为新时代的硬道理。那么，我们为什么如此强调发展的质量？追求高质量对于我国现阶段的经济发展来说具有怎样的必要性？

牛先锋：这个问题非常好。新中国成立以来，特别是经历了改革开放这40多年的发展，我国发展已经站在了一个新的历史方位，我们发展的阶段、发展的环境、发展的条件都发生了非常大的变化。在这样一个背景下，我们今后要实现什么样的发展，怎么样发展？我们要实现什么样的现代化，怎么样建设社会主义现代化？以习近平同志为核心的党中央从理论和实践相结合的角度回答了这个问题，就是要实现中国经济高质量发展，这是背景。

第一，从具体的细节来看，中国现在的发展处在一个新的历史阶段。中国经历改革开放40多年的高速发展，给我们今后的发展打下了雄厚的物质技术基础，同时，也给我们提出一个问题，就是我们还能不能用这样的方式、以这样的速度持续发展下去。那么，在这样一个背景下，我们提出高质量发展就显得非常必要，而且有意义。

第二，从发展的环境来看，科学技术是第一生产力，这种作用日益突出。世界各国都在创新发展，科学技术发展非常迅速，因此今后谁能在科学技术中占据领先地位，那它的发展就可持续。所以，在这样一种情况下，我们一方面需要提升传统产业，另一方面我们得创新发展，实现高质量发展。这是从发展环境来看。

第三，从发展条件来看，进入新时代以来，我国社会主要矛盾已经发生了根本性的变化，我们面临的问题是不平衡不充分的发展，简单地说就是有一些东西我们需要，但生产不出来，有一些东西我们已经过剩，但还是有大批量的生产。同时，从人民群众的需要这个角度来看，今天，人民群众需要的再也不是低层次、粗制滥造的产品了，人民需求层次高了、个性化强了。原来你穿一件衣服比较漂亮，别人看了说我也要买一件这样的衣服。现在看你穿一件衣服漂亮，我肯定得想办法买一件跟你不一样的，要一样的话那不就撞衫了？这就是人民的需求个性化增加了、层次也提高了。

主要矛盾转化了，这是根本性的、全局性的。现在社会主要矛盾是人民日益增长的美好生活需要和不平衡不充分的发展之间的矛盾。要解决这个矛盾怎么办？就需要我们高质量发展。所以，党的十九大就提出了高质量发展这个命题，当时是2017年。到2020年，我们制定"十四五"规划的时候，就明确指出"十四五"期间我们的发展要以高高质量发展是什么样的发展？如何实现？

质量发展作为主题。2022年，党的二十大报告指出，高质量发展是全面建设社会主义现代化国家的首要任务，这是一个背景，也是一个必然性。

中国网：所以，我总结，高质量发展就是像您刚才所说，是党中央基于当前我国的发展条件、发展阶段和发展环境作出的战略选择。那么，高质量发展是一种怎样的发展？它有哪些特点？

牛先锋：高质量发展跟我们原来所谈的规模型、粗放式发展不一样，主要体现在五个方面。

第一，高质量发展是创新型发展，在今天，创新是一个民族、一个国家进步和发展的不竭动力，没有创新就难谈得上发展，这是高质量发展的第一个特点。

第二，高质量发展是协调发展。我们现在生产力发展面临的最主要问题就是发展不平衡不充分，怎么解决这个问题？那就得协调，把新旧产业、新旧产能以及不同地区、不同生产力发展状况协调起来进行发展。

第三，高质量发展是绿色发展。为什么要强调绿色发展？首先这是因为我们党对发展规律有了深刻的把握。我们知道发展要处理好人与环境之间的关系，而且还得处理好这一代人和下一代人之间的关系，不能吃了祖宗的饭，断了子孙的路。我们讲绿色发展也是一种生活方式，现在我们倡导绿色出行、绿色消费，同时，我们要到2030年实现碳达峰、到2060年实现碳中和，这是我们对国际许下的诺言，我们要兑现这个承诺。所以，绿色发展是我们高质量发展的第三个特点。

第四，高质量发展是开放发展。中国这40多年的发展为什么有这么快的速度？那就是我们融入了世界，现在我们看到中国的发展离不

345

开世界，世界的发展也离不开中国，我们要利用和平发展、合作共赢的国际环境来发展我们自己，同时我们也要以中国的发展促进人类和平发展。

第五，高质量发展是共享发展。我们是社会主义国家，社会主义的一个本质要求就是人民群众共同富裕，共享发展成果。如果我们的发展成果不能惠及广大人民群众，我们就没有社会主义性质。

所以，这是我们发展的五大特点，就是创新、协调、绿色、开放和共享。这是高质量发展的五个特点。

中国网：发展是解决我国一切问题的基础和关键，发展理念是发展行动的先导。以"创新、协调、绿色、开放、共享"为主要内容的新发展理念是中国共产党在深刻总结人类发展经验教训的基础上，着眼世界新发展形势，立足我国新发展阶段，针对当前新发展课题提出的全新发展理念。新发展理念深刻回答了事关我国发展全局的一系列方向性、根本性、战略性重大问题，提出高质量发展的要求，强调未来发展不能简单以生产总值增长率论英雄，而是必须实现创新成为第一动力、协调成为内生特点、绿色成为普遍形态、开放成为必由之路、共享成为根本目的的高质量发展。

中国网：加快构建以国内大循环为主体，国内国际双循环相互促进的新发展格局，明确了我国经济现代化的路径选择，中央提出构建新发展格局是出于怎样的考虑？新发展格局对实现中国式现代化又有怎样的必要性？

牛先锋：新发展格局就是以国内大循环为主体，以国内大循环来促进和带动国内国际双循环。那么，我们为什么提出新发展格局？我想它主要是为了适应"两个大局"的出现。第一个大局就是中华民族伟大复兴这个战略全局，中华民族伟大复兴今天处于一个关键的时期。

高质量发展是什么样的发展？如何实现？

习近平总书记讲过，人到半山坡更陡，船到水中浪更急。也就是说，在这个关键时期，如果我们的战略做对了选择，那我们离中华民族伟大复兴的目标就越来越近了。

所以，我们提出新发展格局，主要是应对：第一，国内现代化建设或者民族伟大复兴这个战略全局而言的。第二，应对世界百年未有之大变局，我们看现在国际形势变化莫测、日益复杂，从总体上来看，和平与发展还是当今世界的主题，合作共赢是世界各国人民的呼声。但是面临世纪疫情的冲击，世界经济发展比较低迷，复苏乏力。在这种情况下，逆全球化潮流、保护主义现在突出出来，这种势力抬头，使得我们国家今后发展面临的一些不确定性因素增强。在这样的背景下，中国的发展肯定得考虑百年未有之大变局，正是在这样"两个大局"的情况下，我们提出了应变的方式，那就是国内国际双循环。这是我们应对国内国际形势变化作出的选择，它对我们实现现代化是非常重要的。

中国式现代化怎么实现？它得有一个途径，这个途径就是双循环，就是新发展格局。也就是说，新发展格局是实现中国式现代化的有效途径，同时，也是我们实现中国式现代化的必然要求。中国式现代化是人口规模巨大的现代化，是共同富裕的现代化，是物质文明和精神文明相协调的现代化，是人与自然和谐共生的现代化，是走和平发展道路的现代化。

我们从中国式现代化的五个特点看，立足国内这个大局，我们怎么发展？人口规模巨大就有超大规模的国内市场，我们经历改革开放40多年的发展，产业门类比较健全，产业链比较长，我们的市场大，产业链长，劳动力丰富，我们得立足国内。所以，在这种情况下，我们要把发展的力量积淀在自己身上，以国内大循环为主体。

同时，我们知道，现在世界发展成为你中有我、我中有你的命运共同体，但与发达国家相比较，我们在一些领域特别是在一些高新的、高科技的领域相对来说还比较落后，我们如果把国内大循环搞起来的话，畅通了，那么就能带动国际大循环，这样国内国际双循环就有更加强劲的动力了，也就是说我们利用国内国际两个市场、两种资源，协同联动，给现代化建设注入了强劲的动力。我们是要用这种方式推进中国式现代化，中国式现代化也要达到这样一种双循环格局的状态。

中国网：所以，新发展格局既是实现中国式现代化的途径，也是中国式现代化要达到的一种社会状态。

牛先锋：对，你的理解非常对。

中国网：加快构建以国内大循环为主体、国内国际双循环相互促进的新发展格局是立足实现第二个百年奋斗目标、统筹发展和安全作出的战略决策，是把握未来发展主动权的战略部署。只有加快构建新发展格局，才能夯实我国经济发展的根基、增强发展的安全性稳定性，才能在各种可以预见和难以预见的狂风暴雨、惊涛骇浪中增强我国的生存力、竞争力、发展力、持续力，确保中华民族伟大复兴进程不被迟滞甚至中断，胜利实现全面建成社会主义现代化强国的目标。

中国网：加快构建新发展格局是推动高质量发展的战略基点，那么要形成新发展格局，实现高质量发展，我们应该从哪些方面发力呢？

牛先锋：要构建新发展格局，实现高质量发展，我想有这样五个方面的问题需要考虑到。

第一，高质量发展是在一定的理念指导下实现的，所以，构建新发展格局、实现高质量发展，首先我们得树立起创新、协调、绿色、开放、共享的新发展理念，思想是行动的先导，只有把思想树立起来，高质量发展是什么样的发展？如何实现？

我们才能推动发展。所以，高质量发展是我们新时代发展的一个硬道理。

第二，要实现高质量发展得构建一个国内国际双循环的格局，这就要求我们必须坚持供给侧结构性改革这条主线。我国社会主要矛盾、矛盾的主要方面还是生产力方面，还是供给方面的，所以，我们要以供给侧结构性改革为主线，同时要加强对需求侧的管理，也就是说供给、需求两个方向共同用力、协同用力，这样我们现代化才能向前发展。

第三，要把改革开放统一起来、执行下去。我们要通过改革，首先要打破思想上的僵化这样一种障碍，同时打破体制和机制的障碍，突破利益固化的藩篱。通过改革把体制机制理顺了，让体制和机制来管人管事，这样我们就能发展起来。人们解放了思想，解放了生产力，社会活力被解放出来了，让市场在资源配置中起决定性作用，就激发了各种生产要素，包括劳动、资本、技术、管理、土地、数据等，让一切创造财富的力量充分地迸发出来，这样我们现代化建设就形成了强大的合力。

第四，要实现高水平的对外开放，对外开放实际上也是改革。通过对外开放，我们学习人类文明的一些优秀成果，把这些优秀成果跟我们的制度优势结合起来，这样我们才能结合内外两种力量共同发力。邓小平曾讲过，开放也是改革，而且开放倒逼改革。一方面，我们通过对外开放了解世界，使中国的发展融入世界。另一方面，我们要把高质量发展与高水平的安全统一起来，现在发展和安全都面临一些问题，一是世界发展乏力，二是安全问题，传统安全和非传统安全问题还在凸显。因此，我们通过高质量发展来促进高水平的安全，同时，我们以高水平的安全来保障高质量发展。

第五，最重要的是我们要坚持以经济建设为中心。这个中心工作什么时候都不能变，不要认为我们今天已经全面建成了小康社会就可以松口气了，就可以不发展了，发展是硬道理，而且高质量发展是新时代的硬道理。所以，我们得把经济建设这个中心与高质量发展这个首要任务结合起来，推动中国经济向前发展。

中国网： 创新是引领发展的第一动力，加快科技创新是推动高质量发展的必然要求。2023年9月，习近平总书记在主持召开新时代推动东北全面振兴座谈会时提出"新质生产力"，为新时代新征程加快科技创新、推动高质量发展提供了科学指引。新质生产力在推动高质量发展的过程中将会发挥一个怎样的作用呢？

牛先锋： 新质生产力首先是生产力，我们知道生产力包括三个方面的要素，第一，就是劳动者，生产力是劳动者发挥自己的劳动能力，所以首先是劳动者。第二是劳动材料，或者叫作劳动资料，生产要怎么生产，你是拿着锤子生产的，你还是拿着现代精密机床生产的，这是劳动资料。第三，劳动对象，也就是说你加工的对象是什么。

既然生产力包括劳动者、劳动资料和劳动对象，那么新质生产力也可以从这三个方面入手，就是说与原来不一样的、创新性的、质量更高的一种生产力，它可以体现在哪儿？体现在劳动者的科技水平、知识水平、专业技术水平、劳动的熟练程度都普遍提高了。所以，今天我们要提高生产力，特别是新质生产力，要着重提高劳动者的劳动素质。

其次，发展科学技术，通过创新建设创新型国家，使我们在一些关键性的领域拥有核心的知识产权、高水平的技术、高水平的管理、高水平的机器设备。

最后，劳动对象。劳动对象就是劳动者用劳动资料作用在这个对象上面。原来劳动对象是什么？原来可能就是一块铁，现在我们有新材料了，有新能源了，产生了很多替代品，比如原来桌子都是用木头做的，现在可以用塑料做等，各种新的东西都产生了。

所以，新质生产力代表了高质量发展的一个方向，引领着高质量发展，代表了高质量发展的一种前进方向。

中国网：所以，新质生产力的新主要体现在劳动力、劳动资料、劳动对象这三个方面？

牛先锋：对。

中国网：以高质量发展推动中国式现代化要落实到分两步走的战略安排当中，根据这一战略安排，到2035年我国将基本实现现代化。要实现这一目标，我们现在还面临着哪些困难？应该如何去解决呢？

牛先锋：这个问题提得非常及时。从现在到2035年也就是10年左右的时间，可以说是任务比较重、时间比较紧，我们要基本实现现代化还面临着一定的问题和困难。首先，我们说中国式现代化，我们要实现的是14亿多人口这样一个大规模人口的现代化。现在世界上已经实现现代化的国家，人口加起来也没有14亿，那中国是14亿多人口实现现代化，我们看到，相比于其他国家，它的难度是比较大的。我们这么多的人口，现在在改革发展过程中，我们的利益多元化，如何把这14亿多人口凝聚起来、形成共同的合力，这就是我们现在面临的一个大问题。同时，我们人口规模比较大，我们怎么把人口优势转化成人力资源的优势，把人力资源的优势真正转化成人才优势，这是一个难题。因为通过高质量发展实现现代化的创新发展，我们不仅仅是人多，我们更需要人才多，这是一个难题。

第二个难题，我们知道中国式现代化要实现的目标是全体人民共同富裕，也就是说发展的成果要让全体人民共享。从一个社会构成来说，就是要形成一个中等收入群体占多数的一个橄榄型的社会结构。我国中等收入群体现在数量还不多，还没占多数，整个判断来说大概有4亿。我们有14亿多人口，4亿人口还是少数。所以，要到2035年，中等收入群体有一个量的增加，共同富裕有一个质的提升。在这样一种情况下，我们怎么着力提高低收入，扩大中等收入群体，调节高收入，这是我们面临的一个难题。

第三个难题，就是中国式现代化是物质文明和精神文明相统一的现代化，我们如何在以经济建设为中心、推动生产力发展、创造物质财富的同时，创造更多的精神产品。具体地说，我们在物质文明水平提高的情况下，如何提高人们的科学文化水平、思想道德水平，使物质文明和精神文明能够匹配起来，统一发展起来？这是我们面临的一个问题。所以，我们提出文化建设，建设文化强国，道理也在这儿。

第四个难题，我们要实现的现代化是人与自然和谐共生的现代化。也就是说，我们在发展过程中还面临着一些环境约束问题、资源约束问题。怎么解决人与自然之间的关系？这是我们现在面临的大问题，所以要把发展和保护结合起来、把开发和保护结合起来。习近平总书记提出绿水青山就是金山银山，提出了人与自然和谐发展的理念，我们要把这个理念落到实处。

第五个难题，中国式现代化要走和平发展道路，中国人民追求和平，向往和平，也以自身的努力来促进人类和平。但是现在国际上遏制中国发展、打压中国发展的声音不断。所以，在这样的一个背景下，我们如何走和平发展的道路，也是对我们的一种考验。所以，中国式现代化为解决人类面临的共同问题提供了中国方案、贡献了中国智慧。

中国网：所以，我们在当前百年未有之大变局这样的国际环境下，带领14亿多人民来实现现代化是一件非常不容易的事，肯定也会面临着很多困难和挑战，但是我相信我们有能力、有信心去解决、去应对这些困难和挑战。

牛先锋：是这样，所以，我们看到困难，看到挑战，看到问题，我们就要解决问题。如何解决这个问题？大致上现在有这样一些思路。首先，我们得建立和完善社会主义市场经济体制，其中要注意这样几个方面。

第一，我们要坚持基本经济制度，以公有制经济为主体，多种所有制经济共同发展，这是我们的基本经济制度，不能动摇。我们要坚持"两个毫不动摇"，毫不动摇地巩固和发展公有制经济，也要毫不动摇地鼓励、支持、引导非公有制经济发展，形成强大的社会活力。习近平总书记讲了市场在资源配置中的决定性作用，这是市场经济的基本规律。我们按照基本规律来，要发挥市场配置资源的决定性作用，同时，更要发挥政府的作用，这是需要做的第一点。

第二，发展现代化产业体系。我们现在讲现代化的产业，什么是现代化产业？不是说现代化产业就是原来没有的叫作现代化产业，不是要把原来传统的都淘汰。我们是要把发展传统产业和发展现代化产业协调起来，用新的科学技术、新的管理方法来提升传统产业，这也是现代化的产业，走新型工业化道路。我们都知道没有夕阳产业，只有夕阳技术，农业从原始社会末期就开始了，但不能说农业是夕阳产业，现在不需要了。当然需要，但现在我们得注入现代化的农业技术、现代化的农业经营方式，这是第二条。

第三，我们要实行乡村振兴战略。现代化就是将传统转变为现代化。中国要实现现代化，最难、最重的任务还是在农村，还是在农民。因此，我们一定要把农业和农村问题放在主要的、首要的位置上，促进农业和农村的发展。同时，我们要实行乡村振兴战略，使我们广大的农村发展起来了，现代化就发展起来了。原来西方人评价中国的时候，有一句话说中国是欧美的城市，是非洲的农村。这种说法是不完全准确的，但是也说明一个问题，就是我们城乡差距还是比较大的，所以我们必须实行乡村振兴战略。同时，城乡之间的生产要素能够流动起来。

第四，我们要积极推进区域协调发展战略。中国有960万平方公里的土地，各地发展差别很大，怎么样使全中国14亿多人口都实现现代化？东部有条件的地区应该率先来实现中国式现代化，同时，中部地区也要崛起，西部实行大开发，同时要振兴东北等这样一些老工业基地，使区域协调发展起来。这样中国式现代化才不会有一个地区、一个人掉队。

第五，我们要积极扩大开放。开放和改革是联系在一块的，所以，我们通过开放吸收人类文明进步的成果，这样我们才能开阔视野，才能利用国际上的资源、国际上的管理经验和优势来发展自己。

所以，通过这五个方面推进中国式现代化，这是中央提出的要求，也是符合我们中国具体实际的。

中国网： 我们在构建新发展格局、推动高质量发展的过程中，总会听到这样那样的声音，有人说高质量发展，追求发展质量就意味着发展速度必然会下降；还有人说构建新发展格局则必然意味着对外开放地位的下降，对于这样那样的说法您怎么看？

牛先锋： 因为我们提出高质量发展，构建新发展格局，以中国式现代化全面推进中华民族伟大复兴，这是一套全新的概念、全新的术语，也是我们党的一套全新的战略。面对这些前无古人的一些新东西有不同的声音很正常，国内、国外都有不同的声音。但是我们知道，质量和速度不是对立的关系，没有一定的速度，肯定谈不上质量。但是，没有一定的质量讲什么速度？那是浪费。我们构建新发展格局，我们说的是双循环，而不是单循环。所以，有一些声音我想它的出现是一种善意的提醒，担心我们出现问题；还有一种是恶意的攻击、恶意的诽谤。有一些是担心中国将来发展跌入陷阱；还有一些可能是居心叵测、幸灾乐祸。但不管什么声音，任凭风浪起，我们要稳坐钓鱼台。

中国式现代化，它是干出来的，不是说出来的。所以，习近平总书记讲，条件成熟了，能多干一点尽量就多干一点，只要我们把自己的事情做好了，那些声音不攻自破。

中国网： 我们经常说行胜于言。

牛先锋： 对，在实践上你做了一点，要胜过你长篇大论说一百句。

中国网： 在您看来，我们实现中国式现代化的信心和底气来自哪里？

牛先锋： 中国式现代化，是我们全面建成小康社会以后，中国发展的一个新的起点，也是一个新的目标，这是我们党的第二个百年奋斗目标。也就是说，这一百年的奋斗目标不是说今天定下来的，而是我们党在新中国成立以来，一直就向着这方面努力。所以，我们为什么有自信和底气？

第一，我们有党的领导，党是中国式现代化的领导力量、领导核心、动员力量。

第二，实现中国式现代化，它是要惠及所有中国人民的，是全体中国人民的现代化，是共同富裕的现代化，这是中华儿女共同想做的事。所以，这也是中国为什么凝聚力如此强大。

第三，我们也有一系列的符合人类进步、符合中国实际的一些政策、一些做法，我们在现代化中积累了丰富的经验，这都是我们的底气,也都是我们自信的来源。

中国有5000多年优秀的中华文明,历史底蕴多么丰厚啊!我们有14亿多人民,有党的领导,这使得我们形成了一种磅礴的力量。我们坚持走中国特色社会主义道路,这个道路是正确的,那我们的舞台是宽广的。所以说有党的领导,有人民群众的拥护,有正确的道路、战略和政策,我们的路肯定是越走越宽的。我们的历史底蕴是厚重的,我们是有底气的。同时我们干的事是14亿多人民的现代化,是为人类文明作贡献的,我们做的是正义的事业,所以,我们有坚定的信心。中国式现代化为人类文明贡献了中国方案,是人类文明的新形态,我们坚定把自己的事情建设好,把中国式现代化搞成功,这也是为人类现代化、人类文明所作出的贡献。

中国网:发展是党执政兴国的第一要务,是解决中国所有问题的关键。新征程上,我们应牢牢把握高质量发展这一首要任务,完整准确全面贯彻新发展理念,加快构建新发展格局,坚持以人民为中心的发展思想,以中国式现代化共圆民族复兴梦。

后　　记

在中国式现代化推进和拓展的伟大历史进程中，以习近平同志为核心的党中央统筹世界百年未有之大变局和中华民族伟大复兴战略全局，深刻洞察和把握世界科技和经济发展趋势，创造性提出发展新质生产力重大论断，阐明其丰富内涵、核心要义、实践路径和科学方法论，深刻回答了"什么是新质生产力、为什么要发展新质生产力、怎样发展新质生产力"等重大理论和实践问题。如果说党的二十大报告描绘了中国式现代化的波澜画卷，那么新质生产力就是描绘这幅画卷最生动的笔法。新质生产力的提出，描绘着中国式现代化的新图景，对新时代新征程推动高质量发展、推进中国式现代化具有重大现实意义和深远历史意义。

中共中央党校（国家行政学院）是党中央和国务院的重要工作机构，担负着为党和国家育才、为党和国家献策的光荣使命。新质生产力这个重要概念和重大历史任务的提出，引发全社会的关注和讨论，这里也需要有中共中央党校（国家行政学院）专家的声音和行动。应中共中央党校出版社之约，我们编写了这本《中央党校专家解码新质生产力》。本书由中共中央党校（国家行政学院）中国式现代化研究中心主任、马克思主义学院教授张占斌提出基本框架并组织编写工作，马克思主义学院讲师毕照卿博士协助进行了文章收集与分类编排，任劳任怨地做了大量的基础工作。马克思主义学院和中国式现代化研究中心有关专家提出了完善建议。编入本书的文章和访谈，多数是作者发表在某些报刊和杂志上的，也有些是刚刚完成的科研成果。

由于我们水平有限，可能还有一些好的研究成果有遗漏，以后再想办法弥补。中央党校出版集团领导对本书出版提供了很大支持，中共中央党校出版社的编辑为本书出版做了大量而细致的工作，是本书高质量及时出版的重要保证，在此一并致谢！

本书编写组

2024年4月